Cocina fácil

PARA

DUMMIES™

Cocina fácil

PARA
DUMMIES™

Inés Ortega

Obra editada en colaboración con Centro Libros PAPF, S.L.U. – España

Edición publicada mediante acuerdo con Wiley Publishing, Inc.
© ...For Dummies y los logos de Wiley Publishing, Inc. son marcas registradas utilizadas bajo licencia exclusiva de Wiley Publishing, Inc.

© 2010, Inés Ortega
© KAP (Jaume Capdevila i Herrero), para las viñetas de humor
© Andrea Ortega, para las ilustraciones

© 2010, Centro Libros PAPF, S.L.U.
Grupo Planeta
Avda. Diagonal, 662-664
08034 – Barcelona, España

Reservados todos los derechos

© 2013, Editorial Planeta Mexicana, S.A. de C.V.
Bajo el sello editorial CEAC M.R.
Avenida Presidente Masarik núm. 111, 2o. piso
Colonia Chapultepec Morales
C.P. 11570, México, D. F.
www.editorialplaneta.com.mx

Primera edición impresa en España: noviembre de 2010
ISBN: 978-84-329-2091-2

Primera edición impresa en México: agosto de 2013
ISBN: 978-607-07-1817-5

Impreso en los talleres de Litográfica Ingramex, S.A. de C.V.
Centeno núm. 162, colonia Granjas Esmeralda, México, D.F.
Impreso en México – *Printed in Mexico*

¡La fórmula del éxito!

*T*omamos un tema de actualidad y de interés general, añadimos el nombre de un autor reconocido, montones de contenido útil y un formato fácil para el lector y a la vez divertido, y ahí tenemos un libro clásico de la colección Para Dummies.

Millones de lectores satisfechos en todo el mundo coinciden en afirmar que la colección Para Dummies *ha* revolucionado la forma de aproximarse al conocimiento mediante libros que ofrecen contenido serio y profundo con un toque de informalidad y en lenguaje sencillo.

Los libros de la colección *Para Dummies* están dirigidos a los lectores de todas las edades y niveles del conocimiento interesados en encontrar una manera profesional, directa y a la vez entretenida de aproximarse a la información que necesitan.

www.paradummies.com.mx

¡Entra a formar parte de la comunidad Dummies!

El sitio web de la colección ...para Dummies está pensado para que tengas a mano toda la información que puedas necesitar sobre los libros publicados. También te permite conocer las últimas novedades antes de que se publiquen.

Desde nuestra página web, también, puedes ponerte en contacto con nosotros para resolver las dudas o consultas que te puedan surgir.

Asimismo, en la página web encontrarás muchos contenidos extra, como por ejemplo los audios de los libros de idiomas.

También puedes seguirnos en Facebook (facebook.com/dummies.mx), un espacio donde intercambiar tus impresiones con otros lectores de la colección ... para Dummies.

10 cosas divertidas que puedes hacer en www.paradummies.com.mx y en nuestra página de Facebook:

1. Consultar la lista completa de libros ...para Dummies.
2. Descubrir las novedades que vayan publicándose.
3. Ponerte en contacto con la editorial.
4. Recibir noticias acerca de las novedades editoriales.
5. Trabajar con los contenidos extra, como los audios de los libros de idiomas.
6. Ponerte en contacto con otros lectores para intercambiar opiniones.
7. Comprar otros libros de la colección en línea.
8. ¡Publicar tus propias fotos! en la página de Facebook.
9. Conocer otros libros publicados por Grupo Planeta.
10. Informarte sobre promociones, presentaciones de libros, etc.

La autora

Inés Ortega nació en Madrid. Heredó de su padre, José Ortega Spottorno, fundador del diario *El País* y de Alianza Editorial, y de su abuelo, el filósofo José Ortega y Gasset, su interés por la comunicación, mientras que de su madre, Simone, heredó la pasión por la cocina.

Se licenció en Filosofía y Letras, especialidad de Filología francesa.

Es responsable de la sección de gastronomía de la revista *¡Hola!* Desde 1980, ha colaborado en programas de radio y televisión (TV1 y ANTENA 3) y ha escrito y publicado más de treinta libros de cocina, con unas ventas conjuntas superiores a 2.500.000 ejemplares. Entre ellos *Quiero más* (para niños), *Comer bien para vivir más y mejor*, *Sandwiches, canapés y tapas*, *La vía láctea*, *El libro de las ensaladas*, *El libro de las verduras*, *Cocina básica*, *Trucos y consejos de cocina*, *Recetas con plantas silvestres* y *100 recetas de postres fáciles*.

Junto con su madre ha escrito un nuevo libro de cocina publicado en varios idiomas por la editorial británica Phaidon, con el nombre de *1080 recetas de cocina* (el mismo nombre que el clásico libro de su madre que lleva vendidos más de tres millones de ejemplares en España). Este libro, ilustrado por Mariscal (Alianza Editorial en España), en su primer año ha sido ya traducido y publicado en inglés, alemán, francés, sueco, danés, holandés y, próximamente, verá la luz en japonés, con gran éxito de crítica y ventas.

Phaidon acaba de lanzar (2010) otro libro en edición de lujo, *The Book of Tapas*, que próximamente saldrá también en francés y en italiano.

Inés Ortega ha dado conferencias y charlas en el Instituto Cervantes de París, Berlín, en la Comunidad de Madrid, en la Universidad de Castilla-La Mancha, en las jornadas "Leer León" y en muchos otros eventos sobre gastronomía.

Ganó el Premio Internacional en Versalles con su libro *100 recetas de postres fáciles* y el premio de cocina de Fhoemo 2003, por sus recetas para ayudar a combatir la osteoporosis.

Ha colaborado haciendo libros para Frudesa, Scotch-Brite, Pro-pollo, Gallina Blanca, Maizena y muchas otras compañías del mundo de la alimentación.

Cocina fácil para Dummies™

Los diez mandamientos de la cocina fácil

✔ **Ante todo, disfruta en la cocina.** Pásalo bien. Es lo más importante en la cocina y en la vida en general.

✔ **Domina las técnicas básicas.** Tienes que ensayarlas con asiduidad hasta dominarlas.

✔ **Los ingredientes de temporada son la clave.** Así trabajarás con productos de buena calidad y mejor precio. Inspírate en ellos a la hora de elaborar tus recetas.

✔ **Todo a mano.** Antes de empezar a elaborar una receta prepara todo el material y también los ingredientes, ahorrarás tiempo y quebraderos de cabeza.

✔ **La presentación es parte del secreto.** En la cocina, la vista también forma parte de la ecuación.

✔ **Las hierbas y las especias son muy importantes.** Y como yo soy la primera convencida, mírate el apéndice que te he preparado.

✔ **Planifica, planifica, planifica.** A la hora de preparar la comida te será de gran utilidad haber decidido previamente el menú.

✔ **Ahorra.** Ahorra tiempo, ahorra ingredientes. No tires nada.

✔ **Las recetas son el camino, pero no dudes en abandonarlo.** A lo mejor se te ocurre cambiar algún ingrediente, bien porque no te guste, bien porque no lo tengas a mano. ¡Adelante!

✔ **Menos es más.** Si cuentas con un buen ingrediente de base ya tendrás gran parte del éxito asegurado.

La despensa básica

Hay algunos productos de primera necesidad que conviene tener a mano para salir airoso de los famosos imprevistos. Son los siguientes:

✔ Sal gorda y fina
✔ Pimienta en grano y molida
✔ Azúcar en polvo
✔ Harina
✔ Maicena
✔ Aceite de oliva
✔ Vinagre
✔ Caldo de ave y de carne en cubos o en *brik*
✔ Gelatina en polvo
✔ Concentrado de tomate
✔ Vainilla en polvo y en rama

Además, hay otros de uso menos habitual pero también importantes:

✔ Nuez moscada
✔ Canela, clavos de olor
✔ Curry
✔ Alcaparras y pepinillos en vinagre
✔ Salsa de soja

Y, por supuesto, tus armarios de cocina o alacenas no estarán completos sin:

✔ Algunos paquetes de pasta, especialmente si tienes niños en casa
✔ Arroz
✔ Algunas latas de conserva como: chicharos al natural, tomates pelados, atún en aceite, chocolate, sardinas en aceite
✔ Alguna lata de fruta en almíbar de tu gusto, como duraznos, peras, etc.

Todo esto puedes encontrarlo con facilidad en cualquier tienda, pero te tranquilizará tenerlos a tu alcance.

Encontrarás más información acerca de cómo organizar tu despensa en el segundo capítulo de la primera parte.

¡El libro de cocina fácil para todos!

Cocina fácil para Dummies™

Las medidas y sus equivalencias

HARINA	10 cucharadas copeteadas	300 g
	1 cucharada copeteada	30 g
	10 cucharadas rasas	100 g
	1 cucharada rasa	10 g
AZÚCAR	10 cucharadas copeteadas	250 g
	1 cucharada copeteada	50 g
	10 cucharadas rasas	125 g
	1 cucharada rasa	25 g
MANTEQUILLA	5 cucharadas copeteadas	200 g
	1 cucharada copeteada	40 g
LÍQUIDOS	10 cucharaditas	5 cl
	2 cucharaditas	1 cl
	10 cucharadas de postre	10 cl
	1 cucharada de postre	1 cl
	10 cucharadas	12,5 cl
	8 cucharadas	10 cl o 1 dl
	1 cucharada	1 cl

Equivalencias de temperaturas del horno

Horno	Temperatura °C	Termostato
Muy suave	110-130	1-2
Suave	150	3-4
Medio	180	4-5
Normal	200	5-6
Caliente	235	6-7

¡El libro de cocina fácil para todos!

Todas las recetas
en un vistazo

- -

Aquí tienes una lista ordenada de todas las recetas que puedes encontrar en este libro. Más de doscientas propuestas que te pueden ayudar en la cocina. Por supuesto, el orden no es definitivo. Tu imaginación te puede ayudar a convertir un postre en un primer plato y variar el orden de presentación.

Las salsas fundamentales

Algunos primeros platos

Las estimulantes cremas y sopas

Las ensaladas crujientes

La saludable verdura

La ubicua pasta

Los socorridos huevos

Las apetecibles carnes

Los frescos pescados

Las atractivas aves

Los ricos postres

Todas las recetas
por orden alfabético

Sumario

· ·

Introducción

· ·

*N*o cabe duda de que para tener una idea, por pequeña que sea, de cocina hay que aprender antes unas nociones básicas.

Los "expertos" tenemos la manía de pensar que todos a los que nos dirigimos están a nuestra altura y a veces cometemos la osadía de dirigirnos a nuestros lectores como si fuesen alumnos aventajados. Pero debemos tener en cuenta, o por lo menos así lo creo yo, que, en mi caso, si no hubiese sido nieta e hija de buenas cocineras hubiera sabido mucho menos de lo que sé hoy en día. Ellas me enseñaron a ponerme frente a una cocina, a elegir bien en el mercado los ingredientes y a solucionar problemas que a veces nos surgen a la hora de preparar una receta.

Si no sabes absolutamente nada de cocina descubrirás no sólo cómo hacer algo, sino también el porqué debes hacerlo así. Esto te permitirá luego trabajar con recetas que tú mismo inventes.

Si ya tienes experiencia podrás profundizar en tus conocimientos y encontrarás alrededor de doscientas recetas para inspirarte y realizar tus propios experimentos en la cocina.

Cocina fácil para Dummies no es solamente un recetario, sino que también describe las técnicas básicas (hervir, sofreir, cocer, asar…) con las que, cuando las domines, podrás pasar de mis recetas y liberar tu imaginación y tu creatividad, características imprescindibles para conocer bien el arte culinario.

Como es un libro adaptado a nuestra época de prisa permanente, te propongo también recetas rápidas, por si se te presentan de improviso unos amigos; otras baratas, para tiempos de crisis…

Debes dominar los conocimientos básicos porque sin ellos cualquiera, aficionado o no, que entre en la cocina puede tener alguna que otra desilusión.

Esto último, justamente, es lo que quiero evitar a toda costa, ya que me gustaría enseñarte a amar la cocina, pero para ello debes conocer a fondo las técnicas.

La buena cocina es importantísima y puede influir muy directamente en tu salud y en la de los que te rodean.

Espero que este libro sea un buen comienzo para todos los que vayan a entrar en la cocina por primera vez y que, al mismo tiempo, sea útil para aportar un dato o aclarar una duda a los que ya entran en ella con asiduidad.

Cocinar es un placer, éste es el mensaje más importante que te queremos transmitir.

Cómo está organizado este libro

Cocina fácil para Dummies aborda los temas desde el principio. Primero ocupándonos de cómo debes montar tu cocina, qué equipo imprescindible necesitas, cómo manejar y mantener cada utensilio. Después pasarás con bastante rapidez a aprender las técnicas básicas para que enseguida puedas meterte en faena.

Según tus necesidades y competencias puedes empezar el libro desde su primera página, saltar directamente al tema que te interesa o empezar por el final, donde se encuentran las recetas, si es que quieres utilizarlo como un recetario.

Está dividido en seis partes.

Parte I: Todo lo que debes saber sobre tu cocina

Aquí te enseñamos cómo organizar tu cocina de la forma más útil. Lo que debes prever, dónde y cómo deben estar situados los electrodomésticos, cuáles elegir en función de tus necesidades, cómo sacar mayor provecho al espacio, cómo convertir tu cocina en un lugar seguro y agradable, etc.

Parte II: A cocinar desde el principio

En esta parte te hablaré de algunos de los tópicos de nuestra alimentación y de las técnicas básicas, tanto en lo que se refiere a la manipulación de los alimentos como a su cocción. Te enseñaré a preparar la despensa o a congelar y descongelar alimentos como es debido para que no pierdan sus cualidades. Te hablaré de la forma sana de comer en cada edad, repasaré cómo conseguir salvaguardar las vitaminas en tus platos, te hablaré de las hierbas y las especias en la cocina. Te enseñaré a organizar tu compra, a planificar menús, en fin, todo lo que te pueda facilitar la tarea. En esta parte también te explico las técnicas básicas y te propongo unas primeras recetas que pretenden ilustrar dichas técnicas. Tomando estas recetas como punto de referencia, puedes luego improvisar múltiples variaciones que te ayudarán a sentirte más seguro en el dominio de las mismas. El último capítulo de esta parte es un glosario bastante extenso que te propone algunas soluciones a problemas en la cocina. He organizado esta parte en orden alfabético para que te sea más fácil encontrar aquello que puedas necesitar.

Parte III: Para ampliar el repertorio

Este apartado está dedicado a los ingredientes básicos como el pescado, la carne, la pasta, las ensaladas. Aprenderás a cocinar de diferentes maneras estos ingredientes y te ayudará a perfeccionar las técnicas. Podrás saber si, por ejemplo, un huevo está fresco o cómo incorporar unas claras montadas a una preparación sin que éstas se bajen o qué cantidad de pasta hay que calcular por comensal. Además encontrarás deliciosas recetas y dibujos que te enseñarán a separar las claras de las yemas, a trinchar un pollo o rellenarlo como es debido. Todo de lo más práctico.

Parte IV: Con las manos en la masa

En esta parte, para empezar te doy algunos consejos, luego te ofrezco una buena cantidad de recetas para las ocasiones más variadas. Tienes recetas para cuando cuentes con poco tiempo para cocinar, para cuando quieras sorprender con un auténtico menú de chef, y en esta parte también aprovecho para enseñarte a poner una mesa como es debido. Recuerda que siempre puedes volver a encontrar cualquier receta que busques echando un vistazo a los sumarios que se encuentran al principio del libro. Si quieres cocinar, aquí vas a encontrar muchas y buenas recetas.

Parte V: Los decálogos

Esta es una de las partes más divertidas de los libros de nuestra colección. Te he preparado distintos decálogos. Por ejemplo, una lista de palabras que no son lo que parecen. Pero hay tantas palabras que he hecho un poco de trampa: hay quince palabras y ¡todas imprescindibles! También encontrarás otro decálogo que te ayudará a descubrir el chef que llevas dentro. Para acabar esta parte, todavía encontrarás cuatro nuevos apartados con una selección de recetas para las distintas épocas del año.

Parte VI: Los apéndices

Finalmente en los apéndices he incluido algunos glosarios e información ordenada alfabéticamente, por si todavía tienes alguna duda. Puedes consultar el primer apéndice si quieres descubrir algún truco imprescindible acerca de cómo conservar el material. El siguiente apéndice es una lista de hierbas, especias y otros aditamentos empleados en la cocina. Y el último es un glosario de los términos más utilizados.

Símbolos utilizados en este libro

Este símbolo señala una manera más cómoda de realizar una tarea, un modo más rápido de hacer algo o un plus para ahorrar trabajo o darle un toque especial a una receta.

La cocina puede ser un lugar peligroso. Este símbolo te avisa de posibles peligros.

Detrás de este símbolo encontrarás mis consejos y mis secretos para facilitarte las cosas.

Este icono es un guiño para recordarte que algo se repite porque es muy importante. Si tiendes a olvidar la información que has leído en un capítulo determinado, haz el esfuerzo de recordar lo que dicen los párrafos marcados con este icono.

Adónde ir a partir de aquí

Si empiezas en la cocina quizá quieras comenzar por la primera parte, en la que se recogen algunas ideas básicas sobre el lugar de trabajo, los utensilios y algunos consejos básicos sobre seguridad. En cambio, si ya tienes unos ciertos conocimientos sobre cocina, quizá prefieras pasar directamente a la segunda parte, donde te explico las técnicas básicas de la cocina; siempre va bien hacer un pequeño repaso que te permitirá sentirte más seguro en el momento en que quieras preparar ciertas recetas. La tercera parte te ayudará a ampliar tu repertorio. Trataremos los alimentos básicos en nuestra alimentación y empezaremos a preparar unas primeras recetas sencillas. En la siguiente parte encontrarás un montón de recetas distribuidas en función del tipo de ocasión. No todas las comidas son iguales, ni por el tiempo que tenemos para prepararlas, ni por la ocasión. Se trata, pues, de tener un buen arsenal de recetas para cualquier ocasión. Finalmente los decálogos y los apéndices aportan más información de forma sintética y muy sistematizada. De esta manera, muchas de tus dudas las podrás resolver con gran facilidad.

Espero que este libro te ayude a disfrutar un poco más de la cocina, tanto a lo largo de su preparación como en el momento de comer y, a veces, compartir tus platos. ¡Buen provecho!

Parte I
Todo lo que debes saber sobre tu cocina

—COCINA DE ÚLTIMA GENERACIÓN, FOGONES DE INDUCCIÓN, CAMPANA EXTRACTORA RETRÁCTIL, CUBIERTA DE ACERO INOXIDABLE, HORNO INTEGRADO... PERO ¿DÓNDE ESTÁ EL ABRELATAS?

En esta parte...

Suponemos que si has comprado un libro de cocina fácil no es solamente por las recetas, sino que hay otros aspectos acerca de los cuales te interesa saber pero nunca te atreviste a preguntar...

Así que para que tu incursión en la cocina sea más sencilla, te ofrecemos las claves para hacer este lugar lo más agradable posible: cómo organizar el espacio, cómo mantenerlo limpio, los alimentos que nunca te deben faltar, los utensilios y electrodomésticos indispensables, que serán a partir de ahora tus mejores amigos, así como el cuidado que tienes que guardar en el momento de cocinar.

Capítulo 1

Organización general

. . . .

. . . .

Para cocinar algunos platos estupendos no es necesario disponer de una cocina enorme y con todos los utensilios de última generación. Más bien se trata de que te sientas cómodo y que conozcas dónde tienes colocadas las distintas cosas que vas a ir necesitando. Por lo tanto, tu cocina puede tener el tamaño de un armario o el de un salón, pero cualquiera que éste sea, debes sacarle el mejor partido posible. La cocina es un poco el alma de la casa y debe resultar práctica y agradable.

Cómo organizar bien la cocina

Aunque parezca una cosa muy evidente debes recordar que en la cocina la higiene y el orden es indispensable, por lo que no es bueno que sea un lugar donde se vaya acumulando de todo (correo, juguetes de los niños, etc.).

La comida se prepara aquí y no es cuestión de envenenar a la familia. Por tanto hay dos cosas importantes que debes tener en cuenta:

✔ Que esté lo más liberada posible de cosas superfluas, para permitir una limpieza eficaz y rápida.

✔ Tirar todo lo inútil, como latas caducadas, recipientes de plástico tipo *Tupper* sin tapa, bolsas de plástico de las compras acumuladas, productos tóxicos.

✔ No guardes vajilla desconchada, si acaso, un plato para batir huevos, ni cubiertos viejos que nunca utilizarías delante de tus amigos… éste puede ser un buen criterio para decidir qué es lo que debes tirar.

Entonces, ¿qué debes guardar? Guarda lo que es realmente útil, no es peligroso y, además, te gusta.

Tener un espacio limpio

Seguramente los siguientes consejos ya los conoces y te estoy proponiendo acciones que ya has realizado en muchas ocasiones. Si éste es tu caso, por favor sáltate con alegría este apartado y pasa al siguiente, pero recuerda que entre todos los puntos que te propongo a continuación, puede haber algunos cuantos que sí te pueden sorprender.

✔ Llena una bandeja con agua caliente y un poco de tu detergente preferido, una esponja y un paño para secar. Lava rápidamente y seca lo que piensas guardar. Súbete a una escalera –para limpiar cómodamente los armarios más altos– y límpialos por dentro y por fuera, incluso, si es posible, la parte de arriba.

Tu cocina

Si crees –como nosotros– que la cocina es equivalente a lugar higiénico, debes limpiar todos los días el fregadero y los espacios de trabajo. Podrás realizar esta tarea con mayor rapidez si la superficie no está llena de cosas.

En general, ten a mano sólo lo que uses a diario o casi a diario. Tú mismo eres quien mejor puede decidirlo, no tu madre ni tu más íntimo amigo. Nosotros te sugerimos que tengas a mano la cafetera, el tostador del pan, el exprimidor y otros elementos de uso diario.

✔ Vuelve a colocar en la alacena correspondiente y limpio lo que piensas conservar.

✔ Coloca las cosas por categorías: tazas de té o café con sus platos, vasos... Lo que quieras guardar, pero todavía no has decidido en qué alacena, mételo en una caja de cartón, como, por ejemplo, un aparato para hacer pasta fresca que te gusta, pero que vas a usar dos veces al año, la vajilla de porcelana, los adornos de Navidad, etc.

✔ En otra caja pon aquello que ya no quieras y que esté bien para regalar o para vender (puedes organizar una venta entre amigas, donarlo a personas con menos recursos, venderlo en subastas por Internet...).

✔ En una tercera caja pon aquello que no se pueda recuperar y haya que tirar.

✔ Cierra las cajas cuando estén llenas y anota lo que contienen. Guárdalas en la bodega o en algún lugar que no estorben hasta que decidas qué hacer con cada una de ellas.

✔ Lo que quieras guardar pero necesite reparación si puedes hacerlo tú hazlo en seguida, si no llévalo a reparar para que no se eternice estropeado.

✔ Si no estás aún cansado sigue con otra alacena y si no, déjalo para otro día. Es bueno contar con ayuda de una amiga o amigo al que luego le podrás devolver el favor. En el caso de que estés sólo aprovecha para escuchar la radio o tu música favorita, así no se te hará tan pesado.

Los armarios

Intenta colocar en los entrepaños más altos los alimentos que no pesen pero abulten. Las botellas o latas de conserva que pesan más es mucho más cómodo situarlas en la parte de abajo. Los botes pequeños, como los de las especias, es conveniente ponerlos delante de otros que sean mayores. Al elegir una alacena para almacenar alimentos lo más importante es que esté colocado en un sitio seco y fresco.

Pensar en lo práctico

Tu cocina, además de estar lo más bonita posible, debe resultarte cómoda y agradable, ya que tendrás que pasar tiempo en ella. Por ejemplo, una cocina en la que se expongan utensilios, botes, especias, etc., resultará muy acogedora, pero si eres de los que sólo entra en la cocina para descongelar platos y nada más, toda esa decoración dentro de nada estará llena de polvo. Piensa siempre en lo práctico.

Si los usas diariamente, las licuadoras y demás electrodomésticos está bien tenerlos fuera, pero si no cogerán polvo y grasa y luego será más pesado limpiarlos.

Lo mismo ocurre con los botes de especias que, salvo que los quieras utilizar como decoración, es mejor guardarlos en un armario, donde cogerán menos polvo.

Cuanto más espacio libre tengas para trabajar en tu cocina mejor será. El lugar de utensilios debe de contener sólo los de uso diario; guarda por tanto en otro lugar el prensaajos que no usas a diario, el termómetro de cocina, la pinza para coger espaguetis, etc.

Con todo esto no queremos transformar tu cocina en un laboratorio, sino, simplemente, ayudarte a que trabajes lo menos posible a la hora de limpiar y guardar.

Cada seis meses revisa los productos de mantenimiento. Tal vez te des cuenta de que es inútil guardar un producto que has sustituido por otro que te resulta más eficaz. Las esponjas, los estropajos, los trapos de cocina… todo lo que usas para limpiar hay que cambiarlo regularmente.

Cómo montar una cocina por primera vez

Es imprescindible que organices de manera funcional tu plan de trabajo. Estamos seguros de que recurrirás a un especialista de cocina para montarla, dado que ahora los hay para cualquier presupuesto. Esto tiene la ventaja de que verás el plano de tu cocina en tres di-

Si vas a montar una cocina nueva

Haz un inventario de todos los objetos que te gustaría tener en tu cocina y prevé un 30 por ciento más del espacio necesario para futuras adquisiciones.

Piensa bien, porque hay cajones muy bonitos para guardar especias y todo tipo de cosas en las tiendas, pero ¿son útiles para lo que tienes y quieres guardar?

La cocina te durará años, así que este espacio que haces de más te será necesario más adelante.

mensiones y además te asesorarán (está incluido en el precio) acerca de los elementos de la cocina. De todos modos, queremos darte algunos consejos.

Necesitarás un acceso directo y práctico a la zona de cocción (fuegos, cubierta de vitrocerámica, eléctrica, etc.) y a la zona fría (nevera). Este espacio se denomina triángulo de las funciones básicas y no conviene que haya nada en medio, ni adornos ni plantas, etc.

Otro punto importante es la iluminación. La cocina debe ser un lugar bien iluminado, especialmente la zona de cocción y donde vayas a trabajar.

Si en la cocina vas a poner una mesa para comer, puedes elegir para esta zona una iluminación que se pueda variar de intensidad, lo que hará mucho más agradable el lugar.

Puedes también elegir una iluminación especial con luces encastrables en la zona de trabajo.

Cualquiera que sea tu elección, utiliza siempre focos de bajo consumo en todos los lugares donde sea posible. Se solidario con el medio ambiente.

Podemos, pues, resumir este apartado con tres recomendaciones:

✔ Es muy importante organizar de manera funcional tu espacio de trabajo. Debes tener un acceso directo a la zona de cocción (cocina) y a la zona fría (refrigerador). Este espacio se denomina "triángulo de las funciones de base".

✔ En cuanto a la mesa de trabajo, las más útiles son las de granito, cerámica o cualquier otro material en el que puedas poner directamente algo recién sacado del horno.

✔ La iluminación es también de gran importancia, sobre todo en la zona de cocción y en la mesa de trabajo. Si vas a poner una mesa para comer en la cocina, puede resultar agradable para esa zona recurrir a una luz que se pueda graduar.

Algunos consejos más para acabar de organizar tu espacio de trabajo

Vale la pena que tengas en cuenta esta lista que te propongo a continuación con una serie de consejos elementales que te ayudarán a tener los objetos de tu cocina más a mano cuando los necesites. Recuerda que existen personas que pueden sobrevivir en un orden desordenado en su despacho o en su habitación, pero en la cocina ese tipo de actitud seguro que a la larga va a perjudicar las posibilidades de llevar adelante tus capacidades culinarias.

Una lista que te ayudará:

✔ Coloca los diferentes objetos lo más cerca posible de donde vayan a ser utilizados. Los que uses menos, como el aparato de hacer *raclettes*, *fondues*, etc., colócalos en la parte alta de los armarios.

✔ Los que utilices con regularidad es perfecto poder situarlos a una altura comprendida entre tus hombros y tu cintura (para evitar agacharte y cuidar así la espalda).

✔ Los objetos pesados, como las cazuelas de hierro esmaltado, fuentes de porcelana, etc., es conveniente situarlos en la parte baja de los armarios.

✔ Evita poner demasiadas cosas apiladas en los armarios. Inevitablemente, te dará pereza tener que mover las cosas de encima para coger las de debajo, a no ser que, por cuestión de espacio, no tengas otra alternativa.

✔ Las alacenas altas deben situarse a unos 45 centímetros sobre la mesa de trabajo. Así te quedará espacio en la pared para colgar aparatos o repisas estrechas.

✔ En los compartimentos de los cajones intenta reagrupar los utensilios atendiendo a su uso. Por ejemplo, objetos que sirven para abrir: abrebotellas, sacacorchos, cuchillo de abrir ostras, etc.

✔ Los cubiertos ponlos por tipos: los de pescado, los cuchillos de carne, los tenedores de postre, etc. Cuando lo tengas todo organizado de esta forma verás que resulta mucho más práctico.

Con estos consejos básicos tendrás una cocina en la que no sólo será muy fácil preparar tus platos favoritos, sino también mantenerla limpia.

¿Qué actividades "extras" realizas en la cocina?

Finalmente, tienes que tener muy en cuenta que, en muchas casas, la cocina no sirve únicamente como lugar para preparar comidas. Si tienes niños, la mesa de la cocina puede resultar un buen lugar para jugar con la plastilina, preparar trabajos manuales, envolver regalos, forrar libros a principio de curso…

¡Ah! Y un último recordatorio: si esperas la llegada de un bebé, conviene dejar sitio para colocar, en el momento oportuno, el calientabiberones, la licuadora en la que prepararás los purés, etc.

Capítulo 2

Armarios llenos de sentido común

*V*amos a ver ahora con calma el conjunto de elementos que son básicos en una cocina. Como voy a repetir en varias ocasiones –¡espero no hacerme pesada!–, cada cocinero va a tener sus preferencias a la hora de abordar la preparación de sus platos. Por ello, aunque podemos decir que hay una serie de estrategias comunes para todos, luego hay una gran variedad de combinaciones y permutaciones que quedan al gusto de cada cual. Por lo tanto, las indicaciones que te doy en este capítulo sobre cómo tiene que estar equipada tu cocina son muy genéricas, muy amplias, para que luego tú puedas elegir.

Los utensilios básicos e imprescindibles

¿Qué necesitas? En general cuando uno debuta en la cocina tiene tendencia a no cuidar demasiado el material y a pensar que si compra una cacerola da igual una cualquiera, que lo importante es lo que se cueza dentro. Pero no es tan sencillo...

En este apartado no pretendemos hacer un inventario detallado de una cocina superequipada, sino dar unos consejos sobre qué es lo más imprescindible y cómo puedes simplificar la tarea en la cocina con ayuda de diversos utensilios y aparatos.

Lo ideal es contar con una cocina clásica de tres o cuatro fuegos con horno eléctrico, y otro de ayuda, como puede ser un microondas, que te solucionará con rapidez y eficacia las tareas de descongelar y recalentar, entre otras. También puedes recurrir a los aparatos que reúnen las dos funciones.

Asimismo, es imprescindible un refrigerador con bastante capacidad, ya que te resultará más práctico ir al mercado una vez a la semana, aunque lo completes con algunas compras a lo largo de ese período. Es conveniente que cuente con congelador, aunque no sea demasiado grande, para conservar alimentos preparados en casa o comprados y que sea útil tener siempre a mano. (Del refrigerador y de otros electrodomésticos vamos a hablar con más detalle en el capítulo 3.)

También te serán de gran ayuda una licuadora eléctrica de las que realizan varias funciones, así como unas varillas eléctricas para montar claras; asimismo, deberías contar con un peso de cocina y un vaso graduado para calcular los pesos con exactitud.

Figura 2-1:
La sartén, un instrumento imprescindible en toda cocina

Cerca de la cocina conviene tener colgados o metidos en un bote el cazo, la espumadera y el pincho largo. También es cómodo tener cerca cucharas y tenedores de madera y otros de metal, así como una aguja larga para comprobar el estado de cocción de los alimentos, como asados, bizcochos, etc.

Ya en un cajón podemos tener unas varillas manuales, una espátula, un par de tijeras, cuchillos de varios tamaños y funciones, un sacacorchos y otros instrumentos no imprescindibles pero sí muy útiles, como el que corta los huevos duros en gajos o rodajas, el que exprime ajos, un abrelatas, un cuchillo para vaciar los corazones de las manzanas, etc. De todas formas, más adelante te daremos una lista detallada de estos materiales.

Y por último, una referencia a utensilios de los que siempre hacemos uso, como un juego de cacerolas, otro de sartenes, los moldes para tartas y bizcochos, la olla exprés, el chino, un juego de ensaladeras y otro de recipientes herméticos (de los que pueden meterse directamente desde el refrigerador en el microondas).

Cuchillos

Te recomendamos encarecidamente que en el momento de comprar cualquier utensilio no ahorres en la calidad, porque, a la hora de ponernos al trabajo, es molestísimo que el mango de la sartén se doble o que el cuchillo no corte como es debido. Necesitarás:

- ✔ Uno de hoja larga y puntiaguda para hacer lonchas, filetes, etc.
- ✔ Uno de hoja ancha y mango sólido para cortar la carne, las aves y los pescados grandes.
- ✔ Un cuchillo con hoja dentada para cortar el pan.
- ✔ Uno de hoja rígida, ancha y puntiaguda para picar.
- ✔ Uno de hoja corta y puntiaguda, muy útil para deshuesar.
- ✔ Uno pequeño de hoja dentada para pelar y cortar alimentos pequeños.
- ✔ Uno especial para pelar verduras o papas.
- ✔ Uno especial para cortar jamón.
- ✔ Un afilador de cuchillos.

Figura 2-2:
Un buen
juego de
cuchillos,
bien
cuidados, es
fundamental
en cualquier
cocina

Cacerolas

Forman parte, para algunos por suerte, para otros por desgracia, de tu universo cotidiano y casi seguro que ni piensas en ellas. Sin embargo, debes saber elegir las adecuadas para cada caso y hoy vamos a intentar ayudarte.

Cambiar de batería de cocina es algo que solemos ir posponiendo, hasta que un día nos da el arrebato y decidimos tirar todo por la borda. Por eso, ahora te proponemos cambiarla, si la necesitas, aprovechando las rebajas. Así, al menos habrá una nota fresca y alegre en tu cocina. En lo referente a la decoración, las encontrarás de mil estilos y colores, y lo mismo te decimos en lo que a cocción se refiere.

Las de aluminio

Conocieron sus horas gloriosas, pero ahora han sido sustituidas por el esmalte y el acero inoxidable, aunque siguen teniendo sus adeptos, sobre todo en las "grandes cocinas". Para la cocina de casa ofrecen la ventaja de ser ligeras y de tener un precio de lo más competitivo.

Es importante que te fijes en el revestimiento interior, que puede ser T-plus o súper T-plus, dependiendo de a qué empleo están destinadas: gas, cualquier otro fuego, etc.

Los fabricantes de utensilios de aluminio esmaltado no son muy numerosos, ya que el aluminio se funde a 500 grados centígrados, por lo que la aplicación de un esmalte externo requiere tecnologías especiales.

Las de acero esmaltado

Las de este tipo suelen estar esmaltadas por dentro y por fuera. Unos productos minerales fundidos se aplican a 800 grados centígrados sobre una plancha de acero. Con una buena conductibilidad térmica, el acero esmaltado es apreciado por la variedad de los colores y las decoraciones que ofrece.

Cuestión de gusto será elegir los de forma bombeada o recta, pero debes tener en cuenta que un borde recto asegura una mayor capacidad para un diámetro idéntico.

Las inoxidables

El acero inoxidable 18/10 (18 por cien de cromo y 10 por cien de níquel) tiene fama de solidez y fácil mantenimiento.

En este tipo de utensilios, especialmente aquellos que tienen un fondo termodifusor, se pueden cocer los alimentos prácticamente sin grasa. El acero inoxidable no se oscurece y no pierde brillo.

Las de cobre

Es un material tradicional muy apreciado por los grandes chefs, ya que permite una buena difusión del calor en la masa del recipiente. Tiene el inconveniente de resultar caro.

El interior de estos utensilios suele ser de estaño, lo que obliga a un mantenimiento periódico. Para evitar este inconveniente, muchos fabricantes proponen cacerolas cuyo interior es inoxidable o está niquelado.

Las de hierro fundido

Son las más ancestrales. La aplicación de un revestimiento antiadherente en su interior les ha permitido adaptarse a los últimos progresos tecnológicos. Los modelos esmaltados son más actuales en forma y diseño. El esmalte puede ser mate o brillante.

Sin embargo, sigue habiendo partidarios de las de hierro sin esmaltar; en tal caso habrá que untar el fondo con algo de aceite o grasa después de cada utilización.

Las de hierro tienen una excelente conductibilidad. Permiten almacenar las calorías y proseguir la cocción una vez que se haya cortado la fuente de calor.

Cacerolas especiales para vitrocerámica

Los utensilios realizados con este material pesan bastante, pero tienen la ventaja de que se pueden utilizar en el microondas, meterlos en el congelador, en el horno, ponerlos directamente sobre el fuego o sobre la placa eléctrica. Incluso pueden dejarse con restos en la nevera, ya que éstos no serán alterados.

Figura 2-3:
Elige un completo juego de cacerolas del tipo que consideres más conveniente

Utensilios variados

No te asustes al ver una lista tan larga. Sería estupendo que tuvieras todos los utensilios de esta lista en tu cocina, pero quizá no tienes suficientes armarios para colocarlos todos o prefieres trabajar desde la simplicidad. Cada cocinero tiene que ir aprendiendo cuáles son aquellos instrumentos indispensables en "su" cocina. Por lo tanto, si estás empezando y tu cocina está muy vacía, no salgas corriendo con esta lista para comprarlo todo. Poco a poco tu sentido común y los platillos que vayas haciendo te van a ir pidiendo algunos de los elementos de esta lista. Entonces será el momento de adquirirlos.

Una lista que te ayudará:

- ✔ Un par de tijeras de cocina.
- ✔ Una espátula: las mejores son las de silicona porque no se les impregnan los olores como a las de madera.
- ✔ Una espátula metálica: sirven para despegar piezas sin romperlas o levantar una masa sin agujerearla.
- ✔ Una espumadera redonda y otra rectangular con los extremos redondeados para los alimentos más largos y frágiles.
- ✔ Dos cucharas de madera.
- ✔ Dos tenedores de madera de mango largo –uno de ellos de dientes ligeramente curvos– te serán muy útiles a la hora de dar la vuelta a un ave o a una carne mientras se hacen.
- ✔ Una pinza para darle la vuelta a los filetes sin desangrarlos.
- ✔ Dos cucharones, uno más hondo y otro más tipo cuchara grande, te serán muy útiles a la hora de quitar grasa a un caldo, espumar mermeladas, etc.
- ✔ Unas varillas. Si las eliges eléctricas, cómpralas de al menos dos velocidades, ya que, por ejemplo, si quieres montar nata y no giran a la velocidad suficiente pueden convertirla en mantequilla.
- ✔ Una aguja para coser aves.
- ✔ Un juego de brochetas o pinchos largos.
- ✔ Un rallador.
- ✔ Un cuchillo para vaciar manzanas.

✔ Una cucharita redonda para vaciar melones u otras frutas o para formar bolitas de papas.

✔ Un chino, que es una especie de colador con agujeros grandes, cónico y sólido, que se emplea para extraer líquidos de una preparación apretando fuertemente sobre ellas. Cómpralo metálico e inoxidable.

✔ Un escurrepastas o colador metálico con pies. Ahora también existen unos de silicona muy cómodos por ser plegables.

✔ Un colador normal o tamiz; cómpralo de los inoxidables con un mango metálico o de plástico.

✔ Una tabla de cortar te servirá para cortar, pelar, picar. Elígela de una medida grande, 30 x 40 centímetros, más o menos, y de silicona especial, ya que las de madera, aunque mucho más cálidas a la vista, pueden ser una fuente de microbios.

✔ Una báscula de cocina para que resulte realmente útil tiene que ser electrónico. Los modelos mecánicos resultan muy imprecisos, especialmente si hay que pesar pequeñas cantidades.

✔ Un vaso medidor de cantidades.

✔ Un pasapurés.

✔ Un pimentero.

✔ Un abrebotellas.

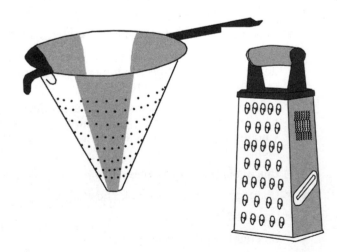

Figura 2-4:
Un buen rallador y un chino son imprescindibles en la cocina

✔ Un abrelatas de primera calidad (sea eléctrico o manual).

✔ Un rodillo pastelero.

✔ Una manga pastelera con sus diferentes bocas.

✔ Un rollo de papel de aluminio.

✔ Un rollo de papel absorbente.

✔ Un rollo de film plástico.

✔ Dos juegos de sartenes de pequeñas a grandes, uno de revestimiento antiadherente y otro de hierro.

✔ Un juego de cacerolas es el instrumento base de una cocina. Se impone que sean de buena calidad, es decir, inoxidables, de fondo grueso y eventualmente con un mango amovible o, si no, metálico por si se diera el caso de que quieras meterla en el horno.

✔ Una olla exprés.

✔ Una ensaladera de cristal redonda o un bol de pyrex (pueden servir para montar claras).

✔ Unas fuentes de pyrex de diferentes tamaños.

✔ Una freidora.

✔ Unos moldes para tartas de diferentes diámetros (para de 4 a 6 comensales, unos 24 centímetros).

✔ Dos moldes para panes, uno rectangular y otro redondo de bordes altos y amovibles. Los de silicona resultan muy prácticos ya que los panes no se pegan nunca, incluso a veces no es necesario enharinarlos ni untarlos con mantequilla.

✔ Unas cacerolas de hierro esmaltado, una grande y otra pequeña.

✔ Una besuguera.

✔ Un juego de boles (o ensaladeras) de plástico.

✔ Un cortahuevos.

✔ Unos cortapastas: son círculos, uno de cuyos lados es cortante. Los hay de plástico o metálicos, de diferentes tamaños, rectos o acanalados. Te aconsejamos un lote de los que venden en diferentes medidas dentro de una caja.

✔ Un juego de recipientes herméticos de los que pueden ir del congelador al microondas.

✔ Un pincel para embadurnar una preparación, untar con huevo batido o retirar un exceso de harina o de azúcar. Lo mejor es que compres varios. Uno pequeño y otro más grueso, con mango de plástico y cerdas especiales que se pueden lavar en el lavavajillas.

Batidoras, licuadora y material de apoyo

Hoy en día, la oferta de estos aparatos llamados pequeños electrodomésticos es muy amplia. La gama de precios también, por lo que conviene invertir en el que realmente nos resultará útil.

Cuando vayas a comprarlo no te fijes sólo en el diseño. Pregúntate: "¿Para qué voy a utilizarlo?". Varios tipos de aparatos pueden responder a esta pregunta.

Aquí mencionaremos sólo los que nos parecen más útiles para un principiante. Antes de comprarlos comprueba si se pueden desmontar para limpiarlos, si tienen piezas que se puedan meter en el lavavajillas, etc.

Figura 2-5:
Una versátil licuadora nos ayudará en la preparación de ricas salsas o refrescantes jugos

Tres preguntas que debes hacerte antes de comprar una batidora

La compra de un robot ha de ser meditada. Es un utensilio muy práctico, pero contéstate a estas tres preguntas antes de tomar cualquier decisión:

✔ ¿Tengo sitio en la cocina para tenerlo a mano? Si no es así, piensa que tenderás a no utilizarlo.

✔ El tiempo que ahorraré al utilizarlo, ¿compensará al empleado en limpiarlo y guardarlo?

✔ ¿Cuántas veces voy a usarlo?

Recuerda también que son preferibles aquellos modelos cuyos cables puedan recogerse o enrollarse.

Y, finalmente, teniendo siempre en cuenta nuestra obsesión por el orden, conviene preparar algún soporte mural para tenerlos siempre a mano. Hay modelos que ya vienen con él.

Batidoras

Para batir y amasar

Las famosas varillas son utensilios ancestrales que ya usaban nuestras abuelas, pero a las que ahora se ha añadido un pequeño motor que te evita el esfuerzo. Los hay de varillas o en forma redonda con movimiento espiral.

Estos modelos pequeños suelen tener dos o tres velocidades. Las varillas pueden quitarse presionando un botón que las hace salir disparadas, por lo que el que las utiliza debe agarrarlas. Algunas se adquieren con un vaso o un cuenco incorporados para hacer las preparaciones, lo que resulta bastante práctico.

Ventajas: Son baratos y consumen poco.

Material de apoyo

En nuestros días, es cada vez menos corriente tener personal que nos ayude en la mesa. Para evitar que tengas que levantarte continuamente, te sugerimos un calientabandejas y un calientaplatos, ya que la comida se enfría con gran rapidez.

A veces el termómetro resulta muy útil. Si piensas comprar uno te recomendamos el electrónico, pero cómpralo sólo si piensas cocinar con frecuencia.

Los aparatos para cocinar directamente en la mesa, tales como *fondues*, *raclettes* o *crépiers*, son muy útiles a la hora de organizar cenas imprevistas o para jóvenes que quieran reunir a sus amigos con poco esfuerzo. Se colocan en el centro de la mesa y cada uno de los comensales se prepara su comida.

Con todo este material, cualquier cocinero hábil será capaz de llevar sus recetas a buen término.

Para aplastar y mezclar líquidos

Las licuadoras o el llamado "tercer brazo". Este último puede meterse directamente en la preparación y se vende por lo común con un vaso colador. En el mercado hay un gran número de modelos, por lo que es aconsejable que elijas el que se adapte más a tus necesidades. Resulta excelente para sopas, purés, compotas, papillas, etc.

Ventajas: Son fáciles de guardar y su precio es asequible.

Inconvenientes: Aunque son manejables, hay que estar sosteniéndolos continuamente. El mezclador de cuenco (o *blender*) deja las manos libres y lo recomendamos para lo que haya que batir ligero (tortillas, masa de crepes, batidos, etc.). Tiene una o varias velocidades.

Si se te atascó, desenchúfala y desenrosca con una pinza lo que se haya enganchado en la hélice. En caso de ya estar seca, mójala con un poco de agua caliente con unas gotas de amoníaco, pero con cuidado de no mojar el motor.

Polivalentes

Los robots multiuso. Son verdaderas máquinas de cocinar, pueden realizar operaciones muy variadas, adaptando su bloque motor

–que tiene una potencia que va de 300 a 800 vatios– y diversos accesorios.

Poseen varias velocidades y un botón para funcionamiento intermitente en el caso de preparaciones delicadas.

Ventajas: Buen trabajo, gran productividad.

Inconvenientes: Ocupan bastante sitio, pesan y son bastante caros.

Que puedan calentar

Los más recomendables desde el punto de vista práctico son los que además calientan las preparaciones.

Ventajas: Conservan las vitaminas que se perderían con un tiempo más largo de preparación y ahorran en las cantidades. Por ejemplo, con un sólo poro puedes preparar una sopa para seis personas.

Inconvenientes: Su precio elevado. Además, a veces pueden resultar difíciles de encontrar en tiendas o grandes almacenes, y hay que buscarlos directamente en la casa que los fabrica.

Compactos

Se componen de un bloque motor y de un recipiente en el que se van adaptando los accesorios necesarios para la preparación que vayamos a realizar.

Ventajas: Ocupan poco lugar y se guardan con facilidad tras su empleo.

Combinados o dúos

Además del recipiente descrito más arriba, poseen una batidora que permite, según explican los fabricantes, mezclar ingredientes blandos como frutas para obtener purés o jugos. También puede mezclar verduras para preparar cremas.

Inconvenientes: No son fáciles de guardar en un armario de cocina porque ocupan mucho espacio.

Los exprimidores

Limitados a este uso, nos hacen ganar tiempo y apurar más la fruta; además son de precio asequible.

No obstante, como consejo general te diremos que pienses antes de invertir en ésto cuántas veces lo vas a utilizar y si tienes sitio para que su almacenamiento no se convierta en una molestia.

Como consejo general, y en resumen, no te arrepentirás de adquirir una batidora que te sirva para mezclar, amasar, picar, centrifugar, etc. Son también muy útiles los aparatos eléctricos para montar claras. El llamado "tercer brazo" también es muy práctico, además de fácil de limpiar y guardar.

Normas de uso para todas las batidoras

Normas y más normas, acabamos de entrar en la cocina y parece que hay un montón de reglas que hay que tener en cuenta. Piensa que, como ya he mencionado en otras ocasiones, la seguridad en la cocina es fundamental. Tanto en el momento de usar los instrumentos y utensilios como en todo lo referente a la preparación de los alimentos y su estado de conservación.

Una lista que te ayudará:

✔ Desconecta siempre el aparato: cuando hayas terminado de usarlo y antes de limpiarlo.

✔ Ten siempre las manos secas antes de tocar los interruptores y antes de enchufar o desenchufar el aparato.

✔ Lava las cuchillas con un cepillito para no acercar demasiado los dedos a ellas. No dejes las cuchillas en remojo.

✔ Sácale el mejor partido leyendo antes de usarlo el modo de empleo.

Capítulo 3

¡Gracias a Dios por la electricidad!

Ya hemos hablado de todos los pequeños instrumentos que nos hacen el trabajo más fácil en la cocina. También hemos hecho un somero repaso de los pequeños electrodomésticos que son, en muchos casos, indispensables en una cocina bien equipada. En todo momento, he apelado al sentido común a la hora de elegir todas esas ayudas materiales. Lo mismo pasa con los grandes electrodomésticos. Muchos de ellos indispensables, tenemos que saber elegirlos en función de nuestras propias necesidades y las características de lo que vamos a querer preparar en nuestro banco de trabajo.

Los electrodomésticos que sirven para calentar

Una cocina sin cocina. ¡Qué barbaridad! He dejado para este capítulo algunos de los elementos fundamentales para poder cocinar fácilmente.

Las parrillas de cocción. Cocinas

Existen de varios tipos: de gas, eléctrica, de vitrocerámica o inducción, etc. A continuación te explicaremos las más habituales para que, a la hora de decidirte por alguna de ellas, sepas cuál es la que más te conviene.

Algunas poseen "Touch control", las hay con autoencendido y "Gas stop". Cada una de estas prestaciones nos pueden ser útiles aunque como puedes suponer, el precio va subiendo.

De gas convencionales

Tienen la ventaja de que, al ser de gas, emplean una energía económica, ecológica y, por decirlo de alguna manera, son las más "tradicionales". Ahora varias marcas poseen gamas renovadas con placas de acero inoxidable y diseños modernos.

La ventaja de cocinar con gas es que puedes regular la llama con reacción inmediata, lo que resulta importante cuando salteas alimentos o preparas una salsa. Las que existen hoy en día pueden reducir el tiempo de cocción un 25 por ciento.

Si el modelo que tienes es de menos de cinco años, no debería desprender ningún olor a gas. Normalmente, son de encendido electrónico. Si a pesar de todo percibes olor a gas puede deberse a una fuga. Cierra la llave de paso y llama inmediatamente a la compañía. No uses ningún aparato eléctrico hasta que vengan a revisar la cocina, ni siquiera enciendas la luz: podría causar una explosión.

De gas con cristal templado y vitrocerámica

Su ventaja reside en su superficie, totalmente lisa, que permite una fácil limpieza, son resistentes y poseen un acabado moderno.

Halógenas

Constituyen una novedad tecnológica. Unas lámparas halógenas calientan la superficie de cristal de la placa de cocción; los mejores resultados se consiguen empleando recipientes metálicos de fondo plano.

Su precio muy elevado es el inconveniente.

De cocción eléctrica

El mayor inconveniente es su tiempo de respuesta. Cuando quieras bajar la temperatura al mínimo, puede pasar hasta un minuto antes de obtener la respuesta deseada, mientras que una de gas, por ejemplo, reacciona en menos de un segundo.

De inducción y vitrocerámica

Poseen las zonas de cocción dispuestas en línea, lo que facilita la maniobra para acceder a los alimentos. La inducción es una de las más modernas. Es cierto que resulta impresionante. Se basa en el principio de transferencia magnética: el calor se transmite a través de un flujo magnético, del quemador a la cacerola. Una cacerola con 2 litros de agua, por ejemplo, hierve en un minuto.

Existen también placas de inducción de libre instalación, por si quieres una nueva placa sin cambiar de encimera.

Ventajas: Además de las reseñadas más arriba, se limpian con mucha facilidad y la temperatura es mucho menor que en una de vitrocerámica.

Inconvenientes: Sólo funcionan con recipiente metálicos específicos, como el acero inoxidable. Los recipientes de cristal no resultan convenientes. La segunda desventaja es que aún son muy caras.

El horno

Existen muchas variedades en el mercado para que encajen en cualquier cocina y en cualquier tipo de instalación.

De gas

Vienen con muy buen aislamiento, por lo que realizan un consumo muy eficiente de energía.

Son autolimpiables.

Existen también los de convección térmica y gas, que consumen poco y poseen un ventilador para calentar el aire alrededor del alimento, logrando así un cocinado uniforme. De esta manera, los alimentos tardan menos en cocinarse y lo hacen a temperatura más baja.

Este tipo de horno puede cocinar de las dos maneras: la tradicional y la del modo convección.

Eléctricos

Tienen la ventaja de no generar residuos de combustión aunque resultan menos económicos que los anteriores.

Los más aconsejables son los modelos más sencillos de resistencia.

De aire rotativo

En este tipo de hornos un ventilador de pequeño tamaño colocado en el fondo hace que el aire circule, lo que permite que los alimentos se cocinen de modo más rápido y uniforme.

Estos hornos reducen generalmente un 25 por ciento el tiempo de cocción de los alimentos; por ello, los fabricantes suelen recomendar en sus instrucciones que se reduzca la temperatura de la receta que vaya a preparar en unos 25 grados.

De pirólisis

Es lo más actual y novedoso en cuanto a hornos se refiere. Su principio de funcionamiento es la descomposición pirolítica de la materia orgánica, que desaparece en forma de gases no contaminantes. El funcionamiento es discontinuo con carga, pirólisis y descarga sucesivamente. Suelen tener una puerta de doble hoja que impide la apertura durante el proceso, por lo que no entrañan peligro para sus usuarios.

Equivalencias de temperaturas del horno

Horno	Temperatura °C	Termostato
Muy suave	110-130	1-2
Suave	150	3-4
Medio	180	4-5
Normal	200	5-6
Caliente	235	6-7

Ahorra al utilizar el horno

Economiza energía haciendo en el horno varios platos a la vez.

Pon en la parte superior del horno los platos que necesiten una alta temperatura y los otros colócalos en las rejillas inferiores.

Para esto ha salido un nuevo horno, el **Openspace**. Para cada una de sus ban-

dejas utiliza una temperatura diferente. Al ser aislantes, el horno queda dividido en tres zonas sin que se mezclen olores ni sabores.

Ventajas: El ahorro de tiempo y de energía puede llegar a ser del 40 por ciento. Existen de varios tamaños y capacidades.

Ventajas: Resultan muy fáciles de limpiar, simplemente pasando un paño.

Hornos de vapor

Permiten que los alimentos conserven todos los nutrientes y, sobre todo, se realcen los brillos, se potencien las texturas y se multipliquen los sabores. Con algunos de ellos puedes cocinar al vapor y al horno tradicional.

Ventajas: Es perfecto para gratinados, asados y horneados. Puedes cocinar hasta un 20 por ciento más deprisa. Conserva hasta un 50 por ciento más de las vitaminas y es fácil de usar y limpiar.

Tipos de horno en cuanto a su apertura:

De apertura lateral

Existen de apertura a la derecha o a la izquierda. Su comodidad radica en que no te tienes que agachar para usarlo.

De carro extraíble

En estos hornos la puerta se extrae como si se tratase de un cajón. El carro se desplaza sobre unas guías de forma que facilita el acceso a lo que se está horneando con comodidad y sin riesgo de quemarte.

Las bandejas están integradas en la puerta del horno, por lo que el interior es liso y se facilita su limpieza.

Abatible

Sirven para cualquier tipo de instalación, lo único que deberás tener en cuenta es la altura de la persona que lo vaya a utilizar con más frecuencia.

Suelen disponer de guías extraíbles que ayudan a distribuir el peso de las bandejas.

De cierre suave

Llevan incorporados 70 programas de cocción a los que tú puedes incorporar otros de tu cosecha.

El horno de microondas

Sus detractores predijeron la muerte del microondas, pero la realidad es que está presente en la mayoría de nuestras casas, tal vez porque aún conserva algo de su carácter mágico. Prueba de ello son las preguntas que los usuarios se plantean frente a su nueva adquisición y la gran cantidad de libros y recetas que intentan explicar que un microondas puede servir para algo más que para calentar el desayuno.

Microondas y recipientes metálicos

Se desaconseja meter platos con bordes dorados o envases de aluminio en un microondas, aunque algunas marcas presentan aparatos que aceptan platos metálicos. ¿Qué puedes pensar?

Aquellos modelos que aceptan platos metálicos suelen venir con una rejilla o plato cerámico que se pone debajo del recipiente metálico y absorbe sus ondas. Los envases de aluminio no son aconsejables, ya que el metal impide a las ondas atravesar el fondo del recipiente; esto conlleva un aumento del tiempo de cocción y resultados menos satisfactorios, ya que no podrá "cocer" más que por encima.

Consejos para manejar mejor el microondas

Los alimentos cocidos o recalentados en el microondas deben estar **siempre cubiertos**, salvo las pequeñas cantidades (vaso de leche, taza de café, etc.). El vapor y la humedad deben quedar encerrados para facilitar la aceleración de la cocción y lograr que los alimentos no se sequen. Una tapadera suprime los riesgos de salpicaduras y evita ensuciar el microondas. Si las paredes están sucias, las ondas rebotarán peor y esto no es bueno para la cocción.

Cuando saques un plato del microondas, déjalo **reposar** unos minutos; los alimentos se seguirán haciendo aunque la energía del microondas se haya cortado.

A media cocción, **remueve** la preparación para obtener una difusión más homogénea de las calorías y evitar las zonas frías.

Pincha los alimentos que tengan piel para que no estallen por una presión demasiado importante en el interior.

Para que las papas se hagan más rápidamente en su piel y conserven todo su sabor, **envuélvelas** en film transparente.

Usa el microondas para pelar tomates, secar plantas y hierbas (colocándolas sobre papel absorbente), abrir ostras, ablandar mantequilla, miel, derretir chocolate, etc.

A pesar de todo lo que se viene diciendo, el microondas es un método de cocción y de calentamiento seguro: la puerta no deja pasar las ondas (existen normas internacionales con respecto a esto), está siempre frío y es prácticamente imposible quemarse si utilizas los recipientes adecuados. Por todo ello, es el aparato que solemos dejar manejar a nuestros hijos si comen solos en casa.

Pero que quede claro que no nos responsabilizamos de su adquisición y empleo.

¿Por qué tipo de microondas decidirte?

Hay muchas variedades y marcas entre las que elegir, pero lo que nos parece más importante es su potencia. Normalmente varía entre 900 y 1.500 vatios. Únicamente la mitad de dicha potencia se halla restituida en la cavidad mediante la cocción, es decir, de 450-500 a 750-780 vatios.

Es conveniente que tenga una potencia de al menos de 600 vatios para que sea realmente rápido y que puedas realizar las recetas que te proponemos. Con los de 500 vatios corres el riesgo de sentirte decepcionado y tener que limitar su uso para calentar o descongelar.

Cómo dominar tu microondas

Utilizar un microondas es fácil, pero hay que cambiar un poco nuestros hábitos culinarios para aprovecharlo plenamente. Hay que pinchar algunos alimentos para evitar que estallen: la cáscara del huevo, la yema cuando haces huevos al plato, la manzana, el tomate, las salchichas, las papas y todos aquellos que tengan una piel resistente.

✔ Calcula que la cocción se prolonga una vez parado el microondas por la conducción del calor en la masa.

✔ Nunca pongas a funcionar el microondas vacío porque podrías estropearlo. Durante el período de rodaje, en que estás aprendiendo a manejarlo, es mejor que pongas en su interior un vaso con agua.

✔ No es conveniente poner los alimentos directamente sobre el plato del microondas, ya que éste podría estallar.

Los electrodomésticos que enfrían

En la cocina se trabaja con el frío y con el calor. El calor nos ayuda a conseguir los cambios químicos que añaden texturas, nuevos sabores y formas, y alteran y combinan los productos que estamos cocinando. El frío, aunque también puede ser un aliado para cocinar, es especialmente importante como aliado a la hora de conservar.

El refrigerador

Existen refrigeradores de todos los tamaños y de todas las formas. Las hay de una puerta, de dos, *combi*, *side by side*, etc. Entre este amplio abanico, ¿por cuál debes decidirte?

Pues dependerá de varios factores. Primero vamos a explicarte cuáles son las diferencias entre unas y otras.

La capa de ozono y los refrigeradores

Para no dañarla, compra un refrigerador que use refrigerante R600a y ciclopentano para el aislamiento (esto tendrás que verlo en su interior los refrigeradores). Busca una etiqueta que ponga "sin HFC".

De una puerta

Son las que suelen colocarse bajo la encimera. Existen de varios anchos, entre 50 y 60 centímetros. Son las más económicas y generalmente son para personas que viven solas o con poca familia y no necesitan almacenar comida. En la actualidad, estos refrigeradores cuentan con los mismos adelantos tecnológicos que las de mayor capacidad.

De dos puertas

Tienen el congelador en la parte superior y la nevera en la parte inferior, aunque también se pueden encontrar modelos a la inversa, con el congelador abajo. Existen modelos de varios anchos entre 50 y 70 centímetros, y altos entre 140 y 195 centímetros.

Combi

Son las que poseen un congelador amplio en la parte de abajo y la nevera está situada más arriba. También pueden tener dos puertas, pero su característica principal es que su mecanismo cuenta con dos motores, uno para el frigorífico y otro para el congelador. Tienen anchos de entre 60 y 70 centímetros, y altos de entre 185 hasta 200 centímetros.

Ventajas: La regulación independiente de temperaturas entre compartimentos. Además se puede estropear una de las partes y no la otra, poseen un alto rendimiento.

Sistema americano o side by side

La puerta de la nevera y la del congelador están una al lado de otra. Suelen contar con un grifo para agua fría y dispensador de cubitos de hielo. Son de un ancho de unos 120 centímetros y más profundas que las anteriores.

Ventajas: Se puede acumular en ellas gran cantidad de alimentos, tanto congelados como frescos, y son muy útiles para familias numerosas, para quienes hacen la compra cada quince días y para personas que viven algo retiradas de los centros urbanos.

Sistemas inteligentes

Son los que incluyen la electrónica y la ventilación dentro de la nevera. Así, los ventiladores permiten que el aire fresco llegue a cada punto de la nevera, pudiendo así mantener una temperatura estable en cualquier punto. Estas neveras están divididas internamente para poner distintos tipos de alimentos con diferentes necesidades de temperatura y humedad.

Ventajas: Aparte de las señaladas más arriba, responden muy bien a la apertura más frecuente de la puerta, por ejemplo, en los meses de calor, ya que la temperatura interior se recupera a gran velocidad. Cada fabricante llama a este sistema de frío dinámico de una manera, por lo que no los citamos aquí; debes preguntar simplemente si tiene este sistema. Hay neveras que combinan este sistema con el *No frost*.

Sistemas domóticos

Algunos fabricantes han empezado a comercializar los llamados electrodomésticos "domóticos". Éstos están interconectados y poseen una pantalla en la que se muestra, por ejemplo, si algún fuego de la cocina se ha quedado encendido o, incluso, sugerencias de menús según el contenido de la nevera. También permiten ver la televisión o un DVD.

En muchos refrigeradores de última generación, el trabajo se organiza desde las pantallas táctiles. Hay algunos que tienen una zona de nevera normal, otra para congelados y una tercera que puedes programar según tus necesidades.

¿Cómo elegir el modelo adecuado?

Aparte de por el precio, dentro de calidades y tipos de neveras parecidas debes fijarte en otros aspectos importantes.

Novedades en cuanto a materiales

El interior de las neveras ahora están fabricados con materiales que impiden el crecimiento de bacterias y microorganismos que deterioran los alimentos que introducimos en la nevera.

El sector de los electrodomésticos es muy dinámico en el campo de la innovación. Cada año sus laboratorios de I+D buscan nuevos materiales y nuevas formas de resolver nuestras necesidades.

Etiqueta energética

Viene indicada por letras, que van de la A a la G, y te permite saber cuánta electricidad consume y su influencia sobre el medio ambiente. Por ejemplo, una nevera con nivel C puede resultar a la larga más cara que una de nivel A, aunque el precio sea menor. Puedes ahorrar hasta un 40 por ciento en la el recibo de luz con este electrodoméstico.

Cuanto más grande es una nevera, más consume; por eso es conveniente no comprarla mayor del volumen que necesites.

Algunos modelos permiten apagar separadamente la nevera del congelador, lo cual es útil si vas a pasar largos períodos fuera de casa. En cuanto a los congeladores, los de tipo arcón gastan menos que los verticales.

Dimensiones externas

Antes de decidirte por uno u otro modelo, debes pensar dónde lo vas a instalar. Como hemos visto, hay muchos modelos de diferentes tamaños, por lo que debes elegir el que se ajuste a tus necesidades.

Dimensiones internas

Se miden en litros y éstos dependen del tamaño del aparato.

Las temperaturas

Es casi la característica más importante que hay que tener en cuenta. Es conveniente que dicha temperatura esté entre 5 y 0 grados y la del congelador entre -25 y -30 grados. Además, el aparato debe ser capaz de mantener constante la temperatura interna, aunque cambie la exterior.

Fast freeze

Los modelos que poseen este sistema permiten disminuir con rapidez la temperatura del congelador.

Sistema No frost

La explicación de cómo funciona es la siguiente: cuando el vapor de agua que hay dentro del congelador toca el serpentín, se hace líquido, pero como hace mucho frío, se hiela. Poco a poco la capa de hielo que cubre dicho serpentín se irá haciendo más gruesa. Las neveras con sistema *No frost* tienen un circuito calentador enrollado en el serpentín del congelador. Un temporizador hace que cada cierto tiempo el calentador se ponga en marcha, derritiendo el hielo. Cuando el serpentín ha llegado a cierta temperatura, el calentador se apaga.

Es un sistema muy demandado actualmente, ya que evita tener que descongelar la nevera, lo cual supone un ahorro de tiempo a la hora de su limpieza, y también incrementa la calidad de la refrigeración, al no interrumpir la cadena de frío. Además, no crean escarcha y evitan que se forme hielo en las paredes del frigorífico.

Desventajas: A veces este sistema puede reducir la humedad o frescura de ciertos productos. Para evitarlo, los fabricantes han independizado en cajones las zonas de fruta y verduras del resto, para mantener allí buenas condiciones de frescura.

Lo explicado sobre el serpentín hace que una nevera que lleva incorporado este sistema gaste más.

Otro factor para tener en cuenta es el ruido, cuanto menos haga más a gusto estarás y menos molestará.

El diseño interior

Es un aspecto importante a la hora de elegir una nevera. Las hay con múltiples distribuciones y de muy diversos tipos. Los mejores estantes son los de vidrio templado, duran más y resultan más cómodos de limpiar. Es importante que en altura y profundidad se puedan regular, para la correcta colocación de los alimentos en el interior del refrigerador.

Es también muy importante que tenga cajones para frutas y verduras, así duplicaremos la conservación de dichos alimentos en las mejores condiciones. Algunas poseen áreas de larga conservación para carnes, pescados o aves que, si vamos a consumir en los próximos días, no es necesario congelar.

En cuanto a los accesorios, los hay muy diversos. Algunos resultan de mayor utilidad que otros, como las puertas que fijan las botellas para que no se desplacen; otras poseen estantes especiales para latas de bebidas o compartimentos con la temperatura correcta de conservación para colocar huevos y mantequilla.

Tanto si vives sólo como si una familia depende de ti, hacer la compra a diario es una tarea engorrosa de la que puedes prescindir, en gran parte, gracias a la nevera. Podrás dedicar el tiempo ahorrado a leer o a cualquier otro entretenimiento que te satisfaga.

La situación ideal es contar con una nevera bien abastecida, lo que no quiere decir que deba estar repleta de alimentos que luego acabarás tirando por no haberlos consumido a tiempo y estar caducados.

¿Cómo sacar el mejor partido a la nevera y al congelador?

Esperamos que con todas estas explicaciones y consejos puedas sacar el mejor partido a tu nevera y congelador.

Una lista que te ayudará:

✔ Es conveniente situar el refrigerador en un lugar fresco, lejos de fuentes de calor como, por ejemplo, el horno. La parte trasera debe tener espacio para estar bien ventilada y no debe acumular polvo.

✔ Si metes cosas calientes lo haces trabajar más de lo necesario. Espera a que se enfríen antes de meterlas en la nevera.

✔ La temperatura recomendada es de unos 5 grados.

✔ Abre la puerta el menor número de veces posible y mantenla abierta el menor tiempo posible. Para que te hagas una idea, abrirla diez segundos implica que tardará cuarenta minutos en volver a la temperatura que tenía antes de abrirla.

✔ Lo mejor es tenerla llena a tres cuartos de su capacidad, ya que cuanto más vacía está consume más, debido a que el aire que circula no retiene el frío.

✔ Las que no poseen sistema *No frost* deben descongelarse con regularidad, ya que si la capa de hielo que se forma es muy gruesa, consumen más.

✔ Revisa periódicamente el sellado de la puerta para comprobar que está en buen estado.

Y los que nos ayudan a lavar

Hemos echado un vistazo a esos ayudantes del calor y del frío, pero en una cocina actual a veces es muy importante recordar a otros ayudantes como los lavavajillas.

El lavavajillas

En su momento, hace ya varios años, fue una revolución y, hoy día, está presente en más de la mitad de los hogares. Es considerable el ahorro de energía que permite, siempre y cuando lo utilices como es debido. Pero lo que lo ha convertido en uno de los electrodomésticos más apreciados es el ahorro de tiempo.

Un lavavajillas es un aparato mecánico para limpiar restos de comida de la vajilla, cristalería y utensilios de cocina. Emplean la circulación del agua a alta temperatura (de 55 a 65 grados) y detergentes muy fuertes para conseguir esta limpieza.

Este aparato vierte agua sobre la vajilla, primero con detergente y, al final, sola, para el aclarado. Algunos incorporan elementos de secado de los utensilios. Cuenta con bandejas extraíbles de plástico o metal diseñadas para que quepan todo tipo de elementos como platos, vasos, cubiertos, etc. También posee un filtro que debe ser limpiado con periodicidad.

¿Qué modelo elegir?

Existen en el mercado una cantidad innumerable de modelos, por lo que podrás elegir entre una amplia gama el que más se adapte a tus necesidades diarias.

En principio, los más caros son los que incorporan más funciones y tienen mejor rendimiento.

Se pueden dividir, de forma sencilla, en dos categorías:

✔ Los que emplean el agua caliente que le proporciona la toma de la casa.

✔ Los que calientan ellos mismos el agua.

Nosotros recomendamos los de la segunda categoría porque te evitan llevar el agua de la casa a la temperatura requerida por el lavavajillas.

Los modelos de gama alta poseen gran variedad de programas, pero en esto más vale que adquieras uno con los programas que piensas utilizar. Es conveniente que incluyan el de ciclo en frío y el de ciclo económico.

Ten también presente la capacidad de lavado que necesitas: no es lo mismo si son dos, que si hay más comensales a diario.

Fíjate también en la clasificación energética del aparato, de esta forma podrás comparar la eficiencia energética entre modelos de características similares.

Los que sí resultan muy útiles son aquellos modelos que tienen programas especiales para el lavado de cristales y porcelanas.

Lavavajillas bitérmicos

Son los que poseen dos tomas independientes de agua. Una para el agua fría y otra para el agua caliente; de este modo se reduce el tiempo de lavado y se ahorra energía.

¿Dónde colocarlo?

Lo mejor es colocarlo junto al fregadero, así podrás pasar los trastes bajo el chorro de agua antes de meterlos en el lavavajillas.

¿Cómo utilizarlo con eficacia?

Emplea tu lavavajillas siempre a plena carga. La diferencia de ahorro de energía entre lavar los platos a mano con agua caliente o en un lavavajillas a plena carga puede ser de hasta un 55 por ciento.

Aunque lo vayas llenando poco a poco, no lo pongas a funcionar hasta que esté completo. Si fuera absolutamente necesario,

Los ciclos económicos

Los modelos que poseen esta opción permiten reaprovechar el calor del lavado para el posterior aclarado y secado.

El ahorro es importante y debemos tenerlo en cuenta. Si no ofrecen esta posibilidad debemos apagar el aparato, abrir la puerta y dejar que se sequen los platos por sí solos.

Vigila que estén suficientemente llenos los depósitos de abrillantador y sal.

Elije el programa adecuado al tipo, cantidad y suciedad de la vajilla para que así resulte más económico.

Conviene que no funcione a la vez que la lavadora. Así aprovecharás mejor la potencia contratada.

emplea la opción de media carga, con la que podrías ahorrar hasta un 30 por ciento de agua y energía.

Para mantenerlo en buenas condiciones

Conviene limpiar su interior de vez en cuando, sobre todo alrededor de las juntas y gomas de la puerta, donde pueden acumularse restos de comida. Limpia el filtro aclarándolo para quitar los restos que tuviese.

Si vas a estar ausente durante una larga temporada, antes de irte pásale un paño húmedo y deja la puerta medio abierta para evitar los malos olores.

Es aconsejable usar antical; aumentará la resistencia eléctrica y la vida del aparato.

Resulta importante fijarse en la etiqueta energética del aparato. Si eliges uno de clase A supondrá un ahorro sustancial con respecto a uno de clase G. El consumo de un lavavajillas de 12 cubiertos es de unos 18 litros de agua por lavado y 1,2 kilovatios.

Debes exigir que se respete el medio ambiente. La normativa actual exige a los fabricantes que al entregar un aparato nuevo recojan el viejo para reciclar sus componentes.

Lo que no conviene meter

En general es mejor no meter las cuberterías de plata. Si lo haces, métalas solas, no mezcles cubertería de plata con otra de acero porque podría ennegrecerse. Otros utensilios que no conviene meter en el lavavajillas serían:

✔ Los utensilios de madera.

✔ Tapas y recipientes de plástico, salvo que tengan una indicación de que sí pueden lavarse en el lavavajillas.

✔ Los aparatos eléctricos.

✔ Los vasos de cristal delicados.

Capítulo 4

La seguridad en la cocina

Es uno de los sitios de la casa en el que pueden ocurrir más accidentes. Debes estar alerta, y consciente de su seguridad incluso en los momentos de más prisa. Ten en cuenta el peligro que puede conllevar una fuente recién sacada del horno, un líquido hirviendo, una llama o un cuchillo afilado, sólo por mencionar algunos ejemplos.

La cocina es una de las habitaciones más frecuentadas de la casa y a menudo ocurren accidentes, especialmente si entran niños.

Figura 4-1:
Los cuchillos son uno de los peligros más evidentes de las cocinas, pero no los únicos

¿Cuántos accidentes se producen dentro de casa, aun cuando pensamos que es el lugar más seguro? Todas las semanas decenas de personas llegan a los hospitales con quemaduras, envenenados, con heridas de diverso tipo… Muchos peligros nos acechan dentro de casa y especialmente en la cocina, sobre todo si los niños entran en ella. A continuación te daremos unos cuantos consejos para prevenir muchos de estos males.

Normas que hay que tener en cuenta

En un lugar bien visible de la cocina, debes tener a mano una lista de los teléfonos que te pueden ayudar en caso de urgencia: el del servicio médico de información toxicológica, el de averías de gas, el de los bomberos, la policía y el de tu médico de cabecera o el centro de salud en horario de emergencia.

✔ Instala un detector de humo en la cocina (ahora ya son obligatorios). No son caros y merece la pena tenerlo.

✔ No dejes nunca algo al fuego sin estar cerca. Si suena el teléfono, apártalo mientras atiendes la llamada o no contestes. Esto es especialmente importante cuando estamos friendo con aceite. La mayoría de incendios en la cocina empiezan con una sartén de aceite u otra grasa. La mejor forma de apagar un incendio en una sartén es mojar un trapo grande de cocina con agua del grifo, escurrir muy bien y luego tapar la sartén con el trapo. Nunca eches agua.

✔ Los guantes de horno son muy útiles para evitar quemaduras.

✔ Si tienes niños pequeños nunca guardes cuchillos en los cajones, porque cuando llegan a cierta edad lo que más les gusta hacer es vaciarlos y volverlos a llenar.

✔ Guarda siempre unas curitas en uno de los cajones de la cocina. Cortarse de vez en cuando es inevitable –les pasa hasta a los mejores cocineros– y, dado el caso, siempre es útil tener unas curitas a mano. Antes de ponértela lava bien la herida con agua y jabón para desinfectarla. Si el corte es grande acude al centro médico más cercano porque tal vez necesites que te den algún punto.

✔ Si se te cae comida o algún líquido, recógelos inmediatamente, ya que los suelos de las cocinas suelen ser resbaladizos si están húmedos o grasientos y pueden dar origen a una caída.

✔ Protégete de quemaduras o salpicaduras llevando un delantal plastificado de los que las resisten.

✔ Nunca eches agua hirviendo en grasa hirviendo, ya que podría provocar un vapor ardiente.

✔ Deja siempre que la grasa hirviendo en la cacerola se enfríe antes de traspasarla a otro recipiente o tirarla. Si por alguna necesidad tuvieses que tirarla antes de que se haya enfriado del todo hazlo sobre unos periódicos viejos y no en el fregadero, que se atrancaría al enfriarse la grasa.

✔ Utiliza guantes protectores o paños para sacar algo del horno.

✔ Cuando vayas a destapar una cacerola, primero destápala por la parte más alejada de ti, para que salga el vapor antes de mirar cómo va el guiso. Nunca te inclines delante de una cacerola con algo hirviendo para mirar otra que esté en el fuego de más atrás.

✔ Los cuchillos son objetos peligrosos, úsalos con prudencia. Lo mejor es guardarlos en un portacuchillos. Ten siempre la punta de los cuchillos en la dirección opuesta a ti, no los transportes, salvo si no queda más remedio; y si se te caen, aléjate y déjalos que lleguen al suelo. No intentes agarrarlos. Nunca guardes los cuchillos con el filo hacia arriba.

✔ Los abrelatas y latas ya abiertas también pueden producir cortes si no se manejan con cuidado.

✔ Es peligroso abrir sólo una parte y no despegar del todo la tapadera de la lata, ya que los rebordes dentados son cortantes. Limpia el abrelatas después de cada uso; pueden quedar microbios si no lo haces.

✔ Si no tienes las muñecas fuertes, emplea trastos de dos asas, así se te caerán menos.

✔ Si son cazos de un sólo mango, colócalos de forma que éste quede siempre de lado, para que no sobrepase los fuegos, así evitarás que se vuelquen, especialmente si hay niños en la cocina.

El fuego y el aceite caliente

El fuego, el aceite a temperatura elevada y otros elementos calientes son necesarios en la cocina. El conocimiento sobre ellos es importante para tener seguridad en la cocina. Recuerda que el fuego está prendido y las parrillas, el aceite, etc; están calientes. No te vayas sin apagarlos.

✔ Nunca dejes un vaso de agua o cualquier otro líquido que no se está cocinando cerca de aceite caliente. Al tocar el aceite caliente, los otros líquidos pueden evaporarse y hacer que el aceite salpique hacia todos lados.

✔ Ten cuidado al poner comida en una sartén o en aceite caliente. Si su temperatura es demasiado elevada el aceite salpicará hacia todos lados.

✔ Al levantar la tapa de una olla, abre primero la parte más alejada de ti y así no te quemarás la mano con el vapor.

Utensilios de vidrio en los quemadores de cocina

Los utensilios de vidrio cerca del fuego son un gran peligro. El vidrio puede explotar si no tienes cuidado.

Cómo cocinar y no morir en el intento...

La intoxicación y otros peligros

La intoxicación es otro de los peligros que acechan en las cocinas. A veces, guardamos en ellas detergentes, productos de limpieza o medicamentos que pueden resultar tóxicos.

Si tienes hijos, recuerda mantener todos estos productos fuera del alcance de los niños y nunca los coloques junto a los alimentos.

Cuidado

La sosa es muy peligrosa: sobre la piel puede provocar quemaduras y si cae en los ojos, hasta ceguera; si te ha caído encima lávate con agua y llama al teléfono que aparece en el envase, donde te dirán qué pautas debes seguir.

Nunca mezcles diferentes tipos de limpiadores ácidos o sosas porque puede resultar una explosivo. Utiliza siempre los productos tal como aconsejan las instrucciones y mantenlos siempre cerrados después de usarlos.

Los pesticidas y venenos para bichos también pueden resultar peligrosos. Si tocan tus manos, lávatelas en seguida. Cuando vayas a emplearlos, asegúrate de que no hay comida abierta en las proximidades. Guárdalos fuera del alcance de niños y mascotas, si los tienes.

Los riesgos más habituales provienen del consumo de alimentos en malas condiciones. Lee atentamente las instrucciones de los alimentos empaquetados, estate atento a su fecha de caducidad y ten cuidado de, por ejemplo, no dejar que chorree líquido de una carne cruda sobre un alimento ya cocinado.

Ya debes de conocer los peligros de la comida recalentada. La carne congelada, especialmente si es de ave, debes descongelarla adecuadamente.

Guarda la comida caliente o fría. La bacteria que echa a perder la comida crece más en las áreas tibias. Ten cuidado especialmente con las aves, los mariscos, las comidas a base de huevo como la mayonesa o ensalada de huevo,

Asegúrate de que el refrigerador está por debajo de los 40 grados. Pon un termómetro en el refrigerador a la vista y revísalo con frecuencia.

Pon los mariscos en el refrigerador en una superficie con hielo.

Seguridad del bebé en la cocina

La cocina es una de las partes de la casa, junto con el baño, que mayor riesgo supone para los niños. En ella se producen el 70 por ciento de los accidentes que ocurren en el hogar.

Los accidentes domésticos son la primera causa de mortalidad infantil, así que cualquier precaución es poca para que tus hijos estén seguros en tu cocina. Si tomas las medidas adecuadas, podrás evitar la mayoría de los sustos.

Debes tener mil ojos cuando hay niños en la cocina y tener siempre en cuenta algunos consejos de seguridad infantil para evitar accidentes.

✔ Nunca dejes a los niños solos en la cocina y mucho menos si están los fuegos o el horno encendido.

✔ Si tienes niños, otro buen consejo es vaciar el armario de abajo del fregadero y buscar otro lugar más seguro y lejos de manos curiosas para los detergentes, sosas y otras sustancias peligrosas con las que limpiamos la casa. Una intoxicación de estos productos puede llegar a ser mortal.

✔ Coloca tapas de seguridad en los enchufes.

✔ Mantén lejos del alcance de los niños, cuchillos, tijeras, cerillas, encendedores, bolsas de plástico, pinchos o cualquier elemento peligroso. "Lejos del alcance" significa que tampoco puedan llegar hasta ellos si se suben a un taburete o a una silla.

✔ Nunca dejes ollas o cazos calientes o pesados cerca del borde de la mesa o sobre el fuego.

✔ El cubo de basura debe estar fuera del alcance de los niños en un sitio donde no lo puedan abrir.

✔ Utiliza los fuegos de la parte posterior de la encimera y gira siempre hacia dentro las asas de sartenes y ollas para evitar que puedan alcanzarlas.

✔ Si la cocina es a gas, cierra siempre la llave de paso después de cocinar.

✔ Coloca bloqueadores de puertas y cajones para evitar que el niño pueda abrirlos.

✔ Desenchufa los electrodomésticos cuando no estén en uso. Una batidora, una trituradora, una tostadora, una cafetera… cualquiera de estos aparatos puede causar graves accidentes si el niño los pone en marcha sin vigilancia.

✔ Al servir la comida, coloca la fuente caliente en el centro de la mesa, donde el niño no pueda tocarla, y si aun así puede, no la coloques en la mesa.

✔ Nunca dejes al bebé en el suelo de la cocina ni lo tengas en brazos mientras estás cocinando.

Basura

Limpia y desinfecta el cubo de basura cada vez que lo vacíes y, como medida de higiene, emplea bolsas de basura adaptadas para este fin; no utilices una bolsa de plástico cualquiera. No olvides separar la basura tal como lo exige la normativa actual. Si no lo sabes, en tu ayuntamiento te podrán informar.

Saca la basura a las horas establecidas para su recogida; de esta forma, evitarás que haya cucarachas por las cercanías y otros peligros para la higiene pública.

Electricidad

Ten cuidado también con la electricidad para no electrocutarte ni provocar un incendio. No emplees aparatos eléctricos cerca del fregadero o líquidos.

Vigila que los cables del tostador del pan o del cuchillo eléctrico estén en buenas condiciones, y nunca los dejes al alcance de los niños. Si tienes mascotas o bebes protege los enchufes con cubreenchufes.

Gas

Comprueba siempre que has cerrado bien las llaves de los aparatos de gas y, como medida de mayor prudencia, cierra la llave de paso general.

Si huele a gas, abre las puertas y las ventanas para que la cocina quede bien ventilada. No enciendas la luz ni ningún aparato eléctrico.

No enciendas cerillas ni mecheros y, por supuesto, no fumes.

Llama al teléfono de urgencias del gas y no abras la llave de paso hasta que hayan venido a reparar la instalación.

Parte II
A cocinar desde el principio

—MARISA, HIJA, AÚN NO PUEDO ENTENDER CÓMO ACABASTE CON ESTAS QUEMADURAS DE TERCER GRADO SÓLO POR INTENTAR HACER UN HUEVO FRITO...

En esta parte...

Una vez conocidas las herramientas, te presentamos los mejores consejos para congelar y descongelar alimentos, la información que debes tener en cuenta para mantener una dieta sana, cómo organizar la compra y planificar los menús. También te presentamos las técnicas de cocción de alimentos: hervir, sofreir, cocer, etc., que es imprescindible que conozcas para que luego dejes volar tu imaginación y crees tus propias recetas.

Capítulo 5

Lo primero...
¡Llenar la despensa!

En este capítulo te enseñaremos a crear y controlar tus reservas de comida. Deja de salir a la calle para ir al súper o al mercado a realizar compras de última hora que te acabarán descontrolando el presupuesto del mes. Organízate para poder improvisar una comida si no tienes tiempo de ir a comprar algún día.

Organizar la compra

La compra, conservación y utilización de las provisiones constituye una de las tareas esenciales de un buen consumidor, y también de un buen cocinero. Si, además, sigues ciertas normas, como comprar productos de temporada y hacer la compra según tus necesidades, seguro que, además, ahorras tiempo y dinero.

Compra diaria

Pan, productos de casquería, pescado, carne o leche fresca.

Algunos de ellos, como pan, pescado y carne también puedes comprarlos y congelarlos para otro día siguiendo las recomendaciones que daremos (para más información sobre cómo congelar, véase el capítulo 6 "La congelación. Una técnica que conviene conocer desde el principio").

Compra semanal

Huevos, quesos, verduras y frutas: deben estar muy frescos en el momento de comprarlos para que puedas conservarlos óptimamente. En esta compra semanal, además de los productos que vayas a emplear para el consumo de esos días, puedes comprar otros, como algunos congelados, que en ese momento estén bien de precio y te sean útiles para almacenar provisiones.

 Siempre es conveniente comprar alimentos de temporada, ya que, en frutas y verduras por ejemplo, las primicias o las últimas resultan más caras.

Compra mensual o de temporada

En este apartado nos referimos a aquellos alimentos que se conservan durante un período largo de tiempo, como legumbres, papas, pastas, aceite, azúcar, etc.

También puedes incluir los alimentos congelados que debes mantener en el congelador a -18 grados.

Y, si tienes la suerte de poseer espacio suficiente donde almacenarlos, puedes hacer en el momento propicio mermeladas y conservas que luego utilizarás el resto del año.

Reservas

Hay algunos productos de primera necesidad que es conveniente tener siempre a mano para salir airoso de los famosos imprevistos.

Una lista que te ayudará:

✔ Sal gorda y fina

✔ Pimienta en grano y molida

✔ Azúcar en polvo

✔ Harina

✔ Maicena

✔ Aceite

✔ Vinagre

✔ Cubos de caldo de ave y de carne

✔ Gelatina en polvo

✔ Concentrado de tomate

✔ Vainilla en polvo y en rama

Otros de uso menos habitual, pero también muy importantes:

✔ Nuez moscada

✔ Canela

✔ Clavos de olor

✔ Curry

✔ Alcaparras

✔ Pepinillos en vinagre

✔ Salsa de soya

Y nuestras alacenas o armarios de cocina no están completos sin…

✔ Unos paquetes de pasta

✔ Paquetes de arroz

✔ Latas de chícharos al natural

✔ Latas de tomates pelados

✔ Atún en aceite

✔ Chocolate

✔ Sardinas en aceite

Para hacer una buena compra

A continuación te daremos algunos consejos para que no caigas en la tentación de llenar el carrito hasta arriba ni en la de comprar lo mínimo y tener que ir a la compra prácticamente a diario:

En primer lugar, conviene tener productos lácteos: leche, nata líquida, yogures, mantequilla (varios paquetes, ya que mientras que no se hayan abierto, se conservan perfectamente), huevos (los que vayamos a gastar durante una semana).

Las verduras más habituales pueden conservarse sin problema (siempre y cuando las hayamos comprado en su momento óptimo de frescor) durante una semana. Hablamos de poro, zanahorias, berenjenas, endibias, etc.

✔ Latas de duraznos en almíbar o algún otro tipo de fruta en almíbar de nuestro gusto

Todo esto puedes encontrarlo con facilidad en cualquier tienda de barrio, pero tranquiliza tenerlo al alcance de la mano.

Planificar los menús

Para lograr una buena alimentación para toda la familia, conviene hacer una selección entre los ingredientes que puedes elegir, teniendo en cuenta varios factores, tales como: ¿qué es lo más conveniente para tu organismo?, ¿en qué cantidad debes consumirlo?, etc. Cualquier imprudencia cometida en este sentido puede ser nociva para tu salud. También debes tener en cuenta otros aspectos que a continuación detallamos.

Aspectos relacionados con la salud

Si no tienes problemas de salud, bastará con respetar ciertas reglas:

✔ Asegurarte de que tu alimentación sea equilibrada.

✔ Procurar facilitar la digestión.

✔ Evitar la monotonía.

Al componer un menú debes considerar la edad de los comensales, sus necesidades nutritivas, así como las preferencias de cada uno. El abuso, que conlleva una fatiga del aparato digestivo, o la alimentación deficiente pueden provocar una degradación de los tejidos.

Con menús bien compuestos se conservan la salud y la línea. También debes conseguir que cada comensal tenga la cantidad suficiente y el tipo de alimento que su organismo necesita. Para ello es muy importante tener en cuenta la edad o el tipo de trabajo que realiza cada uno. No es igual la alimentación de una persona con un trabajo sedentario que la de un deportista.

Otra cuestión que hay que tener en cuenta es que cada día es más frecuente que comas a mediodía en el lugar de trabajo o, en el caso de tus hijos, en el colegio. Conviene, por lo tanto, corregir las posibles deficiencias a la hora de la cena. La alimentación "ideal" sería a base de alimentos que, exigiendo poco trabajo a nuestro organismo, le suministren la materia suficiente para hacer frente a sus necesidades.

Aspectos relacionados con la economía doméstica

Para componer unos menús razonables y que te permitan mantener el presupuesto que hayas asignado a tu alimentación debes aprender a emplear alimentos nutritivos que tengan un precio asequible, a componer menús de temporada, no cediendo más que muy de vez en cuando a la tentación que se nos ofrece hoy en día de, por ejemplo, tomar fresas en diciembre.

Ahorrarás también si no tiras los llamados "restos". Pero siempre debes conservar los alimentos en perfectas condiciones de higiene y durante un tiempo breve.

Es importante no volver a congelar un alimento crudo que ya haya sido descongelado con anterioridad.

Carne o pescado

Hay quien dice tomar más pescado fresco en verano; otros, que prefieren las brochetas o asados a la barbacoa, y todos piensan que su opción es la más sana.

En realidad, lo mejor es alternar si una misma idea inspira la elección y la preparación: limitar las grasas. Los incondicionales del pescado tienen razón: resulta más fácil de digerir que la carne, y el pescado más graso lo será siempre menos que un filete o una loncha de asado de cordero. El pescado re-sulta perfecto hecho al vapor, en caldo corto o en papillote, y mucho más pesado, frito.

En lo que a las carnes se refiere, debes fijarte en los trozos que compras, privilegiando los menos grasos. La pierna de cordero resulta menos grasa que la paletilla, y la ternera es preferible al cerdo.

Puedes variar los menús recurriendo a las aves, siempre y cuando suprimas las partes más grasas, como la piel.

Como regla general, pensamos que la cocina familiar debe ser una cocina sencilla y variada. Cuando recibes amigos, la cocina debe ser sencilla pero muy cuidada.

Los menús de verano merecen un trato especial

La estación estival no tiene por qué ser sinónimo de comer de cual-quier manera o en cualquier lugar. Durante el verano, puedes en-contrar en el mercado productos fantásticos que tienen la ventaja de cocinarse de forma relativamente sencilla.

Primer paso, el mercado

En verano, los mercados son el paraíso de la opulencia, pero no por ello debes llenar con cualquier cosa la cesta o el carrito. Piensa en algo ligero. Resulta fácil en lo que a frutas y verduras se refiere, porque todas tienen pocas calorías. Sin embargo, hay al respecto opiniones de lo más variadas sobre la manera de cocerlas, sazonarlas o servirlas. En lo referente a las verduras, una regla general: lávalas cuidadosa y rápidamente sin dejarlas demasiado en remojo, y si piensas servirlas crudas no las cortes o ralles hasta el último momento. Así conservarán todas sus vitaminas y minerales.

Las diferentes virtudes que se les atribuyen a frutas y verduras se deben precisamente a las sales minerales: aporte de calcio, acción diurética del potasio, acción antianémica del hierro y del cobre. Pero, en cambio, también algunas verduras pueden tener una acción irritante sobre los intestinos y los riñones, que las hacen poco aconsejables para según qué personas.

Para soportarlas mejor, pícalas muy finas y consúmelas con prudencia, aumentando poco a poco las cantidades. Preparadas de esta manera, acompañadas con un chorrito de aceite de oliva y realzando su sabor con ajo, perejil o menta, las verduras resultan deliciosas y serán beneficiosas para todos. Basta tener un poco de imaginación y abandonar la tradicional mayonesa, dado que una sola porción contiene de 250 a 300 calorías.

Bebidas bajo vigilancia

Cuidado con las bebidas envasadas que contienen una concentración importante de azúcar. Debes tomar con moderación las apetecibles cervezas, ya que contienen alcohol, gas y una gran cantidad de hidratos de carbono, y resultan de difícil digestión; además, pueden dar gases.

La opción del agua es perfecta, aunque a algunos les parezca una opción muy triste; puedes decidirte también por el té o el café helado. Esto te permitirá tomar de vez en cuando un vaso de vino.

Esta estrategia de plan ligero no es una tortura, y te permitirá dejarte tentar sin escrúpulos ni remordimientos por las especialidades gastronómicas de los lugares que visites en tus vacaciones. Te ayudará a conseguir un vientre plano y una talla adecuada, y evitará que ganes esos kilos de más que luego te obligarán a ponerte a régimen.

Información importante

Si en la etiqueta del producto aparecen menciones como "rico en calcio" o "contiene vitaminas", etc., es obligatorio que figure el etiquetado sobre propiedades nutricionales.

Si en su composición intervienen edulcorantes, esto debe ser mencionado. Lo mismo ocurre con los que contienen uno o varios azúcares o aquellos en que se usan gases autorizados en el momento del envasado.

El etiquetado nutricional

Los consumidores debemos estar informados sobre los productos alimenticios que compramos, y así lo recoge.

Las latas de conserva, el pan de molde, los yogures llevan en sus envases información sobre su composición, ingredientes, conservantes, etc. También suele aparecer en ellos una descripción de sus características nutritivas.

Algunas de estas informaciones tienen carácter obligatorio:

✔ **La denominación de venta:** es la que corresponde a cada producto según el procedimiento de elaboración, ingredientes adicionales, etc. Tiene que contener una descripción lo suficientemente clara, de forma que el consumidor sepa la verdadera naturaleza del producto. Debe especificar el tratamiento al que se ha sometido al producto (congelación, ahumado, etc.).

En este apartado entran también las denominaciones de origen, alimentos cuya calidad está asegurada por una ley en el ámbito europeo sobre la protección de las indicaciones geográficas y de las denominaciones de origen de los productos agrícolas y alimenticios.

✔ **Los ingredientes:** deben mencionarse en cuanto haya más de uno. Los aditivos alimentarios deben figurar con el nombre de la categoría a la que pertenecen (es decir, si son conservantes, colorantes, edulcorantes, etc.) seguido de su número CEE (E420, E223, etc.).

✔ **El etiquetado nutricional:** es de gran utilidad para saber si el alimento te aportará lo que esperas de él. El contenido debe estar expresado en unidades de volumen (litros, centilitros, etc.) o de masa para los sólidos (kilos, gramos, etc.). La energía suele expresarse en kilocalorías o en kilojulios (1 kilojulio equivale a 4,2 kilocalorías) o a veces de ambas formas.

✔ **Fecha mínima de duración:** es aquella hasta la cual el producto no pierde ninguna de sus propiedades específicas, si las condiciones de conservación son las apropiadas. Su indicación es orientativa, y superada la fecha queda bajo responsabilidad del consumidor el adquirir o ingerir el producto.

En caso de productos muy perecederos, esta fecha es sustituida por la fecha de caducidad. Si algún producto ha sobrepasado esta fecha, no debe ser ingerido, ya que existiría riesgo para nuestra salud.

✔ **Condiciones especiales de conservación:** es obligatorio para los productos cuya normativa así lo exija.

✔ **Origen:** se debe indicar el origgen del producto.

✔ **Modo de empleo:** sólo debe especificarse si la omisión de este dato pudiese ocasionar un empleo incorrecto del producto.

Esperamos haberte aclarado algo sobre este tema, aunque reconocemos que a veces es difícil entender todo lo que aparece en las etiquetas.

Capítulo 6

La congelación. Una técnica que conviene conocer desde el principio

En el capítulo 3 hablamos de los distintos electrodomésticos y utensilios que nos hacen la vida más fácil en la cocina. Entre ellos podemos pensar en el refrigerador. Ya te he dado algunos consejos al respecto. De lo que vamos a tratar ahora es de sacarle el máximo partido. Todos sabemos cómo meter las cosas en el refrigerador de forma más o menos ordenada. Por ello vamos a hablar de la congelación y te voy a dar algunos consejos para aprovechar.

Congelar la carne

Siempre es agradable para quien se encarga de la casa no tener que desplazarse todos los días a hacer la compra y tener al alcance de la mano chuletas, asados, etc., que le serán también útiles si se presentan comensales de improviso.

Pero ¡cuidado!, porque para congelar carnes en buenas condiciones tienes que poseer un congelador de 4 estrellas, cuya temperatura puede alcanzar los -25 o -30 grados. Los de 3 estrellas, que no alcanzan más que -18 grados, no sirven para congelar alimentos frescos, sino para conservar alimentos congelados.

Material necesario

Dado que el frío reseca la carne, tienes que protegerla con papel de aluminio, bolsas de plástico especiales para congelar, hojas de plástico fino, bandejas de aluminio con tapa, papel celo o etiquetas resistentes al frío.

Cuando hayas terminado de hacer los paquetes, pon sobre cada uno una etiqueta que mencione lo que contiene, el peso y la fecha en que fue congelado, ya que los alimentos no se conservan indefinidamente.

Cómo congelarla

La carne debe ser fresca y no demasiado grasienta, ya que la grasa se vuelve rancia con el frío. Para los filetes, escalopes y chuletitas te recomendamos embalarlos de forma separada, aunque luego los congeles unos al lado de otros. Pasadas doce horas puedes reunirlos en bolsas de plástico para que luego te resulte más fácil su localización. Los asados se congelan mejor si no tienen más de 10 centímetros de grosor. Envuélvelos perfectamente con una hoja de aluminio y cierra con papel adhesivo especial para congelación. Las piernas, paletillas y chuletones hay que congelarlos envolviendo los huesos que sobresalen y luego el resto, también en papel de aluminio, o metiéndolos en una bolsa, que debes cerrar herméticamente. Los productos de casquería se congelan bien si antes los limpias quitándoles las partes cartilaginosas, las pieles superficiales y los vasos sanguíneos. Lávalos bajo el chorro de agua fría y sécalos con cuidado. El corazón y el hígado puedes congelarlos enteros o en filetes; en tal caso, congela los filetes como te indicamos más arriba.

Cómo descongelar

Nunca descongeles un alimento en la cocina a temperatura ambiente. Los microbios y bacterias en suspensión en el aire irán a fijarse en este cuerpo frío.

Puedes poner los trozos pequeños a cocer directamente y los platos cocinados meterlos directamente a descongelar en el horno.

Es conveniente descongelar las salsas a baño María.

Deja las piezas mayores para que se descongelen en la nevera, aunque tarden más. Si tienes un microondas puedes recurrir al mismo para todo ello.

No vuelvas a congelar un alimento que ya haya sido descongelado, puede ser peligroso para tu salud y para la de tus comensales.

¿Cuánto tiempo puede conservarse la carne descongelada antes de prepararla?

Hay que recordar que la carne descongelada sólo puede conservarse en la nevera. Es conveniente utilizar los trozos grandes en el mismo día o en caso contrario conservarlos en una marinada. La carne picada o cortada fina debe prepararse en veinticuatro horas y no volverse a congelar bajo ningún pretexto.

Respecto a cuánto tiempo se conserva cada tipo de carne, esto suele venir indicado en los manuales de instrucción de cada frigorífico. Consúltalos. A título indicativo te diremos que el máximo de conservación suele estar en torno a los seis meses.

Los platos cocinados

Te aconsejamos que cuando prepares un guiso hagas más cantidad de la que necesites; puedes congelar lo que sobre y en la próxima ocasión evitar cocinarlo. De todas formas, para los platos cocinados conviene tener en cuenta unas cuantas consideraciones:

✔ Utiliza el mínimo de grasa posible, ya que la presencia de cuerpos grasos hará que disminuya el tiempo de conservación.

✔ Retira el guiso cuando hayan transcurrido 3/4 partes de su tiempo de cocción, ya que el frío crea una especie de cocción y además tienes que tener en cuenta que luego lo vas a recalentar.

✔ No congeles el guiso antes de que esté completamente frío.

✔ Puedes repartirlo en bandejas de aluminio más o menos grandes según tus necesidades futuras. Conviene siempre dejar unos 2 centímetros vacíos en la parte alta del recipiente.

✔ Es mejor congelar la salsa aparte.

¿Por qué nunca hay que volver a congelar una carne que ya hemos descongelado?

Porque el frío no destruye los microorganismos sino que los deja "dormidos", deteniendo su reproducción; pero al descongelarse, las bacterias vuelven a despertarse y se multiplican con rapidez. Cuando compres carne congelada, para respetar la cadena del frío, llévala en bolsas isotérmicas y métela en el congelador antes de que haya pasado una hora desde que la compraste.

¿Podemos guisar una carne sin descongelarla previamente?

Depende del tipo de carne y de la forma en que vayas a cocinarla. Si la vas a cocer durante mucho tiempo a fuego lento en una salsa, no hay inconveniente.

También puedes utilizar sin descongelar la carne picada. Por el contrario, los trozos grandes para asar o los que se van a preparar al grill debes descongelarlos, para evitar que la parte de fuera se haga demasiado y el centro quede crudo.

Congelar aves

Para congelar un ave tienes dos posibilidades: o la congelas entera o en trozos.

Si la vas a congelar entera piensa que ocupa algo más de sitio en tu nevera y que tendrás que desplumarla y vaciarla. En este caso, conviene atarla como si fueses a asarla y meterla en una bolsa especial para congelar e incluso aconsejamos que luego la metas en una segunda bolsa, procurando al cerrarla sacar el máximo posible de aire. La siguiente operación consiste en etiquetarla, y no debes olvidar poner el peso de la pieza, así como la fecha de congelación.

Para congelarlas en trozos hay varias posibilidades:

✔ Una es meter los trozos en una bandeja de aluminio con tapa especial para este fin, etiquetarlos y congelarlos.

✔ Otra es separar los "mejores" trozos de los otros (es decir, pechugas, alitas, jamoncitos) y entonces meterlos en un recipiente rígido y separar unos de otros mediante trocitos de papel de aluminio. Cerrar, etiquetar y congelar.

Los otros trozos hay que meterlos en bolsas especiales para congelar, cerrar perfectamente, etiquetar y congelar.

Si empleas esta última fórmula, conviene congelar varias aves el mismo día y así, si luego guisas para más gente, podrás sacar varias pechugas o varias alitas, etc.

Si congelas las aves en diferentes días y luego decides utilizarlas a la vez, no conviene que haya demasiada diferencia de fechas.

Descongelación y cocción

Primero te daremos unas normas generales y luego trataremos específicamente sobre las diferentes aves. Con frecuencia se recomienda cocer las aves sin descongelar para evitar que se escapen los jugos contenidos en la sangre del animal. De todas formas, si piensas hacerlas al horno conviene descongelarlas antes.

Aves rellenas

No conviene congelar aves rellenas, ya que la conservación del relleno no es la misma que la del ave. Sólo puedes hacerlo si te atienes a la fecha de caducidad del relleno, y ésta es la que figura en la etiqueta.

Como norma general podemos decir que un ave de 1 a 1,500 kilos tarda unas veinticuatro horas más o menos en estar perfectamente descongelada; de 2 a 3 kilos, unas treinta y seis horas, y de 3 a 5 kilos, unas treinta y ocho horas. Estos tiempos pueden reducirse muchísimo si tienes un horno de microondas. En este caso se cuentan unos quince minutos por cada 500 gramos y se recomienda que cuando haya pasado la mitad del tiempo se dé la vuelta a la pieza. Este tiempo se reduce en unos tres minutos si descongelas trozos. De todas formas, dado que hay una gran variedad de marcas, te recomendamos que sigas las instrucciones que te hayan dado para tu microondas específico.

Congelar pescado

El pescado es un alimento muy sano y apropiado para cualquier comida. Sin embargo, si no lo vas a consumir inmediatamente después de pescarlo o comprarlo, para su correcta conservación y por lo tanto para su disfrute de forma segura, es necesario seguir una serie de pasos para congelarlo. Si no puedes congelarlo inmediatamente, debes ponerlo a enfriar en hielo.

El primer paso para congelar pescado es descamarlo, lavarlo, aclararlo y vaciarlo. Puedes congelarlo con la cabeza siempre y cuando

Para congelar el pescado ahumado

En cuanto termines de ahumarlo, debes rociar los trozos de pescado ahumado con aceite de oliva para ensaladas: esto reduce la deshidratación y la oxidación del pescado.

le hayas quitado los ojos. Una vez hayas hecho esto, debes envolverlo. Es importante saber que, si es grande, debes cortar el pescado en filetes de 2,5 centímetros, para que la preservación de la frescura sea lo más exitosa posible. A la hora de envolverlo o envasarlo puedes elegir entre una variedad de formas y materiales como:

✔ Una bolsa de plástico duro para sándwiches, de tamaño no mayor a 3 centímetros de profundidad. En este caso, debes llenar la bolsa de agua hasta arriba para evitar la oxidación.

✔ Envolver el pescado en plástico transparente e intentar que quede la menor cantidad posible de aire dentro del envoltorio. Después, recubrir el plástico transparente con papel de aluminio.

✔ Por último, también puedes utilizar una bolsa para envasar al vacío asegurándote de que sacas todo el aire de la bolsa.

Tras envolver o embalar el pescado debes etiquetarlo con la fecha de congelación y el tipo de pescado del que se trata, y después introducirlo en el congelador. Al hacer esto último debes asegurarte de que no pones un trozo de pescado encima de otro, si lo haces tardará más en congelarse. La duración media de congelación del pescado es de dieciséis horas si sigues las instrucciones aquí expuestas.

La temperatura apropiada para congelar el pescado es entre los -18 y los -20 grados para destruir el gusano *anisakis* (en el pescado para servir crudo) y para conservar su frescura de manera más eficaz.

Congelar fruta

En general, congelar fruta da un resultado bastante satisfactorio, aunque siempre debes tener en mente que el éxito depende del tipo de fruta, su madurez y el envoltorio que utilices para su empaquetado.

La mayoría de la fruta es mejor congelarla justo después de su recolección. Sin embargo, en algunos casos, como el del durazno, es mejor esperar hasta que maduren antes de iniciar el proceso de congelación. Ten siempre presente que las frutas pequeñas soportan con mejores resultados el congelado que las grandes, por lo tanto es conveniente, en muchos casos, cortar o machacar las frutas grandes antes de congelarlas.

Un buen consejo, si te surgen dudas en algún punto del proceso, es que, en casi todas las ocasiones, las frutas que congeles debes prepararlas igual que si las fueses a servir. Por ejemplo, si pretendes congelar un melón, antes hay que abrirlo y quitarle todas las semillas.

La congelación comienza inevitablemente con el lavado de la fruta, puedes realizarlo de muchas formas, como, por ejemplo, pasando un paño húmedo por las frutas o con un colador o una cesta. Si utilizas una cesta ve lavando las frutas poco a poco, no intentes hacer todo el trabajo de una vez porque no hará más que dificultar la tarea y empeorar los resultados.

Aquí tienes una lista de consejos para congelar las frutas de consumo más común:

✔ **Pela y corta:** La piña, las naranjas y el durazno.

✔ **Limpia:** Las frambuesas, las moras, las uvas y las fresas.

✔ **Quita:** El hueso a las cerezas.

✔ **Abre:** El melón y extrae las semillas.

Llegamos al punto en el que depende del tipo de fruta que desees congelar y del uso que le vayas a dar. Hay tres procedimientos para congelar la fruta de forma eficaz:

El primero es para la fruta de pequeñas dimensiones y consiste en una precongelación. Se ponen en una bandeja separadas unas de

Un clásico: congelar y descongelar pan

Congelar. El pan se congela muy bien, por lo que conviene tener siempre algo congelado, bien de molde o de barra, por si recibimos visitas imprevistas. Para congelarlo envuélvelo en papel de aluminio o de plástico. Pon una etiqueta o trozo de papel encima con la clase de pan que está en el paquete y la fecha en que lo congelaste. El tiempo de conservación congelado es: pan de molde, un mes; barras, panecillos, pan de payés, etc., quince días.

Descongelar. Déjalo a temperatura ambiente. Los más anchos tardan de cuatro a cinco horas, sobre todo si tienen miga abundante. Las barras normales, de una a una hora y media. Los panecillos conviene meterlos unos quince minutos en el horno (temperatura media). Debes tener en cuenta que una vez que se descongelan hay que comerlos en seguida, porque se ponen rancios rápidamente.

El pan de molde puede tostarse cuando aún está helado. Si el pan es del día anterior y quieres devolverle la frescura, rocíalo con unas gotitas de agua y luego envuélvelo en papel de aluminio y mételo en el horno muy caliente unos diez minutos. Sácalo y cuando se haya enfriado estará listo para comer, pero recuerda que esta frescura durará poco tiempo y conviene consumirlo cuanto antes.

otras y se introducen en el congelador, luego se pueden introducir en una bolsa para congelar de las que se encuentran en cualquier supermercado.

El segundo consiste en cubrir la fruta con azúcar. Este procedimiento se utiliza para las frutas jugosas que luego se emplearán en pastelería o que se cocerán.

Lo ideal es cubrir las frutas dejando en el envase un espacio entre éstas y luego cerrar el recipiente herméticamente. Para obtener mejores resultados, favoreciendo la absorción del oxígeno, es aconsejable meterlo un par de horas en la nevera antes de introducirlo en el congelador. Puedes meter en jugo de limón la fruta que congeles de esta manera para que conserve su color.

El tercero es el almíbar. Se utiliza para las frutas que se oxidan fácilmente y que probablemente no comas crudas en el futuro. Su preparación es muy sencilla, consiste en hervir agua, añadirle azúcar y remover hasta que se absorba del todo. También es conveniente añadirle jugo de limón para que no pierdan el color.

Capítulo 7

Comida sana

• •

• •

*L*os buenos hábitos alimenticios son fundamentales para preservar la salud de los tuyos. Cada día podemos leer noticias que nos alarman acerca del aumento de las enfermedades cardiovasculares en todos los países de lo que llamamos "primer mundo". El colesterol se ha convertido en uno de nuestros primeros enemigos. Una comida saludable nos puede ayudar a combatirlo. Dos breves consejos en esa dirección. Primero, reducir las grasas saturadas como la nata, la mantequilla o el aceite. Segundo, moderar la sal en los platos y buscar alternativas como alguna fina hierba, que puede potenciar el sabor y darle otro aire a tus platos.

A continuación te doy algunos consejos sobre cómo mejorar la alimentación de tu familia. Cada edad tiene sus características propias que conviene respetar y tener en cuenta.

Comida sana para mayores

Afortunadamente, en los países desarrollados cada vez hay más personas mayores. Dos principios fundamentales en la alimentación de las personas mayores son la individualización de la dieta según cada caso y necesidad, y una realización que se base en consumir la mayor variedad posible de alimentos.

La alimentación tiene una influencia directa sobre el estado de salud del organismo. En los países desarrollados, como España, el mal suele provenir del exceso. Comemos demasiado: demasiadas grasas saturadas (carne, charcutería, etc.) y demasiada azúcar (dulces, jugos industriales, etc.). Los alimentos tradicionales, como legumbres, pan, etc., se han visto apartados, al menos en gran parte, de nuestra dieta.

Además de comer demasiado, comemos mal. La salud es algo que debemos aprender a cuidar todos los días y no hay remedios milagrosos para nuestros males. Vivir recurriendo habitualmente a los medicamentos podría evitarse en innumerables casos si prestásemos un poco más de atención a nuestra dieta.

De acuerdo con los informes procedentes de la Organización Mundial de la Salud, los japoneses son los más longevos y los españoles ocupan un honroso octavo lugar.

¿Qué comen los japoneses para tener tan buena salud? Pues si nos fijamos en la comida típica japonesa vemos que consta de un primer plato a base de carbohidratos (arroz o pasta) y un segundo de pescado, carne y verduras. En España se tiene la dieta mediterránea de la que tanto se habla últimamente y que no deberíamos olvidar.

Si preguntamos a los expertos en nutrición nos dirán que lo ideal es atenernos a las cifras mágicas: 55-30-15.

¿Qué quieren decir estas cifras? Pues muy sencillo: 55 por ciento de hidratos de carbono, 30 por ciento de grasa y 15 por ciento de proteínas. Pero no podemos limitar nuestra alimentación a estos números porque resultaría una locura en la vida cotidiana.

¿Qué hacer entonces? Pues, sencillamente, mantener una dieta equilibrada, sin normas rígidas. Por ejemplo, consumir a diario, pero sin excesos, proteínas en forma de pescado, carne, huevos o proteínas vegetales. Tomar frutas, verduras cocidas o crudas para ayudar a mejorar nuestro tránsito intestinal. Moderar las grasas y dulces para evitar la obesidad y los peligros cardiovasculares. Tomar leche y derivados, a ser posible sin grasa, para ayudar a combatir las pérdidas de calcio que comienzan a ser patentes en esta edad. No tomar demasiada sal. Pero nadie debe emprender una dieta sin consultar antes con su médico, ya que no hay, como dijimos más arriba, una dieta ideal única.

Comida sana para adolescentes

Existen innumerables pruebas científicas que constatan la influencia decisiva de la alimentación sobre el estado de salud. A partir de este hecho, se han desarrollado una serie de "normas nutricionales", entre las que se encuentran los requerimientos nutricionales, las recomendaciones nutricionales y las ingestas recomendadas para los adolescentes, ya sea en cuanto al ámbito colectivo o en cuanto a poblaciones específicas.

Por el hecho de encontrarnos ante una población adolescente habrá que tener en cuenta algunas de las características de este grupo de población en cuanto a hábitos alimentarios:

✔ Irregularidad en el patrón de comidas.

✔ Ingesta elevada de productos de preparación rápida.

✔ Consumo elevado de alcohol.

✔ Seguimiento de dietas inadecuadas nutricionalmente.

✔ Hábito de fumar.

Asimismo, lo que caracteriza a este grupo poblacional es una mayor demanda de nutrientes debido al aumento drástico en su crecimiento y desarrollo físico.

Todo esto viene acompañado por un cambio en el estilo de vida que suele darse en este período de la adolescencia. Por ello, y con el fin de contrastar los conocimientos de los adolescentes en materia de nutrición con sus propias costumbres o prácticas alimenticias, los distintos temas seleccionados para este estudio pueden agruparse en dos grandes bloques de contenidos.

Cambios en el cuerpo, crecimiento de golpe y la consiguiente incomodidad respecto a su imagen. Cambian los pensamientos, las relaciones, la forma de vestirse, la sexualidad, y todos estos cambios los desconciertan y no entienden muy bien dónde están, qué quieren y hacia dónde van.

En los últimos años la salud de los adolescentes se ha vuelto un tema de preocupación. Sedentarismo y nuevos hábitos de consumo han marcado la pauta en la alimentación de los jóvenes. A continuación damos algunas recomendaciones al respecto.

La adolescencia es una etapa de la vida marcada por importantes transformaciones emocionales, sociales y fisiológicas, en las que la alimentación cobra una especial importancia. Por ello es relevante evitar tanto el déficit nutritivo como los excesos, ya que ambos pueden ocasionar graves trastornos de la salud.

Las necesidades de energía están estrechamente relacionadas con el sexo, edad y nivel de actividad física. Por ello, es conveniente evaluar y clasificar la actividad física (ligera, moderada o intensa) y consumir la cantidad y variedad adecuada de alimentos para satisfacer esos requerimientos.

En este sentido es necesario asegurar un adecuado aporte de energía y nutrientes para evitar situaciones carenciales que puedan ocasionar alteraciones y trastornos de la salud.

Se debe hacer frente a la alimentación del adolescente conociendo los alimentos que garantizan una dieta rica y completa, organizando y estructurando las comidas a lo largo del día. Por último es importante conocer aquellas características especiales que puedan afectar a los adolescentes y en las que se debería llevar a cabo alguna modificación de la dieta.

Las necesidades nutricionales de los adolescentes vienen marcadas por los procesos de maduración sexual, aumento de talla y aumento de peso, que requieren una elevada cantidad de energía y nutrientes. En esta etapa el niño gana aproximadamente el 20 por ciento de la talla que va a tener como adulto y el 50 por ciento del peso. Estos incrementos se corresponden con un aumento de la masa muscular y la masa ósea. La alimentación, por lo tanto, debe estar dirigida y diseñada para cubrir el gasto que se origina con el crecimiento.

Y aunque es difícil establecer unas recomendaciones estándar para los adolescentes debido a las peculiaridades individuales que presenta este grupo de población, el criterio general siempre será el de ofrecerles una alimentación sana.

Comida sana para niños

Durante los años de crecimiento, la alimentación del niño tiene una importancia primordial. Pero a veces es difícil lograr nuestro propósito, sobre todo cuando topamos con el consabido: "No me gusta". Entonces, la comida familiar se vuelve un combate. Aquí vamos a intentar explicarte cómo ganarlo.

Los especialistas ya nos lo advierten: el crecimiento de los niños, que durante quince años están formando sus músculos y huesos, exige una alimentación variada que asocie todos los materiales necesarios para dicha construcción. Diversificar la alimentación es no sólo un tema de salud; también es el mejor método para crearle buenas costumbres al niño, a la vez que aseguramos el equilibrio entre prótidos, glúcidos y lípidos.

Veamos cómo conseguirlo

Desayuno: muchos de nuestros niños apenas desayunan, esto es malo para su salud y para su atención en clase. Si no tiene hambre no le impongas nada, pero coloca un poco de todo en la mesa: pan, mantequilla, cereales, mermelada, yogur, queso, jamón, jugos, fruta; verás cómo acaba comiendo.

Comida: muchos comen en los comedores escolares; exige que el colegio te facilite los menús para poder equilibrarlos con la cena. Si comen en casa, sírveles por lo menos dos platos: uno a base de verduras, carne o pescado y un postre.

Merienda: los bollos y dulces son una opción fácil, pero no la más adecuada. Es mejor darles un bocadillo, un plátano, una manzana o unos cereales con leche.

Cena: para que el momento de la cena resulte relajante, ésta debe ser fácil de preparar. Puedes recurrir al plato único a base de papas, pasta o arroz, con huevo, pescado, queso o carne. Puedes optar también por preparar menús temáticos: hoy cena americana: hamburguesas, ensalada de col (*coleslaw*), etc.; otro día, italiana: pizza, espaguetis...

Preséntalos con imaginación y gracia. Un niño al que no le gustan las albóndigas, se las comerá encantado si las pinchas en un palito de brochetas y le dices que son Chupa Chups de carne. Incluso comerá coliflor si le dices que es cerebro de Frankenstein, por dar un par de ejemplos. Para que les guste el pescado, prepáralo de forma variada: con limón, con bechamel, con salsa de tomate o en croquetas, que tanto agradan a los niños.

Las verduras: sírvelas todos los días alternándolas con ensaladas. Varía los colores, añádeles rodajas de huevo o tiras de jamón, etc.

La leche: los productos lácteos son indispensables, pero si a tu hijo no le gusta el vaso de leche tal cual, puedes sustituirlo por yogur, queso o postres y cremas preparados con leche.

Fruta: pon siempre fruta en la mesa: son ricas en vitaminas y fibras y regularizan el tránsito intestinal.

Capítulo 8

Las vitaminas, una fuente de salud

· ·

En este capítulo

▶ Las vitaminas en la cocina

▶ Consejos para lograr una dieta sabrosa y rica en vitaminas

▶ La desintoxicación

· ·

La locura de la "vitaminomanía" ha prendido entre nosotros, al dictado de la sociedad norteamericana. Las catorce vitaminas conocidas en la actualidad, que se distinguen por una letra acompañada de un número, han ganado la voluntad de los consumidores hasta el punto de que muchos las toman de forma habitual, con o sin receta médica.

Vitaminas en la comida

Aunque no lo queramos creer, en un país como el nuestro, en el que reina la opulencia en lo que a alimentación se refiere, persiste el riesgo de deficiencia vitamínica.

A pesar de nuestros "excesos", la mayoría de nosotros estamos, en lo que a vitaminas se refiere, francamente por debajo de lo que los expertos aconsejan.

Algunos consejos para evitar la deficiencia vitamínica

La principal vitamina del invierno es la C. Con propiedades antiestresantes y antigripales, favorece el esfuerzo físico e intelectual y en diversos laboratorios se están estudiando sus posibles propiedades anticancerígenas.

En esta época, es frecuente sentirse agotado o con la impresión de estar flojo. Para combatirlo, come cítricos, pescados, perejil, papas, brócoli, coles de Bruselas, coliflor, zanahorias, espinacas, tomates, fresas y carne.

Vitaminas antiedad

La vitamina E está de moda. Numerosas investigaciones en el campo de la lucha contra el envejecimiento la consideran un "remedio". Para tenerla en "stock", come cereales, ensaladas, espinacas, huevos, mantequilla y plátanos, y consume aceite de oliva, de girasol o de soya.

Vitaminas en la cocina y la alimentación

Aunque a las vitaminas se les atribuye un montón de virtudes, aún no sabemos bien del todo cómo actúan en el organismo. Son indispensables y son nuestra garantía de salud. La palabra "vitamina" fue inventada por el bioquímico de origen polaco Casimir Funck en 1911 y deriva de la primera vitamina descubierta (la B1) que tenía la estructura química de una amina.

Pero limitándonos más a la cocina, te recomendamos que tengas cuidado, porque:

✔ ¿Sabías que una leche expuesta durante dos horas al sol pierde el 80 por 100 de su vitamina B?

✔ ¿Que las carnes poco hechas pierden menos vitamina B que cuando están muy pasadas?

✔ ¿Que beber alcohol aumenta las necesidades de vitaminas?

✔ ¿Que los congelados conservan mejor las vitaminas que las verduras que han estado más de veinticuatro horas en la estantería del puesto del mercado?

Algunas normas para la conservación de las vitaminas

En realidad, nos son necesarias todas las vitaminas. Aprende a conservarlas en tu cocina. Para ello sigue estas normas:

✔ Compra las verduras con la menor antelación posible a su momento de consumo.

✔ No las dejes demasiado tiempo en remojo; pélalas o rállalas en el último momento.

✔ Cuece los alimentos al vapor.

✔ Consérvalos al abrigo de la luz.

✔ Haz a la plancha las carnes y pescados mejor que al horno.

✔ No dejes de lado los productos congelados; son más ricos en vitaminas que las conservas.

Vitaminas para la belleza

Las zanahorias dan buen aspecto, pero ¿sabes por qué? Debido a que el caroteno se transforma en vitamina A en el intestino. Esto ayuda a conservar la vista, una tez clara, una piel bien hidratada y el pelo abundante.

Para ello come, además de zanahorias, queso y huevos, bebe leche, y si eres capaz y no te trae a la memoria traumas de la infancia, aceite de hígado de bacalao.

También intervienen en la calidad de la piel otras vitaminas como la B1, la B5 o la H. Estas últimas se encuentran en la levadura de cerveza, la gelatina, la yema de huevo y las coles.

Cocina sana y sabrosa

Queremos darte unos consejos para cocinar de forma sana y sabrosa. Hoy en día somos más exigentes y le pedimos a la cocción de alimentos que éstos resulten sabrosos, pero que conserven también los principios nutritivos y que no estropeen nuestra salud y nuestra línea.

✔ Para preparar la carne prefiere la plancha al grill. ¿Por qué? Por la sencilla razón de que la carne hecha a la plancha pierde más proporción de su grasa y además se evita la formación de sustancias tóxicas. En efecto, dicen los expertos que cuando la temperatura de un alimento sobrepasa los 100 grados se forman sustancias cancerígenas, y la carne bajo el grill puede alcanzar con facilidad esa temperatura.

✔ También conviene elegir adecuadamente el tipo de carne que vas a preparar; cuanto más ricas en agua sean, más sustancias nocivas pueden formarse.

✔ Evita las temperaturas medias. Conviene empezar la cocción a fuego vivo y luego proseguir a fuego suave.

✔ Siempre que sea posible, cuece con poca agua, ya que cuanta más agua haya más vitaminas y minerales pasarán a ella. Esto comporta un dilema: ¿debemos consumir el agua de la cocción o no? Y es que aparte de las vitaminas, también recoge una parte de los pesticidas, nitratos y metales de las verduras.

✔ Son, asimismo, importantes los materiales de los utensilios de cocción. Veámoslos uno por uno:

- El aluminio: favorece la destrucción de la vitamina C y parece retener el plomo.

- El teflón: hay que tener cuidado y no olvidar una sartén de este material sobre el fuego, porque si sobrepasa los 250 grados, puede descomponerse y volverse tóxico.

- El cobre: es un excelente conductor del calor pero destruye mucha vitamina C. Además, si no se mantiene perfectamente limpio, tendrá ese característico color verde tóxico.

- Recipientes esmaltados: su único inconveniente es su fragilidad ante los golpes.

- El cristal o pyrex: está indicado para cocciones al horno.

- El barro y la porcelana: son los mejores materiales para la cocción al horno o para guisos lentos.

Desintoxicación y alimentos

Tal vez te preguntes si realmente necesitas desintoxicarte. Si quieres tener un cutis resplandeciente, unos kilos y algo de celulitis de menos, una mente repleta de energía y vitalidad, menos tensión nerviosa y estrés... ha llegado la hora de hacer una cura de desintoxicación.

Muchas personas me confiesan no sentirse nunca en plena forma. ¿Cuál es el origen de este continuo cansancio?

Nuestra vida ha cambiado mucho:

A diferencia de nuestros ancestros de las cavernas, ya no comemos solamente para sobrevivir. En los países occidentales apenas si existe hambre y desnutrición. La producción y la distribución de alimentos han evolucionado tanto que podemos encontrar prácticamente de todo en cualquier momento.

Por otro lado, nuestro conocimiento sobre los alimentos es también mayor que el de nuestros antepasados: la mayoría de nosotros puede distinguir los que son buenos para su salud de los que no lo son. Es verdad que estamos estresados, pero creemos que no será mucho más que en el pasado, cuando imperaban las guerras y la ley del más fuerte. Entonces, ¿por qué nos sentimos en tan baja forma?

En nuestras sociedades de abundancia, vivimos rodeados de un gran confort, tenemos acceso a ropa de última moda, avances tecnológicos, pero cada vez se nos exige que seamos más eficientes y más activos.

Por eso, salvo en los fines de semana, no es fácil encontrar un rato para nosotros mismos. Cada vez resulta más difícil hallar un momento para cocinar o para sentarse tranquilamente a la mesa para degustar una comida.

Cada vez se compran más platos precocinados o incluso nos saltamos alguna comida. A veces, para aguantar el tirón bebemos demasiado café, té o alcohol. Si esto ocurriera sólo de vez en cuando no tendría mayores consecuencias; pero si nuestro cuerpo tiene que soportar habitualmente una alimentación desequilibrada y con frecuencia demasiado rica en grasas o en azúcares, acabará padeciendo y lo notaremos. Por eso es hora de que adquiramos buenas costumbres.

La cura de desintoxicación nutrirá tu cuerpo como es debido. Comer cada uno de los alimentos que te vamos a recomendar y hacer un poco de ejercicio te permitirá recuperar el equilibrio.

La mayoría de los alimentos que comes a diario pueden tener consecuencias nefastas si los tomas en demasiado poca o en mucha cantidad. Seguro que sabes que la falta de hierro produce anemia o que un exceso de alcohol produce dependencia. Sin embargo no siempre sabes que alimentos de lo más corriente pueden tener, en según qué casos, efectos negativos.

Por ejemplo, el jugo de naranja bebido en grandes dosis puede congestionar el hígado, la leche puede producir alergia a ciertas personas que con el tiempo desarrollan una intolerancia a la lactosa.

Alimentos admitidos y alimentos que deben desecharse mientras dure la cura

Por ejemplo deben ser proscritos los platos guisados, en salsa y, de modo general, todo lo que resulta demasiado enriquecido o sofisticado. Te conviene comer alimentos naturales, cocinándolos lo menos posible. Desde luego, aditivos y otros conservantes tienen también que evitarse mientras dura la cura.

Sustituye estos malos alimentos por "buenos". Algunos te resultarán familiares y otros te sorprenderán. Nunca se te hubiera ocurrido comerlos a diario, pero todos ellos aumentarán tu sensación de bienestar.

Aquí te damos unos ejemplos: frutos secos, fruta fresca, verduras crudas, verduras cocidas, alimentos ricos en potasio, pescado, ajo, hierbas aromáticas, brotes germinados, ejotes, purés, remolacha, etc.

Pero además, para volver a sentirte equilibrado, no bastará con una alimentación sana; también debes hacer ejercicio, limpiar tu piel, aprender técnicas de respiración y otras actividades complementarias que aceleran este proceso.

Lo ideal, aunque a veces resulte un tanto duro, es que esta cura dure treinta días. Y luego, según se vaya aproximando el final, verás cómo te apetecerá conservar algunas de las nuevas costumbres, aunque seas libre de no hacerlo. Comprobarás, además, que de vez en cuando te apetecerá comenzar una nueva cura y cómo tu cuerpo, que no habrá tenido tiempo de acumular tantas toxinas como la primera vez, sentirá que las elimina con mucha más rapidez.

De todas formas, es imprescindible que antes de poner en práctica todas estas recomendaciones generales consultes con tu médico de cabecera o con un especialista, ya que cada persona es diferente y conviene siempre que todo se haga bajo supervisión médica.

Capítulo 9

Técnicas básicas en la cocina I

Quien no tenga ni idea de cómo freír un filete puede estar tranquilo. En esta parte podrás descubrir las técnicas de base: hervir, saltear, asar, pochar, etc. No va a ser pan comido pero estoy segura de que estarás a la altura; la prueba de que tienes ganas de conseguirlo es que ya te has hecho con este libro, lo cual demuestra tu inteligencia.

Hervir

Este término significa en cocina dos cosas:

✔ Hacer que un líquido, como el agua por ejemplo, alcance 100 grados. ¿Cómo saber si ya está hirviendo? Cuando un líquido empieza a hervir produce burbujas.

Los ingredientes hierven en líquido, agua o caldo, hasta que se hacen comestibles.

Debes saber que alcanzará más rápidamente el punto de ebullición si tapas el recipiente.

✔ El otro significado de este término equivale en cocina a levantar, que es realizar esta operación para evitar que caldos o salsas fermenten y así conserven su buen estado. Si un alimento ya cocinado se pone otra vez a hervir y levanta mucha espuma, quiere decir que está descompuesto o comenzando a descomponerse. En este caso, tíralo. Pero esta última definición de momento no te va a ser necesaria, te la damos a título de información.

Las recetas de caldos, sopas o potajes suelen emplear esta técnica, y lo más habitual es que una vez que han alcanzado el punto de ebullición bajes la temperatura para que simplemente se cuezan, pero sin hervir a borbotones (es decir, con burbujas grandes).

Con frecuencia, cuando prepares salsas tendrás que dejarlas hervir o cocer para que se reduzcan y así espesen, concentrándose su aroma.

Arroz blanco

Tiempo de preparación: 20 minutos

Para 4 personas

½ kg de arroz
abundante agua hirviendo

50 g de mantequilla o aceite
sal

1 En una cacerola pon abundante agua a cocer y cuando rompa el hervor a borbotones, echa el arroz y muévelo con una cuchara de madera para que no se haga bolas. Deja que cueza a fuego vivo de doce a quince minutos (según la marca, ya que algunas tienen un tipo de arroz que se hace en menos tiempo que otras). Échalo entonces en un colador grande y ponlo bajo el chorro de agua fría haciéndolo saltar para que quede todo bien lavado y déjalo así, en el colador, hasta el momento de utilizarlo.

2 Pon entonces la mantequilla o el aceite a calentar en una sartén y cuando se haya derretido (o calentado, en el caso del aceite) echa el arroz y sálalo dándole vueltas con ayuda de una cuchara de madera. Cuando esté caliente, retíralo y sírvelo en una fuente. Si vas a esperar, ponlo sobre una bandeja caliente y en un recipiente tapado.

Variantes: *Puedes hacerlo más llamativo si machacas unas hebras de azafrán y las echas en el agua en que se cuece el arroz, así éste obtendrá un color amarillo.*

*También puedes añadir, al rehogarlo, un diente de ajo, pasas de Corinto y piño-
nes o unos brotes de soya o chicharos, un poco de perejil picado, etc.*

Pochar

Es una palabra de origen francés que los chefs emplean con frecuencia y que es el equivalente a "escalfar", que significa cocer en
líquido graso y corto un ingrediente.

También habrás oído el término escalfar huevos, esto quiere decir
cocer en agua hirviendo los huevos sin la cáscara. Cuando hable-
mos de los huevos te explicaremos más detalladamente cómo realizar paso por paso esta operación. (Véase capítulo 18 "Los huevos".)

Huevos escalfados con ragout de tomate

Tiempo de preparación: 1 hora 10 minutos

Para 6 personas

6 huevos
1 cucharada sopera de jugo de limón
   o vinagre
1 ½ kg de cebolla
3 cucharadas soperas de aceite
3 tomates bien rojos

un ramillete de perejil, tomillo y laurel
2 vasos (de los de vino) de vino blanco
   seco
unos diez granos de cilantro
sal y pimienta

1 Pela las cebollas y córtalas en tiras finas, rehógalas en el aceite.

2 Añade los tomates pelados y cortados en trozos grandes y el ramillete de perejil, tomillo y laurel. Rocía con el vino blanco y salpimienta a tu gusto. Añade los granos de cilantro. Deja que se estofe suavemente tapando la cacerola
durante una hora.

Cuando llegue el momento haz los huevos poniendo en una cacerola grande
agua abundante con una cucharada sopera de jugo de limón o de vinagre por
cada litro y no se te ocurra echar sal. Deja que rompa a hervir.

3 Mientras, coloca los huevos en una taza o bol pequeño. En cuanto rompa a hervir coloca la taza justo sobre el agua y haz que caiga el huevo rápidamente. No hagas más de 2 o 3 huevos a la vez y actúa con rapidez.

4 Con ayuda de una espumadera, acerca al huevo los filamentos de lo blanco de forma que lo envuelvan. Deja que se cuezan tres minutos y saca los huevos con la espumadera. Ponlos en una fuente honda y, si tienen algún filamento antiestético, recórtalo. Sírvelos rodeados con el *ragout* de tomate y cebolla.

Cocer

Los métodos de cocción nos explican los procedimientos que empleamos para transformar los alimentos por la acción del calor en combinaciones apetecibles y fáciles de digerir, desarrollando las propiedades del aroma, concentrando los jugos y sabores, dando a los ingredientes una consistencia suave, fácil de cortar y masticar.

✔ *Cocer* es hervir un alimento en líquido o al vapor, con o sin alguna grasa.

✔ También es poner en ebullición un líquido.

✔ También significa hacer que un ingrediente crudo llegue a estar en condiciones de ser comido, teniéndolo al fuego, por la acción del calor.

Cocido a la andaluza

Tiempo de preparación: 2 horas

Para 6 personas

½ kg de garbanzos
1 kg de papas
½ kg de carne de morcillo de vaca
unos huesos de rodilla
½ kg de rabillo de ternera
½ kg de tomates (tres piezas
   grandecitas)

½ kg de ejotes verdes
2 calabazas largas grandecitas
150 g de una punta de jamón
1 diente de ajo
1 cucharada (de las de café) de
   pimentón
agua y sal

1 Pon los garbanzos en remojo la víspera en una cantidad suficiente de agua caliente para cubrirlos, con un poco de sal y la punta de un cuchillo de bicarbonato (si no tienes la seguridad de que vayan a ser tiernos).

2 Pon en una olla las dos carnes (el morcillo y la ternera), los huesos y el jamón. Cubre con abundante agua fría y sala moderadamente. Ponlo a cocer y cuando rompa el hervor, quita la espuma con la espumadera, y echa los garbanzos. De ser posible, mételos en una red especial para tal fin, para poder servirlos mejor luego.

Cuece todo esto a fuego moderado durante unas dos horas (el tiempo depende de la clase de los garbanzos). Entonces echa las papas peladas y cortadas en trozos grandes. Déjalas cocer unos diez minutos y añade las judías verdes, sin las puntas y los hilos si las hubieses y cortado en dos a lo largo. Déjalas otros quince minutos y añade los tomates enteros, lavados y sin pelar, y seguidamente las calabazas pelados y enteros. Deja cocer todo unos quince minutos más. Rectifica de sal si hiciese falta.

3 Mientras cueces las calabazas, machaca en un mortero el diente de ajo pelado con un poco de sal (para que no se escurra). Añade unos trozos de papa, que debes machacar muy bien, el pimentón y, al final, un poco de caldo. Resérvalo al calor.

Deja el cocido con el líquido justo para que esté un poco caldoso.

4 En el centro de una fuente pon las carnes trinchadas. Los garbanzos, las papas, los ejotes, los tomates (pelados y cortados en cuatro trozos) y las calabazas cortados también en trozos o en rodajas un poco gruesas; todo ello alrededor de la carne.

Cubre todo con la salsa (espesa) del mortero y sírvelo a ser posible con los platos calientes.

Advertencia: *Cuidado al salar porque el jamón ya sala.*

Al vapor

Es el modo de cocción más delicado y el que conserva mejor el sabor, textura y color de los alimentos, así como su estructura y valor nutritivo.

Aplicación de las cuatro técnicas básicas de cocción a la preparación de los alimentos

A veces encontrarás que en una receta te piden que cuezas, por ejemplo, una verdura pero no del todo, ya que luego emplearán otro método de preparación para terminar la receta. Esto se hace con la zanahoria, papas o verduras duras, ya que así conseguirás que todos los ingredientes estén cocidos a la vez.

Otras veces te encontrarás con que te piden que blanquees un alimento, esto quiere decir que lo metas durante unos segundos en agua hirviendo, para inmediatamente sumergirlo en agua fría para que la cocción no continúe. Este método suele emplearse para pelar los tomates más fácilmente, por ejemplo. También se emplea para preparar ciertos alimentos antes de ser congelados, por ejemplo unos ejotes verdes a fin de conservar todo su color y sabor.

La cocción al vapor conserva, como hemos dicho más arriba, tanto el sabor como la consistencia de los alimentos. Es también el método más sano, especialmente para aquellas personas que estén a dieta para no engordar o por algún problema estomacal.

Si piensas utilizar con frecuencia este método de preparar alimentos, hay unos utensilios especiales para cocción al vapor, suelen tener dos partes perforadas y una sin perforar, donde se pone el líquido y una tapa. Su ventaja es que puedes preparar varios alimentos al mismo tiempo, por ejemplo un pescado y unas verduras o incluso añadir una fruta como pera o manzana, con lo que tendrás una comida completa hecha de una vez.

Esta técnica se realiza poniendo los alimentos en un cesto perforado sobre agua hirviendo o a punto de hervir, pero sin que ésta llegue a tocar el alimento.

Técnicas habituales para alimentos básicos

Y ahora que te hemos explicado estas cuatro técnicas puedes preguntarte: ¿por cuál de ellas debo decidirme? Pues bien, esto te lo indicará la receta, pero, en general, tienes que saber que lo habitual es escalfar los huevos, el pescado y las pechugas de pollo, por ejemplo. Los mariscos suelen hervirse y es conveniente cocer al vapor todo tipo de verduras frescas.

Pescados

De ocho a doce minutos de cocción.

Sobre una rodaja de salmón pon unos granos de pimienta rosa y sal y al vapor.

Para preparar la merluza o pescadilla, mezcla una cucharada de las de café de mostaza, una pizca de sal, media cucharada de las de café de jugo de limón y añade pimienta, extiende esto sobre cada cara de la rodaja y al vapor.

Pon sobre los filetes de gallo o lenguado unas hojas de estragón y al vapor.

Aves

De diez a quince minutos de cocción.

Haz una pechuga de pollo en filetes aromatizada a tu gusto con comino, pimienta verde o hierbas –romero, estragón, etc.–, y acompáñalos con una salsa de las que te proponemos en la siguiente página.

Puedes hacer un pollo entero, tardará unos veinticinco minutos y aromatízalo como te indicamos con las pechugas.

Verduras

De quince a veinticinco minutos de cocción.

Pimientos que podrán servir como acompañamiento o para hacer conservas.

Zanahorias aderezadas con cominos.

Brócoli, coliflor o ejotes verdes simplemente rociados luego con un chorrito de aceite.

Frutas

De diez a quince minutos de cocción.

Peras, manzanas, plátanos o piña, que te servirán como postre
o como acompañamiento de platos de ave, pescado o carne.

Salsas de acompañamiento

Podrás prepararlas mientras se hacen los alimentos al vapor. Debes
hacerlas a fuego suave.

Salsa de curry

Mezcla queso blanco cremoso con una cucharada de curry en polvo.

Salsa de mostaza

Tres cucharadas soperas de mostaza, cuatro cucharadas soperas
de queso cremoso, mezcla y cuece al vapor durante cuatro minutos.

Salsa de Oporto

Tres cucharadas de queso cremoso, medio vaso de vino de Oporto,
sal, pimienta y una pizca de nuez moscada, cuécela al vapor cuatro
minutos.

Capítulo 10

Técnicas básicas
en la cocina II

En este capítulo

► Conocer la técnica para saltear, brasear, asar
   y freír
► Cómo aplicar los métodos
► Recetas sencillas para cada una de ellas

Cuando hayas acabado de leer este capítulo, las técnicas del salteado, braseado, asado y fritura ya no tendrán secretos para ti y habrás avanzado mucho en tus conocimientos culinarios.

Saltear

El *salteado* es una técnica clásica, sencilla y rápida que significa cocer a fuego más bien vivo en una pequeña cantidad de grasa (aceite o mantequilla) para que los alimentos no se peguen. Esta operación debe realizarse removiendo enérgicamente. No debe confundirse con la fritura; luego, según el ingrediente de que se trate, se guisa o se toma directamente.

El término procede de que al realizar esta operación, alguien ya algo experto en cocina en vez de remover los alimentos con un tenedor o cualquier otro utensilio prefiere agitar la sartén con

Trucos para saltear

Para saltear verduras, lo mejor es hervirlas o cocerlas al vapor hasta que estén cocidas en un 80 por ciento (es decir, que aún queden ligeramente crujientes) y luego terminar su cocción salteándolas.

Los mariscos deben saltearse en pocos minutos, ya que son muy delicados y algunos si los haces durante más tiempo pueden volverse gomosos.

Los pescados carnosos, como el atún, resultan especialmente ricos salteados. Debes hacerlos con un mínimo de grasa pues éstos ya poseen bastante.

Las pechugas de ave, especialmente las de pollo, son muy sabrosas preparadas mediante el salteado. Puedes luego acompañarlas con alguna verdura y obtener así un plato completo.

Otro procedimiento parecido es hacer un ingrediente a la sartén. La diferencia es que suelen hacerse así ingredientes de mayor tamaño y no se remueven durante la cocción, sólo se les da la vuelta una vez para hacerlos por el otro lado, por ejemplo filetes de carne, pescados de ración.

un movimiento de adelante hacia atrás y dar la vuelta a los alimentos, lanzándolos al aire, es decir, los hace "saltar".

Cuando realices esta operación no debes dejar demasiado tiempo los alimentos en la sartén. Conviene sazonarlos mientras los salteas.

Se pueden saltear carnes, verduras, pescados, etc.

¿En qué grasa es mejor saltear?

Nosotros te recomendamos el aceite, pero para algunas recetas tal vez convenga la mantequilla, que le da un punto más untuoso. Lo importante es que la grasa que emplees soporte bien las altas temperaturas sin descomponerse. Por esta razón te recomendamos el aceite.

Si tienes que utilizar mantequilla, salvo para el caso de verduras y pasta en que la operación es muy rápida, utiliza mantequilla clarificada.

Cómo se clarifica la mantequilla

Al cocerla queda limpia y clara como si fuese aceite. En el fondo del cazo se forma un depósito blanquecino, trasvasa entonces la mantequilla derretida a otro recipiente y deja este depósito.

Salteado de cigalas con albahaca

Tiempo de preparación: 5 minutos + 1 hora marinando

Para 4 personas

16 cigalas gordas
1 limón
una ramita de albahaca
1 diente de ajo

105 cl de aceite de oliva virgen
1 paquete de brotes de lechuga
sal de Maldon y pimienta rosa recién
  molida

1 Exprime el diente de ajo (con ayuda de un aparato llamado exprimeajos) sobre el vaso de la batidora, añade 15 centilitros de aceite, el jugo de medio limón y unas hojas de albahaca, bate, salpimienta y reserva esta salsa.

2 Quita las cabezas a las cigalas y pártelas en dos a lo largo desprendiendo la tirita negra que se encuentra a lo largo de la cola. Rocía estas colas con la salsa preparada y déjalas marinando en la nevera durante al menos media hora.

3 Pon en una sartén 5 centilitros de aceite a calentar y pon las cigalas por el lado de la carne sobre la plancha hasta que se hagan. Ponlas sobre los platos, que puedes haber cubierto con brotes tiernos de lechugas variadas, rocíalas con el resto de la salsa y sírvelas en seguida.

Brasear o bresar

Es cocer lentamente una materia en su propio jugo o en salsa con la cacerola tapada y a fuego lento. Es un método muy recomendable, especialmente para carnes duras o algo secas, porque cocina los alimentos de forma muy sabrosa.

Previamente se rehogan las viandas en grasas y suelen sazonarse. La cocción se realiza por concentración.

Brasear requiere algo de tiempo, por eso puedes aprovechar para preparar platos de esta forma en fines de semana o un día que tengas menos que hacer, aunque luego lo comas al día siguiente, ya que con este método hasta el guiso resulta más sabroso de un día para otro, y no tendrás más que recalentarlo.

Es una manera económica de guisar porque permite preparar alimentos en grandes cantidades para un día en que recibas a familiares o amigos, o incluso dividirlo en porciones que puedes congelar y consumir cuando no tengas tiempo de nada.

Las piezas para brasear suelen ser las de segunda categoría, más económicas sin por ello ser menos sabrosas.

Además de carnes, se pueden brasear verduras, que resultan deliciosas.

Si el alimento sigue duro, puedes prolongar la cocción si es carne. Pero, atención, si la has preparado con verduras, retíralas para que no se deshagan.

Si se te ha pegado, traslada con cuidado los trozos a otra cacerola y, si fuese necesario, agrega algo más de caldo o agua.

Un chorrito de vino de Jerez y una cebolla picada añadidos hacen milagros, ya que disimulan el olor a quemado.

Si el líquido no se ha espesado lo suficiente, mezcla una cucharada de harina o maicena con una de agua, agrega esto a 250 mililitros de líquido y viértelo en la cacerola, mezcla bien y deja que cueza hasta que espese.

Lomo de cerdo braseado con ajos

Tiempo de preparación: 1 hora 30 minutos

Para 6 personas

1 ½ kg de lomo de cerdo
1 loncha gruesa de beicon (100 g)
50 g de manteca de cerdo

unos dientes de ajo
agua y sal

1 Ata con una cuerda la carne, como un asado corriente, y ponle sal al menos una hora antes de cocinarlo.

2 En una cacerola, mejor de las de fondo grueso, pon la manteca a derretir, quítale la corteza dura al beicon y córtalo en trocitos, rehógalo junto con los dientes de ajo enteros y pon el lomo a dorar, por todos lados. Una vez dorado, tapa la cacerola y déjalo cociendo a fuego lento durante una hora y media.

3 Deja reposar la carne en la cacerola unos cinco minutos, fuera del fuego. Sácala, quita la cuerda y trínchala en lonchas, ponlas en la fuente donde la sirvas y coloca alrededor los ajos. Echa la salsa por encima o sírvela en salsera aparte, como más te guste.

Sugerencia: *Puedes acompañarlo con unas papas fritas.*

Asar

Asar es cocer, para facilitar su digestión, ciertos manjares, como carnes, aves o pescados, etc., mediante la acción directa del calor. Se puede asar en horno, parrillas, sartén, espetón, asadores eléctricos, etc.

En el asado la cocción comienza a calor fuerte o fuego vivo para dorar por fuera y luego se va disminuyendo la intensidad del calor. Por lo tanto, primero se debe dorar a fuego vivo por fuera para que no pierda los jugos interiores.

Antes de comenzar a asar, el medio que empleemos para tal fin debe estar a punto, es decir, bien caliente, y las piezas (si son de carne) previamente suelen untarse con algo de grasa (aceite, manteca...).

Durante el proceso del asado, es conveniente regar la pieza varias veces con el jugo que va soltando o con vino o caldo caliente. El agua no es conveniente porque tiende a endurecerla.

Es importante saber que los asados de carne se salan siempre al final, después de hechos. Recuerda que cuando ases en sartén o parrillas piezas como chuletas, filetes, etc., deben tener un grosor mínimo de 2 o 3 centímetros y conviene que no tengan nervios.

Cuando ases no tapes los ingredientes, ya que, si no, se cuecen.

Si preparas un asado de carne, es conveniente darle la vuelta de vez en cuando para que cueza de manera homogénea.

Para saber cuántas veces hay que darle la vuelta, divide el tiempo total en cuatro y en cada cuarto gíralo un poco.

Antes de cortarlo y servirlo, es conveniente dejar reposar el asado unos diez minutos. Esto favorece el reparto del jugo en el interior de la pieza.

¿Cómo asar las aves?

Es muy importante asarlas bien para destruir todas las posibles bacterias. El error más común que cometen los principiantes es no calentar el horno lo suficiente. Debes empezar con el horno a 220 grados. Luego, cuando el ave esté dorada por fuera, puedes bajar la temperatura o cubrir la pieza con papel de aluminio.

Antes de asar un ave debes vaciarla de riñones, higadillos, etc., aunque lo normal es que las vendan ya sin vísceras. Lávala bajo el chorro de agua fría y sécala bien con un paño limpio o con papel de cocina absorbente. Luego sazónala.

Para que el ave conserve una bonita forma, debes bridarla. Para saber cómo se hace mira los dibujos correspondientes a este proceso.

Un ave está asada en su punto cuando el jugo que sale de su interior, al pinchar la piel en el sitio más grueso, es transparente.

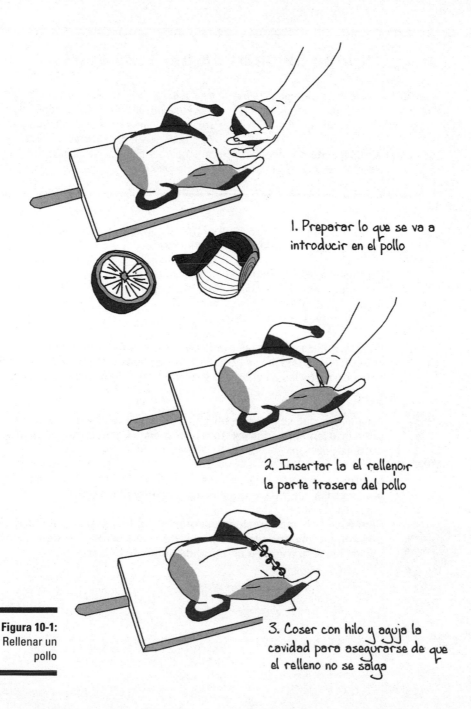

1. Preparar lo que se va a introducir en el pollo

2. Insertar la el relleno la parte trasera del pollo

Figura 10-1:
Rellenar un
pollo

3. Coser con hilo y aguja la cavidad para asegurarse de que el relleno no se salga

Tiempo de cocción para las aves

Cocción tradicional: Treinta minutos por kilo; termostato a 230 grados durante media hora y luego bájalo a 170 grados.

Cocción a baja temperatura: termostato a 170 grados y calcula quince minutos más de cocción. Si la metes con el horno en frío, enciende el horno a 230 grados y deja cocer el ave hasta que esté bien dorada. Baja el termostato a 170 grados al final de la cocción y calcula veinticinco minutos más de cocción.

Aunque varía un poco según el tipo de ave, ya que el pato puede servirse algo más rosado que un pollo.

Para asar aves resultan muy prácticas las bolsas para asar, ya que te evitan tener que rociarla. Para conseguir que la piel quede crujiente, debes abrir la bolsa y sacar el ave cuando falten veinte minutos para que se termine de asar.

En general, las alas de las aves son las que más rápidamente toman color. Para evitar que se quemen, envuélvalas en papel de aluminio antes de meterlas en el horno y retíralo cuando falten veinticinco minutos para que se termine de asar el ave.

Para evitar que se reseque mucho un ave como el pollo, es decir, poco grasienta, puedes recubrirla con unas lonchas de beicon durante la cocción.

La brocha es perfecta para aves, ya que se dorarán de forma regular. La grasa cae y hace que la carne resulte más ligera.

Para asar aves más grasientas, como el pato, conviene pincharles la piel con un tenedor, espolvorearlas con sal y asarlas sobre una rejilla; así la grasa caerá en el fondo de la fuente de asar.

Pollo asado

Tiempo de preparación: 1 hora 10 minutos

De 4 a 6 personas

1 pollo tierno y grande (1 ½ a 2 kg)	½ limón
3 tiras de beicon (finas)	agua caliente
30 g de manteca de cerdo	sal

1 Una vez desplumado, vaciado, chamuscados los pelos y quitados el cuello y las patas (la parte amarilla), unta todo el pollo con la manteca de cerdo, sálalo por fuera y por dentro y ata dos tiras de beicon, una en la pechuga y otra en la espalda; la tercera métela dentro del pollo.

2 Coloca el pollo así preparado en una asadera y métela en el horno, previamente calentado a 220 grados unos cinco minutos. Ásalo a horno medio más bien fuerte, más o menos una hora, según el tamaño, dándole varias veces la vuelta para que se dore bien por todos lados. Al volverlo, rocíalo bien con la salsa que se va formando en el fondo de la asadera. De esto depende que el pollo esté bien asado y sabroso.

3 Cuando ya está bien asado y dorado, retíralo de la asadera, quítale la cuerda y las lonchas de beicon y trínchalo para servir.

4 En la asadera, con una cuchara sopera quita gran parte de la grasa, añade agua caliente y un chorrito de jugo de limón. Ponlo a fuego vivo, moviendo bien la salsa con un tenedor para raspar toda la parte tostada del fondo de la asadera. Sirve la salsa en salsera aparte.

¿Cómo asar carnes?

¿Te gustaría saber conseguir un rosbif perfecto? ¿Cuál es el secreto de un asado de cerdo tierno y sabroso? A continuación vamos a intentar resolver todas tus dudas.

Preparación de la carne

Antes de meterlas en el horno, todas las carnes deben estar una hora a temperatura ambiente. Úntalas con muy poco aceite aderezado

Tiempos ideales de cocción

Para la ternera

Cocción tradicional: veinticinco minutos por kilo; termostato a 200 grados durante veinte minutos y luego bajarlo a 170 grados. Cocción a baja temperatura: termostato a 150 grados; calcula quince minutos suplementarios...

Para el cerdo

Cocción tradicional: Treinta minutos por kilo; termostato a 200 grados durante veinte minutos, luego bájalo a 170 grados.

Cocción a baja temperatura: termostato a 170 grados y calcula veinte minutos más. Si lo metes en el horno en frío, enciende el termostato a 230 grados y déjalo hasta que esté dorado; luego baja la temperatura a 170 grados. Calcula treinta minutos más.

con sal y pimienta (salvo para carnes de vaca, ya que si no la sal haría salir la sangre y secaría la pieza). Es inútil poner demasiado aceite. Ponla sobre la fuente de horno y deja que repose una hora.

Grill y horno

Cada uno dará un resultado diferente. El grill es útil para cocciones rápidas como brochetas. El horno conviene a todo tipo de carnes.

Desarrollo de la cocción

Cualquiera que sea el modo de cocción elegido, acuérdate de dar la vuelta a la pieza varias veces, mejor con ayuda de dos cucharas para no pincharla y evitar que se escape el jugo. El buey y el cordero no necesitan ser regados, pero la ternera y el cerdo resultarán mucho mejor si los vas regando con el jugo de la cocción. Añade de vez en cuando unas cucharadas de agua caliente en el fondo del plato para evitar que se carbonice el jugo.

Cómo saber si la carne está hecha

Lo mejor es emplear un termómetro de carne que debes pinchar en el centro de la pieza, lejos de todo hueso. Para una pieza de buey o vaca, 60 grados querrá decir que está poco hecha, 70 grados a punto y 75 grados bien hecha. En cuanto a las carnes blancas deberán alcanzar los 75 grados.

¿No tienes termómetro? Calcula entonces el tiempo de cocción con relación al peso. Las carnes blancas puedes pincharlas al final con una brocheta. Si el líquido sale limpio, estará en su punto.

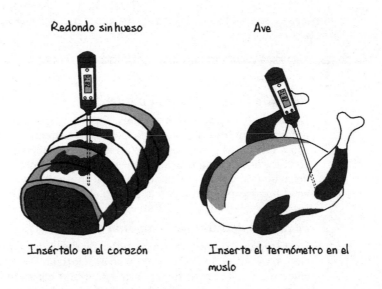

Redondo sin hueso

Ave

Insértalo en el corazón

Inserta el termómetro en el muslo

Carne con hueso

Inserta el termómetro en la parte más ancha de la carne

Figura 10-2: Medir la temperatura interior de las piezas de carne

Para evitar incendios

Si la grasa se prende, corta el gas o el fuego y pon una tapadera sobre la sartén. Nunca intentes apagarlo con agua.

Sazona los fritos una vez escurridos, ya sea salándolos o, si son dulces, espolvoreándolos con azúcar.

Hay que dejar reposar la carne

Es útil hacerlo por varias razones. En una carne roja, el líquido se reparte regularmente por toda la carne y ésta adquiere un color rosado. Las carnes blancas resultan más blandas y son más fáciles de cortar. Para dejarla reposar, retira el plato o fuente del horno. Cubre la carne con varias capas de papel de aluminio y vuelve a meterla en el horno apagado y con la puerta abierta durante diez minutos.

Pequeños detalles que cambian todo

Las hierbas aromáticas son grandes aliadas si las empleas con astucia. Los asados de cerdo o buey se aromatizan con nuez moscada, cilantro, etc. La carne de ternera y de cerdo casan muy bien con salvia, y el sabor de la pierna de cordero se realza con romero y ajo.

Cordero asado

Tiempo de preparación: 3 horas

De 4 a 6 personas

un cordero lechal	*perejil*
¼ kg de manteca	*clavos*
3 dientes de ajo	*un vaso de vino blanco*
1 cebolla grande	*un vaso de agua*

1 Machaca un poco de sal con orégano, y con esta mezcla frota el cordero, después úntalo con la manteca de cerdo.

2 Machaca los ajos, la cebolla, el perejil, los clavos y el orégano, añade un vaso de vino y otro de agua, y con este adobo rocía el cordero, déjalo durante tres horas. Pasado este tiempo, en una cazuela de barro ponlo en el horno, previamente calentado a 180 grados, y deja que se haga hasta que esté dorado, no olvides rociarlo de vez en cuando con su jugo.

3 Sácalo, trínchalo, recoge el jugo y remuévelo. Pon un poco de agua caliente en la cazuela, rasca con un tenedor el fondo y los bordes y caliéntala bien. Sírvela en salsera aparte.

Freír

Freír es preparar un alimento en abundante aceite o materia grasa como mantequilla o manteca. Es importante que el frito flote en la grasa para que se haga de manera uniforme y no quede blando. Los fritos deben vigilarse constantemente y mover con cuidado con la espátula o la espumadera. Con ella se sacan del aceite o grasa y es conveniente dejarlos escurrir.

Algunos trucos

Si añades un trozo de pan duro al aceite de freír, éste absorberá los olores, pero esto sólo es válido para una vez; también puedes freír en el aceite unas hojas de perejil antes de filtrarlo, pero cuidado con las salpicaduras.

Fríe por tandas y espera antes de echar la siguiente tanda a que el aceite tome de nuevo su temperatura adecuada.

Si hay espuma no frías, ello indica que el aceite no está a la temperatura debida.

Si no tienes termómetro echa una miga de pan en el aceite. Si el pan se dora en unos minutos, el aceite está a punto.

Si no quieres que después de freír te huela el pelo debes emplear un gorro de cocinero o si no el gorro de la ducha, si es de tela.

¿Cómo freír bien?

Papas fritas, *tempura* japonesa, buñuelos de frutas... Muchos ingredientes pueden prepararse fritos, pero este tipo de cocción exige unas cuantas precauciones; por eso queremos darte unos consejos para asegurarte el éxito.

El enemigo número uno de una buena fritura es el agua. Ésta, al evaporarse, la estropea; es, por lo tanto, muy importante que los alimentos estén lo más secos posible.

Los alimentos que contienen albúmina (como el huevo), almidón (como la papa) o azúcar se pueden freír directamente sin necesidad de rebozarlos. El pescado o la carne pueden freírse directamente. Una simple capa de harina eliminará, si optamos por ello, todo posible resto de humedad.

 Hay que actuar con prudencia en lo que a verduras o frutas ricas en agua se refiere. Necesitarán una maceración en sal o una precocción al vapor, seguida, si fuese necesario, de varias horas para que se sequen. Luego necesitarás pasarlas por harina o meterlas en un baño de masa para freír.

Después de haberlos frito conviene escurrir los alimentos sobre papel absorbente.

¿Qué recipiente o aparato es preferible para freír?

La freidora eléctrica con termostato es lo ideal, ya que la temperatura nunca sobrepasará los 180 grados. Sin embargo, si no dispones de freidora también puedes freír los alimentos en una sartén o, aún mejor, en un *wok*, utensilio muy de moda que nos viene de la cocina china y que es una especie de sartén honda con dos agarraderas.

Bastará con echar 1 centímetro de aceite. Esta preparación es especialmente recomendable para fritos sabrosos o con mucho olor, como pescados, verduras con ajo, etc., ya que el aceite empleado no volverás a usarlo.

¿Qué aceite emplear?

El aceite debe ser resistente al calor para que no se vuelva tóxico. Los aceites de maíz y de girasol deben renovarse cada siete u ocho utilizaciones, aunque presentan la ventaja de conseguir frituras más ligeras.

El aceite de oliva soporta a la perfección las altas temperaturas necesarias para las frituras, pero, al tener más sabor, resulta más indicado para frituras mediterráneas.

Recuerda que no debes añadir aceite nuevo al viejo; es mejor usarlo hasta su saturación y luego renovarlo completamente.

Mantén siempre limpio el aceite; si es necesario, fíltralo después de haberlo utilizado y consérvalo en un recipiente cerrado al abrigo del calor y la luz.

El aceite de una fritura puede volver a utilizarse, pero para conservarlo en buenas condiciones conviene que lo filtres, en cuanto se haya enfriado. Para ello pon papel absorbente dentro de un colador y coloca el colador sobre un recipiente con algo de profundidad y vierte el aceite a través de este filtro.

¿Qué temperatura es la adecuada para freír?

Una lista que te ayudará

- ✔ **Fritura media, 140 a 160 grados:** Para papas *suflé* en su primer frito, pescados o cualquier otro ingrediente que necesite un prefrito.

- ✔ **Fritura caliente, 160 a 175 grados:** Para todos los fritos rebozados.

- ✔ **Fritura muy caliente, 180 grados:** Es la adecuada para papas paja, pescaditos y croquetas, que deben freírse rápidamente haciendo que a la vez tomen color.

Fritos de puré de manzana

Tiempo de preparación: 15 minutos

De 4 a 6 personas

6 manzanas reinetas grandecitas	*6 cucharadas soperas de azúcar*
(1 ¼ kg)	*1 l de aceite (sobrará)*
5 cucharadas soperas de harina fina	*1 plato con azúcar molida*

1 Pela y ralla las manzanas; mézclalas con la harina y el azúcar.

2 Toma esta masa con una cuchara y viértela con mucho cuidado para que no te salpique y te quemes en el aceite bien caliente.

3 Al sacar cada frito, una vez dorado, rebózalo en el plato del azúcar y ponlo donde vayas a servirlo. Mantenlos al calor suave hasta el momento de servirlos.

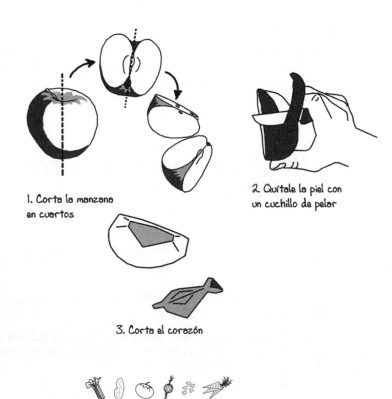

1. Corta la manzana en cuartos

2. Quítale la piel con un cuchillo de pelar

3. Corta el corazón

Figura 10-3:
Cortar y pelar una manzana

Capítulo 11

Consejos para salir de los apuros más usuales

En cocina, seguir con todo rigor las instrucciones de una receta no siempre garantiza el éxito. En esta sección de trucos, queremos ofrecer los consejos profesionales y secretos del oficio a todos los principiantes y a aquellos que, aun no siéndolo, tengan dudas y necesiten el truco más oportuno para salir de un apuro.

Hemos decidido hacerlo por orden alfabético para que te resulte más sencillo localizar directamente lo que te interesa.

Acederas

Si las vas a tomar en puré conviene mezclarlas con lechuga y así el resultado será menos ácido. En infusión son estupendas para eliminar manchas de óxido. Combinan muy bien con el pollo.

Aceite

Si quieres quitarle el olor, añade al aceite, cuando no esté muy caliente, una cáscara de limón.

Es mejor que lo compres en envases opacos, ya que es muy sensible a la luz.

Si se encuentra en un grado de fluidez insuficiente, mete la botella que lo contenga en agua caliente y luego, agítala con energía.

No añadas aceite sin usar a uno ya usado, porque lo alteraría. Para evitar quemarte con las salpicaduras del aceite caliente, échale un poco de sal.

Para las conservas en aceite, el mejor es el de oliva.

 Un truco para quitarle el sabor a rancio es añadir un poco de azúcar. Mezcla una cucharada sopera de aceite con dos cucharadas soperas de azúcar y añádela a tu aceite rancio (esta cantidad es para 1 litro), verás cómo desaparece el mal sabor.

Si quieres que el aceite haga menos espuma cuando fríes algo, mete dentro un clavo de hierro (pero vigila que esté en perfectas condiciones) o deja flotar media cáscara de huevo mientras fríe.

Para quitar el sabor del aceite que usaste para freír pescados, cebolla, etc., y poder utilizarlo para freír otras cosas, fríe en él unas rebanadas de papa hasta que estén muy doradas. Absorben los olores y sabores más fuertes.

Aceitunas

Para utilizarlas en guisos y salsas conviene hervirlas antes durante diez minutos en agua.

 Para dar mejor sabor a unas aceitunas negras de aperitivo, métetas en un poco de aceite de oliva con una pizca de hierbas aromáticas (tomillo, romero, etc.).

Si sobraron, ponlas en un recipiente de cristal bañadas con el líquido en el que estaban, y si no las cubre suficientemente, añade un poco de agua salada. Cierra bien el recipiente y guárdalo en lugar fresco.

Acelgas

Escoge las que no presenten aspecto pasado; las hojas bien brillantes y de un color verde oscuro uniforme es la mejor garantía de calidad y frescor. Para cocerlas, pícalas muy menudas y lávalas bien con abundante agua fría. Ponlas en una olla con agua fría y sal, y déjalas cocer destapadas unos treinta minutos desde que rompe el hervor. Luego escúrrelas bien.

Aguacate

Si deseas activar su maduración, envuélvelo en papel. Se conserva unos diez días en el cajón de las verduras de la nevera. Si ya estuviese maduro antes de meterlo en la nevera, envuélvelo en papel de aluminio. En caso de utilizar sólo la mitad, deja el hueso en la otra mitad y rocíala con jugo de limón.

No tires los huesos, ponlos en un vaso de su mismo diámetro y mete la mitad del hueso en agua, aparecerá una planta que cuando alcance unos 24 centímetros puedes trasplantar a una maceta.

Ajo

Para digerirlo mejor y evitar que repita, basta con que quites el germen verde que está en el centro del diente. Para pelarlo con facilidad es suficiente con hacer una ligera presión con la mano hasta oír un ruidito característico, entonces, haciendo una pequeña hendidura, liberarás el diente de ajo fácilmente. Para evitar los efectos de un plato cocinado con excesivo ajo masca una ramita de perejil crudo o un grano de café y evita beber vino blanco, ya que éste refuerza el aroma del ajo. En algunos platos con salsa pueden ponerse enteros sin pelar; dan un aroma más uniforme y es más fácil retirarlos después. Para darle aroma a una ensalada basta con frotar el ajo en el recipiente. Para conservarlo, lo mejor, si son cabezas de ajo, es colgarlas en lugar fresco. Si son dientes, guárdalos en una caja herméticamente cerrada.

Albahaca

Si la vas a añadir picada, hazlo en el último momento porque así perderá menos su aroma. Para conservar las hojas, lávalas, sécalas bien y cúbrelas con un poco de aceite de oliva. Otra manera de hacerlo es poniéndolas a macerar en sal durante unas tres horas.

Albaricoque

Aprovecha el momento de producción máxima, cuando están más baratos, para hacer provisiones. Para ello límpialos y pártelos por la mitad para quitarles el hueso. Ponlos entonces sobre la fuente de horno a calor moderado (110 grados), con la puerta ligeramente abierta, y cuando parezcan como de goma estarán a punto. Utilízalos para acompañar un asado de ternera o aves. Para ello, escáldalos y añádelos a la cocción un poco antes del final.

No tires los huesos, pártelos por la mitad y extrae la especie de almendrita que se encuentra en su interior: te servirá para dar un gusto maravilloso a tus mermeladas.

Albóndigas

Para evitar que las albóndigas se endurezcan, sustituye la yema de huevo que suele ponérseles por una gota de aceite.

Alcachofas

Hay que procurar que estén firmes y con las hojas bien apretadas, ya que si están abiertas quiere decir que están pasadas.

Para conservarlas en casa, si no las vas a utilizar en seguida, es preferible meter sus rabos en un recipiente con agua ligeramente azucarada.

Cuando las prepares, lo mejor es ponerlas en remojo en agua con un chorrito de jugo de limón para hacer salir los posibles insectos que hubiera entre sus hojas.

Antes de prepararlas, rompe el rabo y así conseguirás sacar las fibras duras del fondo.

Si quieres conservar perfectamente su forma, átalas con un poquito de cuerda fina alrededor de las hojas.

 Recuerda que una vez cocidas no se pueden conservar más de cuarenta y ocho horas; pasado este tiempo pueden ser tóxicas.

Si utilizas alcachofas de lata, lo mejor es aclararlas con agua hirviendo antes de prepararlas; así no tendrán ese regusto tan característico.

Se pueden congelar una vez cocidas para evitar que pierdan su bonito color verde; en ese caso añade al agua de la cocción un poco de vitamina C.

Si en una preparación sólo vas a utilizar los fondos, no tires las hojas; puedes ponerlas en forma de flor en un plato y servirlas con una vinagreta con una cucharadita de mostaza mezclada en ella y estarán sabrosísimas.

Alimentos quemados

Para limpiar bien un recipiente en el que se haya quemado algún alimento, rasca lo más posible con una cuchara y luego echa unas gotas de sosa y pon el cacharro a calentar, tomando la precaución de abrir una ventana para prevenir posibles irritaciones de ojos. En cuanto se hayan despegado los restos lávalo como lo haces habitualmente para así eliminar cualquier traza de sosa. Este proceso no puede aplicarse si los recipientes son de acero inoxidable.

Almendras

Para pelarlas con facilidad, métela unos minutos en agua hirviendo, escúrrelas y pásalas rápidamente por agua fría. Se pelan con toda facilidad.

Si las quiere machacar, espolvoréalas ligeramente con azúcar o sal antes de hacerlo, así evitarás que te salten hacia todos los lados.

Alubias

Si olvidaste ponerlas en remojo la noche anterior, cúbrelas con agua fría, agrégales una cucharadita de levadura en polvo por cada 500 gramos y cuécelas a fuego lento cuarenta minutos, añade más agua si fuera necesario. Luego, una vez tiernas, aderézalas como prefieras.

Anchoas

Lo único pesado de las anchoas es quitarles la sal; para hacerlo lo más rápidamente posible, lávalas bajo el chorro del grifo y luego métalas veinte minutos en vinagre de vino.

Recuerda que las frescas están buenísimas fritas. Además de tomarse como aperitivo, las ahumadas pueden utilizarse para salsas, mezclándolas, por ejemplo, con mantequilla derretida que antes debes machacar en el mortero junto con las anchoas; para canapés, tritúralas junto con aceitunas negras, alcaparras y aceite, y adorna unos escalopes de ternera, por ejemplo.

Apio

Elige las ramas firmes y carnosas. Si lo compras en bulbo debe aparecer sin manchas, en la mano, ya que, si no, corres el riesgo de que sea más esponjoso.

Para pelarlo sin problemas, cuando sea en bulbo córtalo en donde nacen las ramas y pela la piel gruesa que rodea la raíz como si se tratara de una manzana. Cuando lo utilices en rama, no olvides quitarle los hilos. Si lo vas a utilizar para algún guiso, puedes dejar las hojas verdes.

Arroz

Para que quede blanco y bien suelto, añade al agua de la cocción unas gotas de jugo de limón. Espera siempre a que el agua esté hirviendo antes de echarlo, ya que, si no, se te pegará.

Asado de carne

Saca la carne que vayas a asar al menos una hora antes del frigorífico. Una vez terminada de asar, espera cinco minutos antes de cortarla; así, te resultará más jugosa. Sálala en el último momento, justo antes de servirla.

Azafrán

Puedes encontrarlo en hebra y en polvo. Aconsejamos que lo compres en hebra, porque da más garantías de pureza, ya que en el polvo puede haber mezclas fraudulentas. Si viajas, ten cuidado con los azafranes que encuentres por ahí más baratos, pero que no tienen nada que ver con el nuestro. El azafrán iraní, por ejemplo, tiene un hermoso color anaranjado, pero resulta amargo; el llamado "azafrán de las Indias" es, en realidad, polvo de cúrcuma y apenas tiene sabor.

Dado lo caro que cuesta, debes aprovecharlo al máximo. Para no desperdiciar ni un poco, ponlo en el mortero, májalo, enjuaga el mortero con una cucharada de agua y añade esto a la preparación culinaria.

Seca aún más las hebras poniéndolas en una cuchara sobre la llama de una vela o de un mechero; así se pulverizarán con mayor facilidad.

Azúcar

Añade una pizca de azúcar en la preparación de tu salsa de tomate para combatir la acidez.

Espolvorea cebollas, zanahorias o nabos pequeños con azúcar si los quieres preparar glaseados.

Si el consomé te ha quedado muy pálido, dale color haciendo un caramelo con un terrón de azúcar y un poco de agua.

Para darle un bonito color dorado a tu tarta de manzana, espolvoréala con un poco de azúcar glas al final de su cocción.

Si espolvoreas con azúcar un molde untado con mantequilla antes de echar la masa de un pastel o bizcocho, evitarás que se pegue.

Para evitar la humedad en el azucarero, mete dentro un poco de miga de pan, ya que ésta absorberá toda la humedad existente.

Bacalao

Para desalarlo, déjalo en remojo veinticuatro horas si está en una pieza y doce horas si se trata de filetes. Lo mejor es cortarlos en trozos o filetes y ponerlos en un colador que a su vez meterás en una gran cacerola con agua para que así los trozos no descansen en el fondo del recipiente, que es donde va a parar toda la sal.

Colócalo siempre con la parte con piel hacia arriba.

Renueva el agua dos o tres veces y ponla templada para acelerar el proceso.

Cuando tengas mucha prisa, aunque no es un método demasiado conveniente, desmenuza el bacalao en agua templada y cámbiala tres veces, así bastará con unas tres horas para desalarlo.

Al comprarlo, procura que los trozos no sean ni demasiado amarillos ni demasiado blancos, ya que esto último puede indicar que ha sufrido un lavado sódico.

Al guisarlo ten cuidado de que no hierva, ya que esto endurece su carne.

Bacalao al pilpil

Tiempo de preparación: 2 horas

Para 4 personas

1 kg de bacalao
¼ l de aceite

6 dientes de ajo
un pimiento

1 Pon el bacalao en remojo el día anterior.

2 Fríe los ajos y el pimiento en una cazuela previamente untada con aceite. Una vez sacado el bacalao del remojo y quitadas las escamas, colócalo en la cazuela con la piel hacia arriba.

3 Coge la cazuela y con habilidad ve sacudiendo para que el aceite se ligue. Una vez que esté frito el pescado por un lado, dale la vuelta y añade un poquito de agua de remojar el bacalao y sigue moviendo la cazuela con un movimiento de vaivén en redondo, dejando que se espese la salsa (deberá quedar bastante espesa y ligada).

4 Sírvelo en la misma cazuela.

Licuadora

Si se te atascó, desenchúfala y extrae lo que se haya enganchado alrededor de la hélice utilizando una pinza. En caso de estar ya seca, mójala con un poco de agua caliente con unas gotas de amoníaco, pero con cuidado de no mojar el motor.

Bebidas con gas

Para que no pierdan gas, guárdalas bien cerradas boca abajo.

Bebidas frescas

Si estás en la playa o en el campo y no tienes hielera portátil ni termo, puedes conservar las bebidas frescas envolviendo las botellas en varias capas de papel de periódico rociadas de cuando en cuando con agua de mar.

En caso de no estar en la playa, pasa las botellas por sal gruesa antes de envolverlas en el papel de periódico. Bastará con rociarlas simplemente con agua.

Beicon o bacon

Combina muy bien con muchos alimentos. Recuérdalo a la hora de hacer unos simples macarrones con tomate; bastará añadirles unas tiras de beicon enrolladas antes de meterlos a gratinar para darles un aire nuevo.

Ponlo sobre la pechuga del pollo cuando vayas a hacerlo asado; realzará su sabor y evitará que se dore en exceso. Si lo compras en envoltura de plástico, lo mejor, una vez abierto, es que lo saques de ella y lo envuelvas en papel de aluminio.

Berenjenas

Cuando vayas a prepararlas, bien sea en rodajas o a lo largo, conviene ponerlas antes con sal en un plato hondo para que pierdan toda su agua y dejarlas así al menos un par de horas. En el único caso en que esto no es necesario es si vas a preparar un calo, ya que el agua se evapora cuando las cueces.

Si las piensas pelar, no lo hagas con demasiada antelación, ya que así su pulpa se vuelve oscura.

Si las vas a hervir, añade un chorrito de limón al agua y así evitarás que se oscurezcan.

Pan

Para desmoldarlo, lo mejor es antes de verter la masa en el molde untarlo bien con mantequilla y luego espolvorearlo con harina o azúcar en polvo.

Si no tomaste antes esta precaución, y tienes dificultades para desmoldarlo, pon el molde aún caliente sobre una superficie fría, cúbrelo con un paño doblado en cuatro y déjalo reposar cinco minutos, y luego desmóldalo.

Para saber si está a punto, pínchalo con una aguja o alambre, que deberá salir seca y caliente.

Para que quede bien doradito, lo clásico es untarlo con huevo batido, pero también puedes conseguirlo si lo untas con un poco de leche con un pincel para extenderla bien.

Bollos

Si tienes bollos del día anterior y quieres devolverles su frescor, envuélvelos en papel de seda mojado y métenlos a secar en el horno unos instantes.

Brócoli

Debes elegirlo de un color verde intenso y sin manchas de ningún tipo.

En esta verdura todo se come salvo las hojitas, que conviene quitar con un cuchillo pequeño y bien afilado. Luego hay que separarlo en ramilletes, cuyo tronco se deja no demasiado largo para que cueza en el mismo tiempo que el resto.

Si antes de prepararlos metes los ramilletes en agua, tendrán un color más bonito.

Cuécelos al vapor unos minutos y luego métenlos en agua helada para parar su cocción y conservar su bonito color.

No tires lo que hayas cortado de los troncos, ya que te servirá para hacer un guiso.

Buñuelos

Si quieres hacerlos más ligeros, añádeles una cucharada (de las de café) de levadura.

Para que no queden aceitosos, agrega a última hora un poco de vinagre a la masa.

Café

Si utilizas filtros de papel para hacer el café, piensa en humedecerlo con una cucharada sopera de agua fría; evita que el agua caliente lo atraviese con excesiva rapidez y pierda aroma.

Existe la creencia de que si el café ha hervido se estropea. Si esto te ocurre en verano aprovecha y sírvelo con un hielo. Verás cómo recuperará todo su aroma.

Es mejor moler el café según lo vayas necesitando pero, cuidado, si lo mueles demasiado fino obtendrás un café más amargo y si es demasiado grueso tendrá poco sabor.

En cuanto al café vendido ya molido y envasado al vacío resulta excelente, pero debes consumirlo con bastante rapidez para evitar que pierda su aroma. Consérvalo en un bote de metal o plástico cerrado herméticamente y métemlo en la nevera, ya que con el calor el café se vuelve rancio.

Para recuperar el aroma de un café que olvidaste meter en bote hermético, pásalo por la sartén a fuego suave.

Trucos para hacer un buen café: conviene que esté recién molido. Muélelo fino para cafeteras eléctricas y las de tipo Melita, y más grueso para las de tipo italiano. Por cierto, en este tipo de cafeteras resulta muy beneficioso dejar el filtro lleno hasta la mitad con café molido de una vez para otra.

Si eres un purista, prepara el café con agua mineral.

El café recalentado no resulta bueno; si no te queda más remedio, pon la cafetera a calentar a baño María.

Y si te sobra café, no lo tires. Viértelo en unas cubiteras para el hielo. Te serán útiles a la hora de servir café helado.

Calabaza larga

De modo general conviene pelarlo, pero si es muy fresco y tierno puedes no hacerlo. Suelen cortarse en rodajas o, si van a rellenarse, a lo largo, vaciando las mitades con ayuda de una cucharita. Para cocinarlos puedes hacerlos directamente en algo de materia grasa o cocerlos antes un par de minutos en agua hirviendo salada y luego prepararlos de la forma pensada (horno, etc.). Cuando quieras que resulte un plato más decorativo, limítate a pelarlos una banda sí y otra no.

Calabaza

Puedes comprarla en trozos. Debe tener un bonito color naranja sin rastro de enmohecimiento.

Para sacarle el máximo sabor posible, cuece su carne cortada en cuadrados en muy poca agua (ya que contiene mucha en sí misma) y añádele unas rodajas de papa y una cebolla picada menuda.

Crema de calabaza

Tiempo de preparación: 45 minutos

Para 4 personas

300 g de calabaza
¾ l de caldo
½ l de leche

1 cucharada sopera de cebollino
y perejil picados
sal y pimienta

1 Pela y corta en trozos grandes la calabaza. En una cacerola pon el caldo mezclado con la leche y cuece en él los trozos de calabaza durante unos treinta y cinco minutos. Salpimienta a tu gusto.

2 Cuélalo y vuelve a poner el caldo en la cacerola y deja que se siga cociendo a fuego muy suave.

3 Cuando se hayan templado los trozos de calabaza, pásalos por la licuadora con un chorrito de leche o crema líquida. Añádela a la sopa removiendo sin cesar.

4 Cuando esté uniformemente mezclada, pásala a una sopera o, si quieres ser más original, a una calabaza vaciada y espolvoréala con el perejil y cebollino picados.

Calamar

Si quieres conseguir unos calamares más blandos, prueba a cocerlos unos minutos en agua salada en la que habrás puesto a flotar un corcho, luego escúrrelos bien antes de pasar a freírlos o a prepararlos como prefieras.

Para que el rebozado quede más ligero y hueco, utiliza sifón en vez de agua y añade una cucharadita de levadura.

Canela

Con su delicioso aroma, que se conserva mejor si la compras en rama y además puedes luego rallarla para convertirla en polvo, darás un sabor estupendo a tu mermelada de manzana.

Cangrejos

Para limpiarlos, lávalos en abundante agua fría en el momento de ir a cocerlos, ya que si lo haces antes se vacían de su agua. Arráncales previamente el intestino amargo, para lo que les debes retorcer y romper la aleta central de la cola tirando de ella para que salga entero.

Caramelo

La cocción del azúcar hasta llegar a transformarse en caramelo le quita su cualidad endulzante. No olvides, por lo tanto, añadir azúcar a tus preparaciones.

Si el azúcar cristaliza en las paredes del cazo en el momento en que empieza a calentarse, debes derretir estos cristales, empleando para ello un pincel empapado en agua caliente. Basta con que una sola mota de azúcar cristalizado caiga en el azúcar hirviendo para que la masa se cristalice por completo y se estropee el caramelo.

Por esta misma razón no hay que remover el azúcar desde el momento que hierve.

Procura no hacer caramelo directamente en el molde porque puede estropearse y, por supuesto, evítalo si es un molde con revestimiento antiadherente.

Si quieres evitar que en el fondo de tu molde quede una capa demasiado espesa, muévelo hasta que el caramelo se endurezca. Caerá por las paredes del molde.

Sé siempre prudente: protege tus manos y, sobre todo, no agregues agua fría para enfriar el caramelo porque las salpicaduras están garantizadas.

No utilices un caramelo demasiado oscuro porque resultará amargo y estropeará el sabor de tu postre.

Para limpiar luego el recipiente, llénalo de agua y ponlo a hervir durante siete minutos o algo más si no quedase perfectamente disuelto.

Recuerda la utilización del caramelo como colorante; un poco de caramelo líquido añadido a tu consomé hará que éste tome un bonito color dorado.

Cardo

Prefiere el de aspecto más claro y calcula bastante cantidad por persona, ya que tiene mucho desperdicio. Así, al comprarlo calcula unos 400 gramos por comensal.

Para prepararlo quita las ramas que rodean su pie y tíralas, ya que suelen ser huecas y duras. Corta luego los costados y los lomos si hiciese falta. Frótalos con medio limón y córtalos en trozos de unos 4 centímetros de largo. Corta el tronco en trocitos, quítale la parte dura del centro.

Hay que cocerlos en seguida, ya que, si no, a pesar de frotarlos con limón, se pondrán negros. Una vez cocidos se conservan bien si los dejas en el agua donde se hicieron, pero sin estar en contacto con el aire, es decir, cubriéndolos con un papel ligeramente untado con algo de grasa.

Carne

Si piensas que la carne puede ser dura y la vas a preparar en salsa, mete en la salsa, durante la cocción, un corcho grande de botella.

Castañas

Para pelarlas sin problema, añade una cucharada sopera de aceite al agua de su cocción.

Si las haces asadas, evita que estallen si antes les haces una incisión en su piel externa.

Cava

Para abrirlo sin que salte el tapón, con el consiguiente peligro que suele implicar, inclina la botella y ve haciendo un movimiento de rotación con el tapón hasta que salga.

Si te sobró cava o champán y quieres guardarlo para el día siguiente, mete una cucharilla metálica al revés en el cuello de la botella, aunque esta solución sólo sirve para veinticuatro horas.

Caza

Para ablandar la carne de caza se la suele dejar reposar más o menos tiempo, pero de todas formas no conviene dejarla más de cinco o seis días y esta operación debe efectuarse siempre en un lugar fresco. Recuerda que, una vez vaciada, se conserva con su piel hasta su utilización.

También, para ablandarla y aromatizarla, se suele meter esta carne en una marinada, pero conviene no abusar de ellas, ya que la caza así preparada se vuelve más indigesta, sobre todo si además va acompañada por una salsa pesada.

Cebolla

Si la comes cruda en ensalada, tal vez te moleste el mal aliento que produce. Para hacerlo desaparecer, basta con comer unos cuantos granos de café.

Conviene no conservar una cebolla empezada más de veinticuatro horas, ya que puede ser nociva para la salud. Si lloras al pelarla, hazlo con gafas de sol o métela quince minutos en el congelador antes de pelarlas.

Si quieres suavizar su sabor, deja que macere un par de horas en jugo de limón.

Cuando han germinado, no conviene utilizarlas, aunque sí se pueden aprovechar sus tallos verdes para ensaladas, tortillas, etc.

Para que tus manos no huelan a cebolla, frótalas con perejil fresco.

Cerveza

Cuando la añadas a una masa a modo de levadura, no lo hagas en demasiada cantidad para evitar que amargue. Calcula unas dos cucharadas soperas por cada 125 gramos de harina y deja luego reposar la masa.

Si para alguna receta no utilizaste toda una botella, puedes conservar el resto colocándola en la nevera boca abajo, teniendo cuidado de que esté herméticamente cerrada. Recuerda que es estupenda para hacer brillar el estaño y a temperatura ambiente dará brillo a las hojas de las plantas.

Champiñón

Lávalos con agua fresca, pero no los dejes en remojo porque se ablandan, y sécalos bien; hecho esto, puedes mantenerlos envueltos en un paño y se conservan durante varios días en la nevera.

Si no quieres que se ennegrezcan, rocíalos con jugo de limón, aunque si los vas a rehogar en mantequilla, lo mejor es añadir el jugo de limón a la mantequilla.

1. Corta el tallo, y después corta en dos mitades la cebolla

2. Quítale la piel

3. Haz cortes longitudinales paralelos

4. Corta tiras horizontales desde la parte más alta hasta la parte más baja

6. Repite el proceso con la otra mitad

Figura 11-1:
Picar una
cebolla

Si les quitas los rabos no los tires, porque estarán muy buenos para añadir a un caldo o para hacer una crema.

Evita que entren en contacto con metal, ya que ennegrecen.

Para limpiarlos cómodamente, separa el rabo del sombrero y colócalos en un cuenco. Cuando estén todos, cúbrelos con agua y espolvoréalos con harina. Frótalos con esto aclarándolos luego y córtalos como te guste; después, prepáralos como prefieras.

Chocolate

Si vas a preparar una crema de chocolate y quieres reforzar su aroma, disuélvelo en un poco de café.

Si añades una pizca de sal el aroma también aumentará; recuérdalo a la hora de preparar un pastel de chocolate.

Si vas a hacer chocolate *fondant*, añade la mantequilla en la superficie del chocolate cuando los trozos estén blandos y remueve hasta que la mezcla quede bien lisa.

Si preparas chocolate con leche para un desayuno o merienda, unta ligeramente el cazo con mantequilla y así evitarás que se desborde al calentarlo.

Si necesitas chocolate para alguna receta y no tienes ninguna tableta a mano, puedes sustituirlo por cacao en polvo mezclado con mantequilla.

Ciruelas

Para cambiar tu mermelada de ciruelas rojas, añádele unas rodajas de naranja, combinan muy bien con el sabor de la ciruela.

Si piensas utilizar ciruelas pasas, puedes ponerlas a macerar previamente en vino tinto o blanco, según vayas a prepararlas.

Para congelarlas, deshuésalas, pues al alcanzar temperaturas bajo cero el hueso les dará un gusto raro.

Coco

Para abrir un coco con facilidad, métalo en el horno hasta que la cáscara se resquebraje.

Coles de Bruselas

Antes de prepararlas lávalas varias veces en agua con un chorrito de vinagre. Cuando se estén cociendo, evita removerlas con una cuchara para que no se deshagan. No las cuezas demasiado, porque, si no, se transforman en papilla, y no las dejes en el agua en que cocieron, ya que se pondrán amarillentas.

Coliflor

Si la vas a tomar cruda, lávala en agua con jugo de limón: le darás un gustillo muy apetecible. Para evitar el mal olor al hervirla, echa un trozo de pan mojado en leche en el agua de cocerla.

También puedes añadirle unas hojas de laurel. Si quieres que salga bien blanca evita cocerla en la olla exprés. Una vez cocida, puedes conservarla algunos días en la nevera si tomas la precaución de escurrirla bien y envolverla en papel de aluminio.

Conservas

Rechaza cualquier lata que presente un aspecto abombado o con golpes.

No confundas conserva con semiconserva; las primeras pueden durar hasta varios años; las otras, un tiempo reducido (un mes o algo más).

Crepes

Para evitar que se enfríen las primeras mientras haces las siguientes, ponlas en un plato sobre una cacerola con agua hirviendo, que taparás con otro plato vuelto del revés.

Cubitos de hielo

Si vas a recibir a bastante gente y no tienes suficientes cubiteras, puedes ir sacando los cubitos según se vayan formando para hacer provisión. El único inconveniente es que pueden pegarse entre ellos. Para evitarlo, rocíalos con agua con gas o espolvoréalos con sal, pero en este caso debes recordar enjuagarlos antes de utilizarlos.

Para niños puedes hacer cubitos de colores añadiendo al agua unas gotas de sirope de frambuesa, menta, etc.

Empanada

Para que tu empanada agarre mejor, echa una cucharada sopera de aceite al huevo batido y luego procede de la forma habitual.

Endibia

Si vas a conservarlas debes protegerlas de la luz, ya que en caso contrario sus hojas se tornan verdes y saben más amargas. Lo mejor es guardarlas en el cajón de verduras de la nevera. Recuerda que de la endibia se puede comer todo y que sirve para acompañar carnes, caza y algunos pescados. Para quitarles ese ligero sabor amargo que tienen, no las dejes en remojo en el agua al lavarlas. Añade el jugo de un limón y una pizca de azúcar al agua de la cocción. Cuécelas junto con una papa.

Ensaladas

Las ensaladas a base de lechuga saben mejor si las aliñas a última hora, pero las de papas o verduras debes aliñarlas cuando están templadas.

Si tienes una lechuga con las hojas un poco mustias, no la tires; separa las hojas y métalas en agua caliente, verás cómo se vuelven a poner crujientes; lávalas entonces con agua fría y prepáralas de la forma habitual.

Ensalada de frutas

Para darle un toque más original, añade menta fresca picada a las que tengan como base frutas rojas; vainilla azucarada a las que sean a base de albaricoques y duraznos; salsa de frutas rojas a las de pera, etc.

Prepáralas con algo de antelación, aunque nunca demasiada para que macere en lugar fresco.

Ten presente las frutas a la hora de preparar platos salados. Recuerda que la piña combina muy bien con la carne, especialmente la de cerdo, a la que también le va muy bien la manzana. La naranja es perfecta para combinar con aves, la toronja con platos de camarones, las grosellas con los de caza, etc.

Ensalada de frutas

Tiempo de preparación: 10 minutos

De 4 a 6 personas

3 manzanas
200 g de frambuesas o de otros frutos
  rojos
6 ciruelas

2 kiwis
3 naranjas
1 limón

Para la salsa:
1 vaso de agua
125 g de azúcar
¼ l de jugo de uva

1 cucharada sopera de Kirsch o de licor
  de durazno

1 Prepara el almíbar poniendo en un cazo el agua y el azúcar y removiendo sin parar hasta que el azúcar quede bien incorporada. Retira del fuego y añádele el licor y el jugo de uva. Resérvalo.

2 Pela las frutas y córtalas en trocitos. Ponlas en una ensaladera y rocíalas con el jugo de limón y luego con el almíbar reservado.

3 En unos recipientes individuales, reparte la ensalada de frutas. Pon unas rodajas de naranja alrededor. Decora en el centro con unas hojitas de menta y sirve bien fresco.

Espárragos

Si piensas que pueden resultar algo amargos, añade al agua de cocerlos, además de sal, un poquito de azúcar.

Para evitar que los de lata se rompan, ábrela por el fondo en vez de por arriba; así no se romperán las puntas. Escúrrelos echándoles antes un poco de agua templada por encima. Así les quitas el sabor a lata y resultan mejores.

Espina

Aunque lo prepares en filetes, no tires la espina central de un pescado. Puedes congelarla y utilizarla cuando cuezas pescado o prepares una sopa de pescado o un caldo.

Si al comer te has tragado una espina y se te ha quedado clavada en la garganta, come miga de pan, que la arrastrará, y luego toma alimentos con fibra (ejotes verdes, espárragos) para ayudar a eliminarla sin problemas.

Si quieres quitar las espinas pequeñas a un pescado, utiliza las pinzas de depilar; te facilitarán mucho la tarea.

Espinacas

Si las tomas crudas consúmelas en seguida; una vez cocidas no es demasiado conveniente conservarlas en la nevera. Para mantener sus vitaminas y su bonito color, no las cuezas con agua; ponlas solas en la cacerola después de haberlas lavado. Como disminuyen al cocer, calcula 500 gramos por comensal. Si las vas a tomar crudas, unos 100 gramos. Esto puede ser un problema a la hora de cocerlas si no tienes un recipiente lo bastante grande.

Para evitar este problema rocíalas con agua hirviendo, su volumen disminuirá.

Estofado

Para evitar que quede duro, agrega una cucharadita de azúcar al guiso. El ácido del tomate también produce el mismo efecto, por lo que te recomendamos que siempre que puedas lo añadas al guiso.

Si te quedó insípido, añádele un chorrito de jerez, verás cómo mejora su sabor.

Finas hierbas

Para tener las finas hierbas a mano en cualquier momento del año, pícalas menudas, humedécelas y métalas en los compartimentos de los cubitos de hielo; así podrás sacarlas en pequeñas porciones.

Fresas

Nunca laves las fresas después de haberles quitado el rabito con hojas, ya que absorberían toda el agua.

Si quieres obtener un sabor mucho más rico, prueba a rociarlas con una cucharada sopera (para 1 kilo) de buen vinagre o de jugo de limón, añádeles a continuación el azúcar y deja que maceren en lugar fresco hasta el momento de servirlas.

Otra manera de servirlas es espolvoreadas de azúcar y rociadas con un buen vino tinto en el momento de ir a tomarlas. Un pellizquito de pimienta aviva también su sabor.

Frutas

Siempre que sea posible, conviene lavarlas y tomarlas sin pelar para que no pierdan muchas de sus vitaminas. Si las pelas, recuerda que algunas en contacto con el aire se ponen negras. Para evitarlo frótalas o rocíalas con jugo de limón.

Algunas recetas aconsejan pasarlas por agua hirviendo antes de añadirlas. Para ello, métalas cinco minutos y luego sácalas, ponlas en un colador y pásalas por el chorro de agua fría. Las de tamaño pequeño mételas en un colador y déjalas sólo veinte segundos en agua hirviendo, pásalas luego por agua fría.

Para hacerlas en almíbar, prueba a poner mitad de agua y mitad de azúcar, caliéntalo y deja que hierva durante un minuto. Viértelo entonces sobre la fruta. Para conservarlas, lo mejor es hacerlo en tarros de cristal de cierre hermético.

Galletas

Están buenas cuando están crujientes, pero por desgracia se ablandan cuando el paquete está abierto. Para evitarlo, mételas en una caja metálica o, si no tomaste esta precaución, pásalas unos minutos por el horno caliente y déjalas luego enfriar.

Recuerda que las galletas María desmenuzadas y mezcladas con mantequilla formarán una riquísima base para tartas de queso, limón, etc.

Gambas

Si las vas a utilizar para decorar algún plato y quieres que queden bien rosadas, cuécelas con piel de cebolla, que tiene gran poder colorante.

Para cocerlas, pon abundante agua con sal y échalas cuando el agua hierva a borbotones. Baja entonces el fuego y déjalas tres minutos. Escúrrelas y déjalas enfriar.

Garbanzos

Si dudas de que estén tiernos, ponlos en remojo con una pizca de bicarbonato, así también mejoran sus cualidades digestivas.

No desperdicies el agua donde los hayas cocido, ya que en ella quedan disueltas sales minerales y proteínas.

Para evitar que se endurezcan, no los sales hasta que lleven un buen rato de cocción.

Para que salgan tiernos, ponlos a cocer en agua templada y si hubiese que añadirles caldo a mitad del guiso, añádelo caliente.

Gelatinas

Para darles un toque diferente sustituye el agua por caldo de ave, carne o pescado, según convenga para tu receta.

Para desmoldar con facilidad, pasa una lámina de cuchillo todo alrededor y pon el recipiente unos instantes en agua muy caliente.

Una idea divertida es hacerlas en moldes con formas de pez, estrella, concha, etc.

Pimiento

Si por cualquier causa masticas un trozo de guindilla, no te precipites sobre el agua o el vino. Se te pasará antes el picor si tomas un poco de miga de pan o plátano crudo.

Para conservarla, lo mejor es meterla en un bote o envolverla con papel de aluminio.

Chicharos

Al ir a prepararlos no los laves. Para darles un sabor diferente, cuando los cuezas puedes añadir unas hojas de hierbabuena al agua. Una vez quitadas las vainas, puedes congelarlos y se conservan bastante bien.

Cuando los utilices bastará con echarlos directamente en agua hirviendo. No tapes la cacerola en la que cuecen, y si añades un poco de bicarbonato conservarán su bonito color verde. No olvides añadir algo de azúcar al cocerlos. Esto los hará más tiernos.

A los de bote, si quieres quitarles el sabor a lata, lávalos bajo el chorro de agua templada y, al final, rocíalos con un chorro de jugo de limón.

Para darles un toque diferente, añádeles unas hojas de lechuga en tiras, unas cebollitas peladas y un poco de perejil.

Si al desgranarlos te parece que van a quedar duros, agrega un poco de mantequilla al agua de cocción y así estarán más tiernos.

Harina

No almacenes demasiada harina, ya que al cabo de un mes empezará a perder sus cualidades y tal vez te encuentres con que tus postres no resultan tan buenos o las salsas quedan peor ligadas.

Recuerda, y tenlo siempre en cuenta, que cada preparación necesita el tipo de harina que le resulte más conveniente.

Hígado

Si quieres que un filete de hígado te resulte mucho más tierno, mételo una hora en leche antes de guisarlo. Si lo pasas ligeramente por harina, se dorará mejor y provocará menos salpicaduras de aceite.

Higos

Recuerda que si están demasiado secos puedes remediarlo poniéndolos un momento al vapor.

Si quieres trocearlos para añadirlos a alguna preparación, pasa antes el cuchillo de partirlos por agua fría.

Para conservar de la mejor manera posible unos higos secos, un truco de mi abuela consiste en meterlos en una caja metálica junto con alguna hoja de laurel.

Si coges los higos de una higuera, arranca también unas cuantas hojas y cuando vayas a hacer papas asadas al horno envuélvelas en ellas, verás qué sabor tan rico.

Huevo

Si quieres conservar una yema sobrante de huevo, recúbrela con un poquito de agua fría. Si los quieres congelar, tendrás que batirlos previamente.

Jamón de York

Si se ha quedado seco por no estar bien envuelto, métemelo en remojo en leche quince minutos.

Jamón serrano

Si se ha quedado reseco, y está cortado en lonchas o tacos, cúbrelo con una servilleta mojada en agua salada y escurrida, y déjalo así unas horas. Si estuviese muy salado, puedes mejorarlo si lo pones en remojo en leche, aclarándolo y secándolo bien antes de consumir.

Ejotes blancos

Para que estén más tiernos, cuece los ejotes con una zanahoria entera.

Para conservarlos de la mejor forma, métemelos en un recipiente hermético con unos granos de pimienta en el fondo.

Si los tienes en remojo, pasadas doce horas cambia el agua para evitar la fermentación.

Debes hacer la cocción en agua fría sin sal. Añade la sal a media cocción, ya que, si no, los ejotes se endurecen.

Para que sean menos pesados de digerir, tira la primera agua de la cocción y añade tres cucharadas soperas de aceite a la segunda agua de cocción.

Para conservarlos bien y evitar el peligro de los bichitos que a veces aparecen, mete unos cuantos dientes de ajo pelados en el bote en que las conserves.

Si olvidaste ponerlos en remojo, cuécelos en dos tiempos: primero quince minutos hirviendo a fuego vivo y luego tira esta agua y ponlas a cocer en agua fría de una a dos horas.

Si piensas que tus ejotes no son todo lo tiernos que desearías, cuécelas con leche en vez de con agua.

Para aligerarlas, añade en el último momento una cucharada sopera de aceite de oliva al agua de cocer.

Ejotes verdes

Cuécelos en agua hirviendo salada y en cuanto estén, mételos en un recipiente con agua muy fría. Después escúrrelos en seguida, primero en un colador y luego en un paño.

Recuerda que si los compras congelados nunca serán tan finos como frescas, ya que las variedades más finas no aguantan bien la congelación.

Cuécelos siempre destapadas para que conserven su bonito color verde y no los cuezas demasiado tiempo (unos diez minutos en agua hirviendo y doce si los cueces al vapor son suficientes).

Si añades un poco de bicarbonato o dos cucharadas soperas de aceite de oliva ayudan a este mismo fin. Al cocerlos, ten cuidado de no hacerlo en una cantidad excesiva de agua, ya que esto les hace perder gran cantidad de su vitamina C.

Kiwis

Para hacer madurar unos kiwis verdes con más rapidez, mételos en una bolsa de plástico con una manzana o una pera y, en un par de días como máximo, podrás comerlos.

Filetes de cerdo con kiwi y salsa de mostaza

Tiempo de preparación: 30 minutos

Para 4 personas

12 filetes de cinta de cerdo
3 kiwis

20 g de margarina

Para la salsa:
3 cucharadas soperas de aceite
1 cebolla pequeña (60 g)
1 cucharada sopera rasa de harina
1 vaso (de los de agua) de agua
1 cucharada (de las de café) de extracto de carne

1 vaso (de los de vino, no muy lleno) de Madeira
1 nuez de mantequilla
1 cucharada (de las de postre) de mostaza
½ vaso (de los de vino) de nata líquida

1 Prepara primero la salsa poniendo en una sartén el aceite a calentar, añádele la cebolla pelada y cortada en rodajas finas. Deja que se haga hasta que tome color (unos seis minutos).

2 Añade la harina, dale unas vueltas y, poco a poco, ve echando el agua, donde habrás disuelto el extracto de carne, y, finalmente, el vino. Cuécelo durante diez minutos y pásalo por el pasapurés. Añade a esta salsa la mostaza y, en el momento de servirla, la nata, calentándola, pero sin que hierva.

3 Pela los kiwis y córtalos en rodajas gruesas. Derrite la mantequilla y rehoga muy ligeramente en ella esas rodajas. Retíralas. Fríe los filetes de cerdo y preséntalos unos montados sobre otros y con una rodaja de kiwi encima. Pon un poco de salsa en la fuente y sirve el resto en salsera.

Langostinos

Lo mejor para pelarlos es coger el langostino por la cabeza y la cola y separar ambas partes con un ligero movimiento de rotación. Aprieta entonces el caparazón entre el pulgar y el índice hasta que se rompa, separa los bordes y así conseguirás sacar la cola con toda facilidad sin romperla. (Puedes encontrar una ilustración explicativa en la página 173.)

Leche

Si al cocerla no quieres que se te salga y no posees un recipiente de cristal especial para ello, bastará para evitarlo con que metas una cucharilla o un platito de los de las tazas de café vuelto del revés.

Si se te cortó la leche, no la tires: pásala por un filtro de papel de esos que hay para el café y deja que escurra el agua, así conseguirás un queso fresco muy sabroso.

Para quitarle el mal sabor a una leche que se ha quemado, pon un paño húmedo sobre la cacerola, retuércelo y vuelve a empezar hasta que el olor haya desaparecido del todo. Para evitar que se pegue, aclara la cacerola donde vayas a ponerla a calentar y no la seques; vierte entonces dentro la leche y evitarás el problema.

Añade una pizca de sal a la leche en polvo reconstituida, parecerá leche fresca.

Lechuga

Si piensas conservarla en la nevera, envuélvela en un paño fino o métela en una bolsa de plástico de las que se utilizan para congelar.

Legumbres

No hace falta poner en remojo las lentejas y en el caso de los ejotes y garbanzos puedes sustituirlo por una precocción de quince minutos que bastará para rehidratarlos. Esto es incluso mejor que el remojo prolongado, que puede producir un principio de fermentación y hacer estas legumbres más indigestas.

Es importante no salarlas hasta la segunda cocción, ya que, si no, quedan más duras. También, por la misma razón, es importante ponerlas en agua fría y que cuezan lentamente.

Para cocerlas bien, empieza siempre la cocción con agua fría, que llevarás suavemente al punto de ebullición. Procura evitar las aguas calcáreas. Puedes añadir una pizca de bicarbonato sódico, pero cambia ligeramente el gusto y destruye la vitamina B. Añade una cebolla, zanahoria, ramillete, diente de ajo, etc., que siempre combinan bien con este tipo de guiso.

Levadura

Para que las preparaciones con levadura suban bien, si hace calor o si la masa va a levar cerca de una fuente de calor, disminuye las cantidades de levadura. Por el contrario, si la dejas levar en lugar fresco, aumenta las cantidades.

Recuerda que las masas con levadura aumentan de volumen; por lo tanto, llena el molde sólo hasta sus tres cuartas partes.

No abras el horno durante al menos el primer tercio de la cocción.

Si la masa a la que vas a añadir levadura lleva claras de huevo montadas a punto de nieve, incorpóralas después de la levadura.

Limón

Si sólo piensas utilizar unas gotas de limón, no partas el fruto por la mitad: pincha su piel con un palillo y extrae el jugo que necesites, conservándolo después en el refrigerador. Así no se seca.

Si en vez de en la nevera conservas los limones a temperatura ambiente, podrás sacar una cantidad mayor de jugo.

Una rodaja de limón puesta sobre la mostaza impedirá a ésta secarse.

Si lo frotas alrededor de los grifos, disuelve las manchas calcáreas.

El jugo de limón en una mayonesa la aclara, le da un sabor especial y la aligera.

El arroz blanco resulta aún más blanco si añades un chorrito de jugo de limón al agua de su cocción.

Para formar cubitos de hielo originales, agrega unas tiras de cáscara de limón en los recipientes. Aparte de resultar más bonitos a la vista, añaden un aroma agradable a muchas bebidas.

El limón verde se emplea en marinadas exóticas y resulta muy bueno para la confección de bebidas como el ponche.

Tarta de limón

Tiempo de preparación: 90 minutos

Para 6 personas

Para la masa:
3 cucharadas de azúcar
la corteza rallada de ½ limón
250 g de harina de trigo

1 huevo
125 g de mantequilla

Relleno:
250 g de azúcar
la corteza rallada de 1 limón
3 huevos

45 g de mantequilla
jugo de 3 limones

1 Prepara la masa poniendo en un cuenco el azúcar y la sal, y casca un huevo entero. Bate todo hasta que el azúcar y la sal queden bien incorporados y no se noten.

2 Sobre un mármol echa la harina formando un pozo y vierte en el hueco del centro el huevo batido con el azúcar y la sal. Pon trocitos de mantequilla (que debe estar bien blanda) sobre la harina. Trabaja con la punta de los dedos rápidamente y sin amasar casi.

3 Unta un molde redondo con la mantequilla. Estira la masa con el rollo pastelero y trasládala al molde dándole buena forma y cortando lo que sobre.

4 Pincha el fondo de la masa con un tenedor en varios sitios y métela en el horno templado. Déjala hasta que empiece a dorarse.

5 Mientras preparas el relleno derritiendo en un cazo la mantequilla (con cuidado de que no cueza), añádele el jugo y la ralladura, después el azúcar y, al final, los huevos batidos como para tortilla.

6 Pon el cazo en agua caliente y termina de hacer la crema a baño María. Dale vueltas sin cesar durante quince minutos para que espese. Sácala del fuego y vierte la crema en un recipiente de cristal y guárdala en un sitio fresco; cuando esté fría, rellena con ella la tarta.

7 Calienta la mermelada en un cazo hasta que se diluya ligeramente y viértela sobre la superficie de la tarta. Corta las tiras de piel de limón y forma con ellas un montoncito en el centro de la tarta.

Col morada

Si quieres que la lombarda conserve su color original, añádele al agua de la cocción una cucharada sopera de vinagre.

Maíz

Para que tus mazorcas queden más tiernas al cocerlas, añade algo de leche al agua.

Si quieres conseguir unas estupendas palomitas de maíz, pon tres cucharadas soperas de aceite en una cacerola junto con los granos de maíz y un poco de sal y caliéntalo a fuego suave con la cacerola tapada para evitar que salgan despedidas.

Mango

Para presentarlo bonito, córtalo en tres a lo largo teniendo cuidado de hacer un gajo delgado en el centro con el hueso (no lo tires, pues puedes replantarlo). Con ayuda de un cuchillo bien afilado, cuadricula el interior de las dos tiras de los extremos. Vuelve la piel y la carne aparecerá en cubitos.

Mantequilla

Para evitar que se ponga rancia hay que protegerla del aire y de la luz.

Para conservarla fuera de la nevera, o si ésta sufre una avería, lo mejor es meter el recipiente de la mantequilla debajo de un recipiente puesto boca abajo y rodeado con un paño fino empapado en agua con un chorro de vinagre.

Para evitar que se ennegrezca cuando la calientes en la sartén, añádele una gota de aceite.

En muchas recetas hacen mención a una nuez de mantequilla, una cucharada de mantequilla, etc. Para que no te resulte difícil saber si estás poniendo la cantidad exacta, te damos una tabla de equivalencias:

1 avellana de mantequilla	5 g
1 nuez de mantequilla	10 g
1 cucharada de café de mantequilla	7 g
1 cucharada sopera de mantequilla	15 g

Si la vas a utilizar para alguna preparación conviene sacarla de la nevera unos quince minutos antes.

Recuerda que no soporta temperaturas demasiado altas y se oscurece por encima de los 100 grados, además de volverse indigesta.

Manzana

Si vas a utilizar la manzana sin pelar, conviene no olvidar lavarla con agua, a la que debes añadir un chorrito de limón.

Al pelarla se oscurece pronto. Para evitar esto, frótala con un limón partido por la mitad y pélala en el último momento.

Si vas a preparar manzanas asadas, con un cuchillo, haz una incisión alrededor de toda la pieza, no demasiado profunda y a media altura. Así evitarás que pierdan su forma y se desmoronen.

Para darle mejor sabor a tu compota de manzana añade a la cocción de manzanas, además de azúcar y un poco de agua, una ramita de canela o de vainilla o la peladura de medio limón.

Masa de hojaldre

Si quieres que la masa de hojaldre congelada suba toda por igual, deja que se descongele a temperatura ambiente y extiéndela pasando el rodillo de izquierda a derecha y de arriba abajo.

Mayonesa

Si se te cortó, añade una yema de huevo, mejor escalfado. En cuanto veas que se te va a cortar, añade unas gotas de vinagre o de agua caliente.

Mejillones

Para limpiarlos, raspa con un cuchillo sus conchas cogiéndolos en la mano con la parte ancha en el sitio de los dedos y la parte estrecha en la palma de la mano. Pasa el cuchillo tirando de las especies de hierbas estropajosas, con lo que dejarás la superficie lisa.

Lávalos entonces con agua con una pizca de sal, moviéndolos con la mano y sin que permanezcan demasiado tiempo en remojo.

Sácalos entonces, escúrrelos y ponlos en una sartén con un vaso de los de vino de agua fría y una pizca de sal, a fuego vivo, saltéalos de vez en cuando y cuando se abran ya están listos. Retíralos del fuego y desecha los que no se hayan abierto.

Duraznos

Cuando los utilices en tartas, para evitar que la masa se reblandezca con su jugo, espolvoréalos con una mezcla de harina y azúcar en polvo antes de añadirlos a la tarta.

Para pelarlos con facilidad, ponlos en un colador y sumérgelos un minuto en agua hirviendo.

Para congelarlos, aunque perderán, quítales la piel y rocíalos con jugo de limón, espolvoréalos con un poco de azúcar y métalos en bolsas especiales para congelar.

Melón

Si ha resultado insípido, aromatízalo con unas gotas de limón o de vino de Oporto.

Una vez abierto, si lo dejas en el refrigerador, envuélvelo en papel de aluminio para que no dé sabor a otros alimentos.

Mermelada

Si la mermelada te quedó demasiado líquida, es debido a que coció demasiado poco, o a que la elaboraste con frutas con poca pectina; entonces tendrás que cocerla un poco más, pero añadiéndole manzana (que la contiene en abundancia) o algún producto especial que vendan en la tienda.

Miel

Si se ha espesado demasiado, dale su antigua consistencia calentándola a fuego muy suave al baño María.

Mousse *de chocolate*

Para que se mantenga mejor, mét-elo quince minutos en el congelador en cuanto hayas terminado de hacerlo y luego pásalo al refrigerador hasta el momento de servirlo.

Nabos

Nunca peles nabos con demasiada antelación, ya que se oxidan y pueden provocar molestias intestinales.

Los nabos pueden cocerse en agua salada hirviendo, al vapor, brasearlos, etc.

Un truco que consigue darles un sabor estupendo consiste en caramelizarlos antes de añadirlos a una preparación; para ello dóralos en un poco de mantequilla, espolvoréalos con un poco de azúcar en polvo y dales unas vueltas. Añádelos entonces al plato que quieras.

Al limpiar los nabos no tires las hojas, ya que éstas proporcionan un sabor estupendo a cualquier caldo que prepares.

Nata

Si la necesitas para guisar (agria) y no tienes, añade una cucharadita de jugo de limón o vinagre a una taza de leche fresca.

Natillas cortadas

Para arreglar las natillas cortadas bátelas muy fuerte con el aparato de montar claras, hasta que el líquido se haya unido de nuevo.

Natillas

Tiempo de preparación: 30 minutos

Para 6 personas

1 ½ l de leche
6 yemas de huevo
6 cucharadas soperas copeteadas de
   azúcar

1 cucharada sopera de maicena
la cáscara de un limón o dos barras de
   vainilla
polvos de canela (facultativo)

1 En un cazo pon la leche con cuatro cucharadas de azúcar y la cáscara de limón, colócalo al fuego hasta que empiece a cocer. Mientras, bate en un tazón las seis yemas de huevo, dos cucharadas de azúcar y la maicena.

2 Cuando la leche haga burbujas todo alrededor del cazo, coge un cucharón y ve echándolo muy poco a poco en el tazón moviendo muy bien. Cuando esté bien unido, vierte el contenido del tazón en el cazo y baja un poco el fuego dando vueltas sin parar con una cuchara de madera, sin dejar que llegue a hervir la crema.

3 Si se forma una espuma en la superficie, debes darle vueltas sin parar hasta que desaparezca y la crema esté lisa.

4 Las natillas están entonces en su punto, cuélalas con un colador de agujeros grandes (chino u otro) y viértelas en una fuente honda o en platos individuales. Mételas en la nevera hasta el momento de servir.

5 Antes de servirlas, espolvorea con un poco de canela en polvo.

Nueces

Si te quedaron secas, déjalas toda la noche en remojo en leche y volverán a parecer frescas.

Ostras

Para saber si están en perfectas condiciones, échales unas gotitas de jugo de limón; si no se retraen inmediatamente, deséchalas.

Pasas

Para evitar, cuando las pones en un bizcocho, que caigan al fondo, pásalas por harina antes de incorporarlas.

Papas fritas

Para evitar que su olor se extienda por toda la casa, echa en el aceite caliente donde las frías una ramita de perejil.

Patés de lata

Puedes mejorarlos añadiéndoles un poco de coñac y una cucharadita de mantequilla. Bátelo bien y sírvelo en una terrina o cuenco acompañado con tostadas calientes.

Pepinos

Pélalos desde la cabeza hacia el rabo, así evitarás parte del amargor que a veces desprenden. Para que suelten su agua puedes o bien seguir el sistema tradicional de cortarlo en rodajas y espolvorearlas con sal o poner las rodajas en un paño y retorcerlo apretando con fuerza, así saldrá el jugo y el pepino estará listo para ser condimentado.

Pera

Para conservar su color blanco una vez peladas, mete las peras en agua con un chorrito de jugo de limón o vinagre; si están en almíbar añade un poco de jugo de limón al almíbar.

Si quieres guardarlas, lo mejor es evitar que se rocen unas con otras y que lo hagas poniéndolas con el rabo hacia abajo. Recuerda que las hojas de peral en infusión sirven como diurético natural.

Pimiento

Para pelarlos cómodamente métselos en el horno caliente unos diez minutos, dándoles la vuelta. Así conseguirás que su piel se despegue fácilmente. Otro método consiste en pasarlos directamente por la llama y una vez asados envolverlos en un paño o en papel de periódico hasta que se enfríen. Se congelan perfectamente, pero pueden dar olor a los alimentos cercanos, por lo que conviene meterlos en un recipiente cerrado o en bolsas especiales para congelar.

Piñones

Recuerda que son un buen sustituto de las almendras; en preparaciones que las lleven, dan un sabor más denso y más dulce. Utilízalos a la hora de hacer pastas de té, a las que proporcionan un gusto especial.

Acompañan muy bien al arroz, a los rellenos de ave, etc. Prueba una tortilla a la francesa con piñones y añádelos también a tus ensaladas.

Plátanos

Si estuviesen verdes, puedes dejar que maduren a temperatura ambiente, ya que además no conviene conservarlos en el refrigerador porque se ennegrecen.

Si preparas una ensalada de frutas con algo de antelación, no añadas el plátano hasta el último momento, e incluso entonces rocíalo con un poco de limón para evitar que se oscurezca.

Recuerda que, además de tomarlo tal cual o mezclado en ensaladas de fruta, puedes tomarlo con platos salados, como el arroz a la cubana, o con pollo, o incluso con pescado. También están muy buenos flameados, en tortitas, con yogur y como componente de bebidas como batidos, daiquiris, etc.

Algunas recetas (especialmente las provenientes de África o las Antillas) se refieren al plátano que podríamos llamar plátano verdura, menos azucarado y más rico en almidón. Si no lo encuentras, elige en el mercado un plátano más verde.

Potajes

Cuando quieras darle color a un consomé, basta con que le añadas un poco de caramelo, hecho con una cucharada de azúcar y un poco de agua, que esté bien dorado, pero no quemado, porque en tal caso puede darle un sabor amargo.

También puedes añadirle un poco de concentrado de carne. Para conseguir un consomé bien claro sin partículas, echa una clara de huevo al final, atraerá a todas estas partículas y luego bastará con colarlo.

Si vas a servir el potaje con cubitos de pan frito, hazlos mejor con pan del día anterior porque así absorberán menos el caldo y no se ablandarán tanto.

Para quitarle la grasa a un caldo basta con que lo dejes enfriar y retires la grasa que se haya formado en la parte superior, pero si no puedes esperar y la quieres quitar en caliente, coge un chino (o colador de agujeros grandes) y cubre el fondo con un paño fino mojado en agua fría: al contacto con el frío la grasa quedará pegada al paño.

Para conservarlo en óptimas condiciones, lo mejor es hacerlo en una olla de barro una vez quitada la grasa y las verduras, si las tuviere.

Poro

Corta siempre las raíces al prepararlos y lávalos bajo un chorro de agua para quitar toda la tierra que se haya podido meter entre las hojas.

Puedes darles un toque original preparándolos con miel o azúcar moreno. Para ello rehógalos primero en mantequilla y en cuanto empiecen a tomar color añádeles una cucharada de miel y deja que se doren ligeramente; luego puedes añadirles un chorro de vinagre para quitarles el sabor dulzón. Sírvelos rociados con esta salsa. Una vez cocidos, no conviene conservarlos en el refrigerador, ya que pueden crear elementos nocivos para tu organismo.

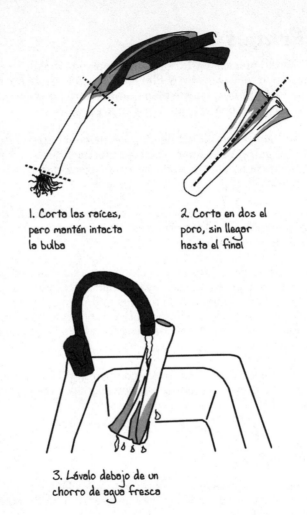

1. Corta las raíces, pero mantén intacta la bulba

2. Corta en dos el poro, sin llegar hasta el final

Figura 11-2:
Limpiar el poro

3. Lávalo debajo de un chorro de agua fresca

Pulpo

Añade un corcho al agua de cocción del pulpo, ya que esto ayudará a ablandar su carne. También puedes congelarlo antes de cocerlo para eliminar su dureza.

Puré

Si el puré que has preparado tuviese que esperar, mantenlo al calor al baño María cubriéndolo con un poquito de leche caliente. Bátelo en el momento justo de servirlo. Así parecerá recién hecho.

Queso

Si guardas el queso rallado en un paño mojado con agua salada y luego muy escurrido para que sólo quede húmedo, verás que tarda mucho más en tener moho que si lo metes en una bolsa de plástico.

Rábanos

El de color más rosa y si está bien fresco, se puede tomar sin pelar, pero hay que lavarlo con agua abundante y secarlo bien con un paño limpio. No tires las hojas, añádelas a la sopa de verduras y a los potajes y les darán un sabor excelente. Para conservarlos en las mejores condiciones, mete los tallos con las hojas en agua sin que ésta llegue a los rábanos.

Rebanadas

Para cortar rebanadas de pan o de bizcocho recién hechos y que no se desmigajen, mete la hoja del cuchillo en agua hirviendo, seca y corta rápidamente. Repite la operación para cada rebanada.

Betabel

Si al pelarla se te mancharon las manos, basta frotarlas con medio limón. Cuando decidas cocerla tú mismo, métela en el horno antes.

Si piensas añadirla en una ensalada, hazlo en el último momento, ya que, si no, puede teñir todo de rosa.

Cortada en láminas, pasada por harina y frita en abundante aceite, es una deliciosa adición a una ensalada, también combina muy bien con una crema de queso azul.

Col

Al cocerlo hazlo en dos veces, así evitas que te cause flatulencias. Para evitar el mal olor que se desprende durante la cocción, pon un trozo de pan en el agua. Si a pesar de ello te espanta el olor, espera: ya está en estudio una variedad que no tendrá este inconveniente. Si quieres conservar un potaje con repollo, saca éste del caldo, ya que, si no, lo volvería agrio. Recuerda que para conservar todas las vitaminas y sales minerales no debes dejarlo en remojo demasiado tiempo e intenta comerlo crudo en ensalada, etc.

Sal

Para evitar que la sal se humedezca en el salero, ponle unos granos de arroz y cámbialos de vez en cuando.

Al hacer la vinagreta, recuerda disolver la sal con el vinagre antes de añadir el aceite.

Si en un guiso, sopa, etc., te has pasado con la sal, lo puedes mejorar poniendo una papa cruda pelada y dejando que cueza quince minutos con el guiso; luego retírala: habrá absorbido toda la sal. Otro truco consiste en añadir una cucharadita de azúcar y disolverla bien en la salsa. Mejora notablemente.

Para conseguir unas buenas brasas rojas sin humo para la barbacoa, echa un puñado de sal gruesa sobre el fuego.

Si echas sal en seguida sobre una mancha de vino tinto la absorberá.

Salchichón

Si aparece con moho en su piel, frótala con un paño empapado en una pasta hecha con agua y sal, así desaparece y volverá a ser apetecible comerlo.

Para quitar la piel de un salchichón seco, envuélvelo en un paño húmedo y bien escurrido.

Salmón

Si quieres que el salmón tenga un bonito color rosa más intenso, añade al agua de cocerlo una pizca de bicarbonato.

Al cocerlo en caldo corto, añade limón en vez de vinagre, así su color no cambiará.

Salsa

Si te ha quedado una salsa demasiado clara, cuécela un poco más, destapada, para que la evaporación sea más rápida, o añádele un poco de fécula de papa previamente desleída en un poco de agua fría.

Tartas

Si quieres conseguir una tarta de frutas crujiente, espolvorea, antes de poner las frutas, el fondo de la masa ya cocida con una cucharada sopera de maicena mezclada con una cucharada sopera de azúcar en polvo.

Para evitar que se peguen al molde, evita lavarlo con detergente.

Té

Cuando guardes tu tetera, mete dentro un terrón de azúcar. Recuerda que las manchas de té desaparecen con unas gotas de limón. Debes meter el paquete de té abierto en una lata herméticamente cerrada.

Tomates

Para pelarlos con facilidad pasa antes por toda la superficie de su piel la punta de un cuchillo para arrugarla un poco, luego la quitarás con facilidad. Si te sobra concentrado de tomate, puedes conservarlo estupendamente cubriéndolo con una capa de aceite.

Para restar acidez a una salsa de tomate, añádele una pizca de azúcar. Cuando hagas una salsa de tomate y quieras darle un toque distinto, puedes agregarle en el último momento unas hojas de albahaca.

Si lo quieres congelar, es mejor que hayas hecho salsa. Para conservarlos mejor, ponlos sobre su base y evita que estén en contacto unos con otros.

Tomate de bote

Para que una salsa hecha a base de tomate de bote parezca casera, añádele un sofrito de cebolla y un poco de albahaca o perejil picado.

Tortilla

Para que quede más jugosa, añade una cucharadita de levadura a los huevos y medio vasito de leche, si es de papa, y un chorrito de leche, si la vas a preparar a la francesa.

Tuétano

Para que no se salga, conviene envolverlo en una gasa o meter los huesos en una redecilla antes de añadirlos al guiso.

Yema de huevo

Si una yema de huevo duro tira a verdoso, es por estar demasiado cocida. Para arreglarla, rocíala con unas gotas de jugo de limón.

Zanahoria

En caso de tenerlas que conservar durante un tiempo largo, ponlas entre capas de arena en un recipiente grande.

Si añades una pizca de azúcar al agua de su cocción estarán mucho más sabrosas.

Si las va a comer ralladas, rocíalas con jugo de limón para evitar que se oscurezcan.

Si las vas a hacer cocidas, calcula de diez a quince minutos, según el grosor. Cuécelas en agua salada hirviendo añadiendo además una pizca de azúcar, así resultarán más sabrosas.

Si piensas hacerlas al vapor, córtalas en cuadraditos. Recuerda que la zanahoria cocida y luego pasada por el pasapurés es un excelente remedio para combatir la diarrea, aconsejado incluso para bebés. Si te mojas las manos antes de pelarlas no te quedará ningún rastro.

Pan de zanahorias

Tiempo de preparación: 1 hora

De 4 a 6 personas

250 g de zanahorias ralladas
125 g de avellanas en polvo
2 huevos

50 g de harina
100 g de azúcar en polvo
1 sobre de levadura (tipo Royal)

1 En una ensaladera mezcla las zanahorias con las avellanas, el azúcar, la harina y la levadura. Bate los huevos como para tortilla e incorpóralos a la mezcla anterior.

2 Vierte todo ello en un molde redondo (o en varios pequeños) previamente untado con mantequilla y mételo en el horno, calor medio, durante cuarenta minutos.

3 Desmóldalo y sirve decorándolo con tiras de zanahoria glaseadas.

Jugos envasados

Muy útiles a la hora de hacer sorbetes, piensa en ellos también para hacer cubitos de hielo.

Parte III

Para ampliar el repertorio

—NO DIGO QUE LA SOPA ESTÉ MAL... PERO SEGURO QUE LA PRÓXIMA VEZ SABE MEJOR SI PRUEBAS A SACAR LA PASTA DE LA BOLSA...

En esta parte...

A partir de los alimentos más habituales de nuestra dieta, pescado, carnes, aves, pastas, etc., te enseñamos las mejores formas de prepararlos, qué corte elegir para cada forma de preparación, cómo saber si son frescos y mil secretos más para cada caso.

Capítulo 12

El pescado

Consumir pescado es una costumbre saludable que todos deberíamos tener presente a la hora de confeccionar nuestros menús. Aquí te enseñaremos las diferentes maneras de prepararlos con éxito.

Tipos de preparaciones

Cuanta más calidad tenga el pescado, más sencillo debe ser el modo de prepararlo para no enmascarar su sabor. El pescado que se cocina en exceso pierde muchas de sus cualidades.

El grill resulta conveniente para los pescados grasos, como sardinas, atún y salmón.

A la molinera se pueden preparar un gran número de especies como trucha o salmón, ya sea enteras, en filetes o en lomos.

La fritura suele estar más indicada para pescados pequeños, gambas gordas, langostinos, etc.

Tipos de pescado

Se llama *pescado azul* a los que tienen más de 5 miligramos de grasa por gramo de músculo. Los más conocidos son el atún, el pez espada, el jurel, la caballa, la palometa, la sardina y el boquerón.

Se llama *pescado blanco* a los que tienen 5 miligramos o menos de grasa por gramo de músculo.

Las cocciones en caldo corto son ideales para pescados grandes o medianos que se preparen enteros, pero debe evitarse para el atún y los pescados pequeños.

Pescado a la plancha o a la barbacoa

A la plancha: Lo ideal es calentar la plancha vacía y luego poner sobre ella el pescado previamente untado con aceite. Deja que se haga un par de minutos y luego, con cuidado, dale la vuelta. Deja después que repose en la fuente donde lo vayas a servir, pero tapándola.

Bajo el grill del horno: Unta el pescado con aceite, a ser posible aromatizado, y colócalo sobre la rejilla del horno. Deja que se haga durante diez minutos, dándole la vuelta a media cocción; rocíalo de vez en cuando.

En la barbacoa: Haz los pescados durante cinco minutos envueltos en una hoja de papel de aluminio para evitar que la grasa se queme en contacto con las brasas. Después, desenvuelve el pescado y hazlo directamente sobre la rejilla.

Pescado frito

Marínalo durante cinco minutos en una mezcla de jugo de limón, aceite de oliva y pimienta, y después escúrrelo. Elige una entre varias posibilidades: freírlo tal cual, pasarlo ligeramente por harina, por masa para envolver, o empanarlo y freírlo; luego escúrrelo sobre papel absorbente. Cómelo bien caliente espolvoreado con sal.

Figura 12-1:
La barbacoa
es un
agradable
sistema de
cocción

Pescado cocido

Prepara un caldo corto con 2 litros de agua, cebolla, dos zanahorias, el jugo de un limón, un ramillete (perejil, tomillo y laurel), 1 kilo de espinas de pescado, sal y medio litro de vino blanco o tinto (según cómo lo vayas a preparar). Deja que empiece a hervir, quita la espuma, deja que cueza treinta minutos y filtra.

Después mete en este caldo el pescado, calcula diez minutos de cocción, aunque esto va en función del grosor de la pieza; luego apaga el fuego y deja que el pescado se enfríe un poco en este líquido.

Si piensas quitarle la piel, hazlo cuando esté templado y no esperes a que se enfríe del todo.

Si piensas preparar una bechamel para acompañarlo, utiliza el caldo para hacerla, resultará más sabrosa.

Los lenguados y rodaballos se cuecen en un caldo corto con leche.

¿Cómo saber si el pescado está fresco?

Los ojos deben estar brillantes y transparentes. Las escamas tienen que presentar un aspecto argénteo. Las agallas han de ser de color rojo vivo. La piel, húmeda y lustrosa, no debe presentar un aspecto viscoso. Debe, además, desprender buen olor.

Pescado en papillote

Coloca el pescado o los filetes en un buen trozo de papel de horno o de aluminio; añade a tu gusto verduras recién cortadas en juliana o bien hierbas, y salpimienta; rocíalo con un chorro de vino o de jugo de limón –eventualmente puedes añadir una nuez de mantequilla o un chorrito de aceite– y cierra el paquete herméticamente dejando algo de aire en el interior. Con ayuda de una aguja haz unos agujeritos en el paquete para que el vapor pueda salir. Mételo a cocer en el horno o al vapor.

Cuando esté listo, abre el envoltorio con unas tijeras. Recupera las verduras y el jugo para acompañar con ello el pescado. Espolvorea con hierbas recién picadas y ¡verás qué sabroso!

Pescado a la molinera

Pasa el pescado o filetes por harina. Quita luego el excedente y rehógalos en mantequilla o aceite hasta que estén dorados. Salpimienta al final y acompáñalos con unas rodajas de limón.

Pescado empanado

Para empanarlo bien bate un huevo y añádele una cucharadita (de las de café) de aceite y otra igual de agua fría y una pizca de sal. Pasa por esta mezcla los filetes de pescado y luego por pan rallado. Una vez que esté dorado, baja la temperatura del aceite para que se haga por dentro sin que se queme ni se retuerza.

Merluza en salsa verde

Tiempo de preparación: 45 minutos

Para 4 personas

¾ kg de merluza
½ kg de papa
¼ l de aceite
3 dientes de ajo

1 cucharada sopera de perejil picado
1 hoja de laurel
pimienta

1 Pasa los trozos de merluza por agua fría y ponlos al fuego en una cacerola cubiertos de agua. Justo cuando estén a punto de hervir, retíralos, escúrrelos y quítales las espinas con cuidado de no estropear los pedazos.

2 Pela y pica los ajos, pela y corta las papas en cuadraditos.

3 En una cazuela pon el aceite a calentar y, cuando esté, echa la picada de ajo y perejil y una hoja de laurel. Dale unas vueltas, agrega las papas y un poco de pimienta. Moja con un poco de caldo de cocer la merluza. Tapa y deja que se cueza unos minutos hasta que las papas estén casi cocidas. Añade entonces la merluza y, si fuese necesario, un poco más de caldo hasta que los trozos de pescado queden cubiertos.

4 Tapa de nuevo y deja que cueza veinte minutos moviendo de vez en cuando la cazuela para que se mezcle bien todo. Una vez cocido, retira la hoja de laurel y sírvelo en la misma cazuela.

¿Cuánto debe servirse por comensal?

Debes calcular entre 150 y 175 gramos por comensal, esto limpio de espinas y piel. Si es pescado entero, alrededor de 250 a 300 gramos por persona.

Salmón asado

Tiempo de preparación: 30 minutos

Para 3 personas

3 rodajas grandes o 6 pequeñas de salmón

1 vaso (de los de agua) de aceite fino sal

1 Lava y seca muy bien el pescado. Pon el aceite en una fuente y coloca las rodajas encima. Dales la vuelta de vez en cuando, dejándolas una hora en total macerando en el aceite.

2 Pasado este tiempo sácalas y sálalas por las dos caras. Unta de aceite (que sobra del adobo del salmón) una parrilla, calienta bien el horno y mete las rodajas de pescado en la parrilla, pon una besuguera debajo de ésta para recoger lo que gotee.

3 Dale la vuelta a las rodajas un par de veces, con cuidado, para que el salmón no se pegue.

4 El salmón ya está asado y en su punto cuando al tratar de sacar el hueso central de la rodaja con un tenedor éste sale fácilmente.

5 Sírvelo en una fuente previamente calentada, con la salsa en salsera aparte.

Rollitos de lenguado con gambas al vapor

Tiempo de preparación: 15 minutos

Para 4 personas

4 lenguados de ración (250 g)
150 g de colas de gambas peladas
1 cucharada sopera de aceite de oliva

1 huevo
1 cucharada (de las de café) de maicena
sal y pimienta

1 Pide en la pescadería que te saquen los filetes de los lenguados. Lava las colas de gambas (pueden ser de las congeladas). Casca el huevo. Reserva en un cuenco la yema. Bate la clara ligeramente con la maicena.

2 Reboza las colas de gambas en la mezcla de clara de huevo y maicena, y aplástalas añadiendo poco a poco la cucharada sopera de aceite de oliva. Sala a tu gusto.

3 Sobre cada filete de lenguado coloca un poco del relleno de gambas. Enróllalos y átalos con un palillo.

4 Pon los rollitos en el compartimento perforado y cuécelos al vapor durante ocho minutos.

5 Sácalos y sírvelos. Puedes acompañarlos con una salsa a tu gusto de las que te explicamos en las sugerencias de cocer al vapor. (Véase capítulo 9 "Técnicas básicas I", página 99.)

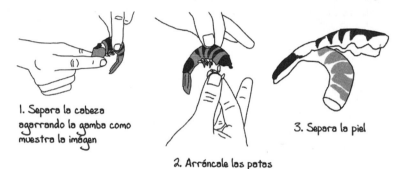

Figura 12-2:
Pelar una
gamba

1. Separa la cabeza agarrando la gamba como muestra la imagen

2. Arráncale las patas

3. Separa la piel

Cola de pescadilla al horno con tomate y queso

Tiempo de preparación: 30 minutos (o 10 en el microondas)

Para 6 personas

1 cola de pescadilla de 1 kg	100 g de queso gruyer rallado
30 g de mantequilla	3 tomates maduros
2 cucharadas soperas de aceite de oliva virgen	sal

1 Pide que te abran la cola de merluza y quita la espina central. Lávala y sécala bien con un paño. Sala ligeramente el interior y pon un par de trocitos de mantequilla y espolvorea con parte del queso rallado y ciérrala como si todavía tuviese la espina.

2 En una fuente de horno pon el aceite y sobre ésta los tomates en rodajas con un poco de sal, reservando algunas. Coloca encima la cola, haz un par de tajos en el lomo y pon encima las rodajas reservadas. Espolvorea encima el resto del queso.

3 Métela en el horno previamente calentado, a temperatura media (entre 180 y 200 grados) unos veinte minutos.

4 Sírvelo cuando no queme.

Esta receta también resulta muy rica hecha al microondas. Bastará entonces que la pongas siete minutos (aunque este tiempo depende de la potencia del electrodoméstico).

Capítulo 13

La carne

Queremos hablarte sobre la carne, un alimento muy apreciado por el hombre desde la prehistoria, desde que tuvo las armas adecuadas para enfrentarse a los animales y convertirlos en alimento.

Todas las carnes constituyen una buena fuente de proteínas, vitamina B y hierro. Todos solemos saber diferenciar el color de la carne. Si ha reposado el tiempo suficiente, su color es más bien rojo oscuro en lugar de rojo brillante. También sabemos diferenciar el color de la grasa, más amarillento en la carne de vacuno mayor y más blanquecino en la de ternera.

¿Qué tipo de corte de carne elegir?

Te costará más diferenciar los cortes. La tapa, por ejemplo, es perfecta para empanar, para albóndigas, pero no para freír, dado que suelta mucho jugo.

Tipos de carne

✔ **Carne blanca:** Ternera, conejo, aves y cordero

✔ **Carne roja:** Buey, vaca, caballo y carnero

✔ **Carne mollar:** Carne magra sin hueso

✔ **Carne de pluma:** La de aves comestibles

✔ **Carne de pelo:** La de caza que no es de pluma

✔ **Carne negra:** La de caza tipo venado, jabalí, corzo, etc.

La cadera te resultará mucho mejor para este menester, ya que también es jugosa, pero suelta poco jugo al cocinarse.

Otra buena pieza para filetes es la contra, que también puede prepararse para guisar entera, tal cual o mechándola.

Otra parte de la carne muy buena para guisar en salsa es el redondo, muy magra, y tampoco debes menospreciar el morcillo, una carne deliciosa si se guisa adecuadamente, aunque se considere de segunda. Con el morcillo cortado en rodajas obtendrás el *ossobuco*, con el que también podrás preparar ricos caldos.

De la babilla podrás obtener buenísimos escalopes para hacer a la parrilla; esta pieza también resulta buena para guisar.

Para estofados y guisos también puedes recurrir a la falda, el pecho y el costillar.

La aguja permite también preparar ricos guisos estofados.

Otras partes menos utilizadas, pero con una textura deliciosa por su contenido en gelatinas, son el rabo y los morros, que, sin embargo, sí que tienen un papel importante en la hostelería, en competencia con el solomillo.

El solomillo se utiliza para filetes gruesos y poco hechos o para hacer asado, también poco hecho por dentro.

La conservación de la carne

Debes conservar la carne fresca a 2 grados. La refrigerada ha sido sometida a temperaturas que pueden alcanzar los -6 grados y a dicha temperatura se conserva como mucho tres meses.

La congelada sometida a bajas temperaturas (de -17 a -19 grados) puedes conservarla un año como máximo.

Apartado especial merecen los cortes argentinos, excelentes para conseguir maravillosos asados. Nos vienen a la mente los asados de tira, que es un corte compuesto por la parte de la falda y punta de las costillas, por no hablar de las famosísimas entrañas, a partir del diafragma del animal.

En general la carne tierna de mejor calidad se puede hacer de cualquier modo, asada, guisada, a la plancha.

Las duras o gelatinosas necesitan ser guisadas o bresadas durante largo tiempo a fuego suave.

La vaca

De la vaca hoy encontramos razas seleccionadas exclusivamente con el objeto de producir más carne y de mayor calidad, por lo que todas ellas se caracterizan por el gran desarrollo de su masa muscular.

Ejemplo típico de esto es la raza charolesa, productora de carne por excelencia, de crecimiento rápido, de fácil adaptación y que mejora, mediante cruce, la producción de carne de otras razas.

La carne es un alimento casi indispensable durante la infancia, el embarazo y la convalecencia de enfermedades, y debe recomendarse su ingestión moderada a aquellas personas que padezcan afecciones renales, alteraciones hepáticas, los enfermos de gota o artritis y, en general, a aquellos que padecen afecciones con tendencia a la acidosis. Igualmente, las carnes grasas no deben ser alimento frecuente de personas con tendencia a tener alto el colesterol o que padezcan anomalías cardiovasculares.

La clasificación de las piezas se realiza según su diversa composición cualitativa, existen las de categorías extra o especial (solomillo y lomo), la de primera A (babilla, tapa, contracadera y capilla), la de primera B (culata de contra, rabillo de cadera, aguja, espalda y pez), la de segunda B (morrillo trasero y delantero, llana, brazuelo y aleta) y la de tercera (falda, costillar, pescuezo, pecho y rabo).

Consejos para comprarla

Para hacer a la plancha: Las partes más convenientes son el solomillo, el lomo bajo y, en una categoría algo inferior, la tapa, la cadera o la babilla.

Para asar: Son convenientes el solomillo, el lomo alto, el lomo bajo, la cadera o *rumsteak,* la tapa o la contra. Dentro de los asados, el famoso rosbif se hace con los mismos trozos que los filetes, pero cortados de forma diferente. Recomendamos el lomo alto o el *rumsteak.*

Los asados pueden prepararse a la barbacoa, pero la forma más habitual es hacerlos al horno. Algunas veces el asado se vende con una banda de grasa alrededor, pero procura que tu carnicero te la quite antes de atarte el asado, ya que no sirve de mucho y lo más probable es que la pagues al precio de la carne.

Para hacer un asado al horno con el mejor resultado posible debes calentar el horno fuerte antes de meter la pieza de carne. Es conveniente que el trozo para asar sea más bien grandecito, es decir, de un mínimo de 1 kilo y un máximo de 3, si lo vas a asar en un horno normal. Si la pieza fuese mayor, conviene asarla en dos trozos.

Utiliza una fuente adecuada al tamaño del asado, ni demasiado grande ni demasiado pequeña. Hay quien acompaña el asado con cebolla pelada y puesta alrededor o alguna zanahoria, etc.; no nos parece lo más adecuado, ya que pueden hacerse antes que el asado y requemarse.

Nuestro consejo es que lo pongas en la fuente solo, untado con un poquito de manteca, aceite o incluso mantequilla. También resulta muy jugoso untado con concentrado de carne.

Mete la carne y a los quince minutos baja la temperatura a media/fuerte para que el asado se haga por dentro. De todas formas, y aun-

Valor biológico

El valor biológico de las proteínas de la carne es aproximadamente de 75, considerando la proteína del huevo como valor 100 y la de la leche como valor biológico 93.

Incluir en la dieta un filete limpio de 100 gramos proporciona al individuo unos 18 gramos de proteínas de alto valor biológico, lo que supone la casi totalidad de las proteínas de origen animal necesarias durante el día.

que esto va por gustos, lo ideal es que la carne quede rosada por dentro. Durante la cocción debes rociar varias veces el asado con el jugo que va soltando y, además, conviene darle la vuelta cada diez minutos, pero sin pincharlo, por lo que has de ayudarte con dos cucharas de madera o una espátula.

Es a media cocción cuando conviene salpimentar por ambas caras. Los tiempos para conseguir el asado perfecto varían en función del peso, pero como media diremos que son de quince a veinte minutos por cada medio kilo.

Cuando hayas terminado de asar la carne, apaga el horno, ábrelo, y al cabo de un par de minutos vuelve a cerrarlo dejando que el asado repose dentro unos quince minutos. Esto es conveniente porque así la sangre se reparte por toda la carne, remontando incluso hasta la superficie.

 Mientras reposa, prepara la salsa en la fuente donde se hizo (cambiando antes el asado a otra fuente), ponla sobre el fuego, quítale parte de la grasa y añade un poco de agua, el doble de agua que de salsa que pretendas obtener. A título indicativo, te diremos que se calculan unas cuatro cucharadas soperas de agua por persona. Rasca bien el fondo de la fuente con una espátula y cuela la salsa antes de servirla.

También puedes asar tu carne a la brocha. Este procedimiento tiene la ventaja de que, al moverse sin cesar, la sangre circula libremente por la pieza de carne y se obtiene (en especial si se hace sobre una barbacoa o en la chimenea) una carne más sabrosa que en el horno. Conviene rociarla constantemente con el jugo que va soltando.

Para guisar: Son buenas las partes como el redondo, el rabillo, la espaldilla, la falda y la tapa. Para guisarla, lo más frecuente es que la carne esté cortada en trozos regulares que se doran a fuego vivo en un cuerpo graso.

Posteriormente la cocción continúa en la cacerola tapada rociando la carne con algo de líquido.

Es conveniente que la cacerola donde hagas el guiso sea gruesa, a ser posible de las de hierro fundido, que encontrarás, aunque sean de importación, en grandes almacenes y establecimientos especializados.

Para freír: Debes tener en cuenta que en este caso la carne estará expuesta directamente al fuego o a la brasa y esto exigirá una serie de cuidados.

Si la haces a la barbacoa, caliéntala hasta obtener unas brasas bien rojas, pero sin llama. La parrilla tiene que estar muy limpia, y antes de ponerla a calentar sobre la brasa debes untarla con un poquito de aceite.

Si la haces en la sartén, conviene calentarla bien antes de poner la carne. Es conveniente sacar la carne de la nevera media hora antes, para que esté a temperatura ambiente.

Si la haces al grill, antes unta la carne muy ligeramente con aceite con la ayuda de un pincel. No la sales al principio, ya que la sal hace que la sangre salga fuera y la carne quedará mucho más seca.

Cuando la carne se haya dorado por ambos lados es el momento de salarla. Para darle la vuelta utiliza una cuchara o espátula, pero sobre todo no la pinches. Asimismo, para que quede bien tierna conviene darle la vuelta constantemente. Cuando esté lista, no la sirvas inmediatamente. Déjala unos instantes en reposo cerca de una fuente de calor.

Carne rellena

Tiempo de preparación: 1 hora 45 minutos

Para 6 personas

*1 aleta de 1 ½ kg u otro tipo de carne que
  puede ser roja*
sal
pimienta
1 cucharada de café rasa de pimentón
8 tiras finas de beicon
1 cebolla

1 zanahoria pequeña
4 cucharadas soperas de aceite
4 tomates
3 dl de vino tinto
2 cucharadas soperas de perejil picado
4 cucharadas soperas de nata líquida

Relleno:
pan
huevos
piñones

carne picada
jamón

1 El carnicero debe prepararte la aleta cortándola en medio por la parte más fina, pero sin llegar al otro borde, para que quede como un filete grande. Frótala con una mezcla de sal, pimienta y la mitad del pimentón.

2 Prepara el relleno. Humedece el pan en un poco de agua fría, escúrrelo bien y aplástalo con el tenedor antes de mezclarlo con los huevos batidos para tortilla. Corta el jamón en dados de medio centímetro como máximo, añade los piñones pelados, incorpora al final la carne picada, sazona con pimienta y el resto del pimentón y trabaja hasta obtener una mezcla homogénea y untuosa.

3 Extiende la aleta y pon el relleno en el centro, enróllala a lo largo y átala con una cuerda fina apretando ligeramente para que quede todo bien pegado al desatarla.

4 En una cacerola pon el aceite a calentar y rehoga la aleta hasta dorarla por todos sus lados. Retírala. Pela la zanahoria y córtala en cubitos, pela los tomates y córtalos en trozos, pela y pica la cebolla. En el mismo aceite rehoga la cebolla y, cuando esté transparente, añade la zanahoria y los tomates.

5 Vuelve a meter la carne, rocía con el vino, si hiciese falta añade un poco de agua justo hasta cubrir la carne, espolvorea el perejil. Tapa cuando rompa el hervor y deja que cueza a fuego lento una hora y cuarto, más o menos.

6 Retira la aleta, trínchala en rodajas, pasa la salsa y lígala con la nata líquida. Prueba, rectifica de sal y pimienta si fuese necesario y sirve.

Sugerencia: *Puedes acompañarla con unas papas rehogadas.*

Carpaccio *de carne*

Tiempo de preparación: 20 minutos + 2 horas de congelador

Para 4 personas

600 g de solomillo de buey
50 g de queso parmesano
2 cucharadas soperas de aceite de oliva

el jugo de ½ limón
sal y pimienta

1 Mete la carne en el congelador durante dos horas. Cuando ya esté congelada, córtala muy fina con ayuda de una fiambrera. Salpimienta. Ponla en la fuente de servir, cúbrela con el queso y aliñala con el aceite y el jugo de medio limón.

Sugerencia: *Hay a quien le gusta servirla también con champiñones cortados en láminas.*

Fondue *de carne*

Para 6 personas

1 ¼ kg de carne (tierna y jugosa) cortada
en cuadraditos
1 l de aceite

salsas variadas: mostaza de diversos
tipos, catsup, tomate, bearnesa, etc.
sal y pimienta

1 Pide al carnicero que te corte la carne en ocho cubos de tamaño similar de 2 a 3 centímetros de lado.

2 Pon el aceite a calentar en el cazo especial para *fondue*, llévalo a la mesa cuando esté bien caliente (no debe echar humo, aunque conviene que esté caliente durante toda la comida).

3 Cada comensal debe meter ensartada en un pincho especial para *fondues* (muy largos) la carne en el aceite, con cuidado para que no salpique ni se vuelque el recipiente, y dejar que se haga a su gusto.

4 Esta *fondue* se acompaña con varias salsas según tus gustos. De curry, barbacoa, gaucha, etc.; también puedes acompañarla con papas cocidas o arroz.

Para mantener el recipiente caliente hay unos soportes especiales que en su interior llevan una vela o un depósito para quemar alcohol. Debes manejarlo con precaución para no quemarte.

La ternera

Se designa con el nombre de *ternera* a la cría del ganado vacuno, macho o hembra, que mantiene todos los dientes de leche y pesa entre un mínimo de 100 kilos y un máximo de 200.

Generalmente no supera los seis meses de edad y tradicionalmente se diferencian dos tipos: los animales alimentados exclusivamente con leche natural o con productos sustitutivos de la misma, comúnmente denominada ternera lechal o de "Castilla", y el animal alimentado con raciones de alimento no lácteo pero poco pigmentado, y que aún no ha desarrollado totalmente los mecanismos digestivos de los vegetales.

Estos dos tipos pueden alcanzar a los seis meses de edad un peso vivo de 200 kilos, con un rendimiento en canal del 60 por ciento, dependiendo de la raza y del sistema de explotación.

A semejanza de la vaca, existen múltiples razas, todas ellas seleccionadas para la obtención rápida y abundante de carne, intentando que ésta sea lo más blanca y tierna posible.

La ternera es una carne que pertenece a la categoría de las denominadas carnes blancas, cuyas cualidades más apreciadas son: su color rosa pálido, su escasez de grasa, el delicado gusto, el grado de ternura y, por supuesto, los resultados que se obtienen al cocinarla. Los factores que condicionan esta calidad son, fundamentalmente, la edad y raza del animal sacrificado, así como la pieza de que se trate. La ternera más apreciada es la lechal, la cual sólo ha sido alimentada con leche, y es sacrificada entre los tres y cuatro meses, con un peso no superior a los 150 kilos.

Composición nutritiva

De la composición química de la carne se desprende que su principal valor nutritivo consiste en ser una excelente fuente de proteínas en cantidad y calidad adecuadas para nuestro organismo y, de forma menos importante, aportar a la dieta minerales y vitaminas, principalmente las del grupo B.

En sus proteínas, la carne de ternera presenta de forma completa estas características, lo que la hace ser, junto con los huevos y la leche, el alimento de más alto valor biológico.

Elegir la carne de ternera

La carne de ternera puede ser absolutamente sosa o tener un delicado sabor, y esto depende de cómo haya sido alimentado el animal. La ternera es un ejemplar joven al que se supone que aún alimenta la madre. La realidad es que a los pocos días se les separa de ella y es alimentada con una mezcla de leche en polvo, cereales y vitaminas; asimismo, es frecuente que se le administren antibióticos para luchar contra posibles focos de infección.

Hay diferentes clases de ternera. La mejor carne es la más blanca, lisa y firme. Las de mejor calidad conservan prácticamente todo su volumen, mientras que, en caso contrario, pueden llegar a perder casi hasta el 50 por ciento del mismo, por lo que resulta más barato comprar la de mejor calidad. Según el uso que le demos conviene pedir diferentes cortes. En el dibujo de la derecha puedes ver dónde están situadas en el animal las diferentes partes.

Para freír: Lo mejor será pedir chuletas, filetes de babilla, tapa, cadera o espaldilla. Hay que calcular unos 150 gramos por persona.

Saca siempre la carne del refrigerador al menos una hora antes de prepararla. Luego sazónala con sal y pimienta.

Conviene freír esta carne a fuego no demasiado vivo, ya que en caso contrario se queda seca. Si suelta mucha agua y se encoge, quiere decir que no es de muy buena calidad.

Un buen truco cuando quieras freír filetes empanizados es pasarlos primero muy ligeramente por harina, luego por huevo batido mezclado con una gota de aceite y finalmente por pan molido.

Para asar: Las partes más convenientes son la contra, la babilla y las chuletas deshuesadas o silla. Calcula unos 250 gramos por persona. Sazona la carne y dórala suavemente en el horno caliente, por todos sus lados.

Cuando haya cogido color es el momento de añadir la guarnición tipo cebolla, ajo, ramillete (perejil, laurel y tomillo), etc. El tiempo de cocción es de unos veinticinco minutos por cada medio kilo.

Para saber si está hecha, pínchala con una aguja; si sale caliente está lista; si sale fría está poco hecha y si quema está pasada. Cuando el asado esté listo, deja que repose un rato en la boca del horno.

Ten cuidado con evitar el dorado excesivo, ya que, si no, la carne se secará.

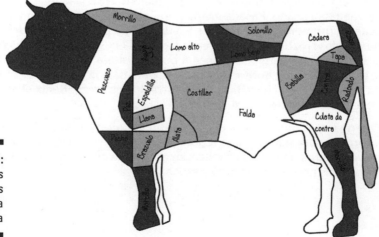

Figura 13-1: Las diferentes partes de la ternera

Para guisar: Son adecuadas la falda, la aguja, el morrillo, la contra y el *ossobuco*. Tienes que calcular unos 250 gramos por persona y el tiempo de cocción va de unas dos a tres horas. Normalmente, la carne se corta en trozos que se doran en algo de grasa y luego se rocían con algún elemento líquido. Se le añaden también otros ingredientes, como tomates, cebolla, etc.

Asado de ternera al horno

Tiempo de preparación: 1 hora 30 minutos

Para 6 personas

1 ½ kg de contra, babilla, riñonada, etc.
100 g de manteca de cerdo o 5 o 6
*   cucharadas soperas de aceite*
1 cebolla pequeña (50 g) (facultativo)

agua caliente
½ limón
sal

1 Ata el trozo de ternera para asar para que tenga una bonita forma.

2 En una fuente alargada de horno pon el trozo de ternera bien untado de manteca de cerdo o de aceite. Mételo en el horno, previamente calentado, entre cinco y diez minutos, y a fuego medio derrite la manteca y dale un par de vueltas al asado. Pasada media hora, sálalo, rocíalo con un poco de agua caliente (primero medio vaso de los de vino) y pon la cebolla pelada y partida en dos trozos grandes de cada lado de la besuguera (esto es para que al asarse la cebolla proporcione un bonito color a la salsa) y sube un poco la temperatura del horno. De vez en cuando dale la vuelta al asado y añade un poco de agua si hace falta (es decir, si lo ves seco). Rocía el asado con su jugo. Ásalo durante una hora.

3 Pasado este tiempo, apaga el horno, ábrelo un ratito (dos minutos) y vuelve a cerrarlo para que el asado repose al calor antes de trincharlo pasados unos cinco minutos. Quita las cebollas; sirve la salsa en una salsera aparte y la carne, adornada con verduras asadas.

Filetes de solomillo con salsa de champiñones

Tiempo de preparación: 15 minutos

Para 4 personas

4 filetes de solomillo	*1 cucharada sopera de mostaza (tipo Dijon)*
½ kg de champiñones	*½ vaso (de licor) de coñac*
50 g de mantequilla	*sal y pimienta*
1 cucharada sopera de aceite	*½ limón*
200 g de nata líquida	*perejil picado*

1 Lava y limpia los champiñones y frótalos con el medio limón (para que no se ennegrezcan). Sécalos muy bien con un paño. Quítales los rabos y parte las cabezas en láminas no demasiado finas. En una sartén (mejor tipo Tefal) pon la mantequilla a calentar y haz en ella los champiñones durante ocho minutos a fuego suave.

2 Mientras, en otra sartén (mejor de hierro), o una plancha, pon el aceite y cuando esté bien caliente fríe los filetes para que queden bien dorados por todos sus lados (no damos el tiempo, pues depende del grosor y de si te gusta la carne más o menos hecha). Retíralos y resérvalos al calor. Echa en la sartén donde los freíste el coñac, remueve con una cuchara de madera y añade entonces los champiñones y la nata líquida, salpimienta y deja que empiece a hervir contando a partir de entonces tres minutos. Sirve los filetes cubiertos con la salsa de champiñones y espolvoreados con el perejil picado en una fuente previamente calentada, ya que se enfría en seguida y está bueno bien caliente.

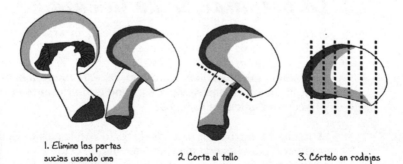

Figura 13-2:
Cortar un
champiñón

1. Elimina las partes sucias usando una servilleta de papel

2. Corta el tallo

3. Córtalo en rodajas

La caza

La carne de caza posee características organolépticas que la diferencian de la de otros animales de consumo: un color rojo más oscuro, que se va intensificando con la edad del animal, y un olor y sabor más pronunciados.

Caza de pelo

Se entiende por este tipo de caza todos los animales abatidos que tienen piel y pelo. Hay especies consideradas de caza mayor, entre las que podemos mencionar el jabalí, el venado, el ciervo, etc., por citar algunas de las más habituales en nuestro país. Otras se consideran de caza menor, como el conejo o la liebre.

Cada vez resulta más difícil conseguir caza directamente de los cazadores, pero podemos encontrarla en el mercado, que cuenta con la ventaja de haber reposado ya lo suficiente para que esté lista para ser preparada.

Cuando la compres, fíjate en que no tenga manchas azules o verdosas. Si no la vas a consumir en seguida, puedes congelarla una vez limpia; pero si no vas a tardar mucho en guisarla, ten en cuenta que aguanta varios días en el refrigerador envuelta en papel de aluminio.

La preparación de la caza

Antiguamente se usaba el adobo para enmascarar el sabor; hoy en día lo utilizamos para ablandar la carne.

También empleamos la maceración. De esta manera la carne absorbe líquidos que luego se van desprendiendo durante el asado y hacen que quede más jugosa.

El mechado (introducir mechas de tocino en la carne) es otro método empleado para hacerla más jugosa, aunque esta técnica modifica un poco el sabor, lo que a algunas personas les influye negativamente.

Lo que nunca debes hacer es mecharla antes de congelarla, ya que, pasado un tiempo, el tocino se pone rancio y puede dejar mal sabor en la carne.

En general, la caza debe consumirse bien asada o cocida, pero los nuevos hábitos culinarios han puesto de moda preparaciones en las que se come cruda o casi cruda, como el *carpaccio*; para consumirla de esta manera hay que saber muy bien de dónde procede la pieza, para no correr peligro de infecciones, y congelarla previamente al menos dos horas.

Sugerencias

La caza resulta muy buena acompañada con guarniciones de setas, champiñones, coles de Bruselas, castañas o incluso con una mezcla de todas ellas. En caso de mezclar coles y castañas tienes que cocerlas y luego rehogarlas juntas y salpimentarlas.

Esta carne también se suele poner en una marinada para ablandarla y aromatizarla, pero conviene no abusar de esto, ya que la caza así preparada se vuelve más indigesta, sobre todo si además va acompañada por una salsa pesada.

Las marinadas se hacen siempre a base de hierbas, cebolla, zanahoria, apio, vino y vinagre. Y las preparaciones llamadas "a la cazadora" suelen estar compuestas por setas, champiñones, cebolla, tomillo, vino y laurel. A la caza de pluma pertenecen las aves.

Para ablandar la carne de caza se la deja reposar más o menos tiempo; sin embargo, no es conveniente que esta operación dure más de cinco o seis días y se aconseja que siempre se efectúe en un lugar fresco. Recuerda que una vez vaciada se conserva con su piel hasta su utilización.

Desde el punto de vista dietético, la caza se caracteriza por un menor contenido en grasa y un mayor contenido en proteínas. Su carne contiene también elementos como calcio, fósforo y hierro, así como vitaminas del grupo B.

El cerdo

El cerdo no es malo. La mala fama de su carne surgió en la década de los ochenta del siglo pasado, cuando se disparó la incidencia de las enfermedades cronicodegenerativas, principalmente en las personas con alteraciones en los niveles de lípidos en sangre.

Elección de la carne de cerdo

La buena carne de cerdo debe de ser rosada o roja pálida, según de qué parte sea. Suele menguar mucho al ser asada o frita, casi un tercio de su peso, por lo que debes calcularlo. Es una carne sabrosa, pero es bastante indigesta debido a que contiene mucha grasa. Calcula unos 150 a 250 gramos de carne por persona.

Conviene conservar la carne fresca de cerdo en el refrigerador hasta el momento de prepararla. Se congela muy bien siempre y cuando se espere un par de días después de la matanza del animal.

Para freír: Los trozos más convenientes son las chuletas, los filetes de jamón y la cinta. El tiempo que requiere es de unos ocho minutos por cada cara, primero a fuego vivo y luego a fuego más lento.

Para asar: Las partes más convenientes son la cinta, el solomillo y el jamón fresco. El tiempo es de unos cuarenta minutos por cada medio kilo.

Para guisar: Convienen perfectamente las costillas, la aguja y la paletilla. El tiempo de preparación es de dos a dos horas y media, según el tamaño.

Chuletas de cerdo con miel, limón y curry

Tiempo de preparación: 40 minutos

Ingredientes por chuleta:

1 cucharada sopera de aceite
1 cucharada sopera de miel
½ cucharada sopera de jugo de limón

½ cucharada (de las de moka) de curry
sal
aceite para freír las chuletas

1 Pon todos estos ingredientes en una ensaladera o cuenco de cristal o loza. Mezcla muy bien, luego mete las chuletas en este preparado durante media hora antes de freír. Dales vueltas en el aliño varias veces, para que se empapen muy bien.

2 Pon aceite en una sartén, como un 1 centímetro de alto (no más), caliéntalo y pon las chuletas por tandas a freír a fuego medio, para que no se arrebaten por fuera y no queden bien hechas por dentro, más o menos cuatro minutos por cada lado. Reserva al calor las chuletas fritas. En el aceite de la sartén echa entonces el aliño para que se caliente muy bien. Rocía con este jugo las chuletas y sirve en seguida.

3 Puedes acompañarlas con arroz blanco o puré de papa. También resultan muy apetitosas con manzanas reinetas, cortadas en trozos y salteadas con margarina.

El conejo

Tiene propiedades plásticas, como todo alimento con alto contenido proteico, por lo que es muy útil en las épocas de crecimiento y desarrollo, en las que aumentan las necesidades de proteínas, así como durante algunas enfermedades y en las fases de convalecencia de éstas.

Dado su escaso contenido en grasa con relación a otras carnes, supera a éstas en tratamientos dietéticos en los que sea deseable un aporte proteico elevado con menor cantidad de calorías.

Composición nutritiva del conejo

Desde que se la conoce, la carne de conejo se ha utilizado para la alimentación humana. Durante muchos años ha sido la principal fuente de proteínas en la dieta de los hogares rurales de nuestro país. Es un alimento de gran valor proteico y escaso contenido en grasas, sobre todo si se lo compara con otros tipos de carne, ya sea de caza o de matadero. Esta cualidad hace que su valor calórico no sea tan elevado como el de otras carnes menos magras.

Es fuente alimenticia rica en fósforo, hierro y vitaminas, sobre todo del complejo B, y contiene, además, una importante cantidad de calcio. 100 gramos de carne de conejo aportan a la dieta 150 calorías, lo que equivaldría aproximadamente a 100 gramos de ternera o a un cuarto de litro de leche, o dos huevos o cuatro naranjas.

Conejo con almendras y canela

Tiempo de preparación: 1 hora 30 minutos

Para 4 o 5 personas

1 conejo grande (1 ¼ kg)
2 vasos (de los de vino) de aceite
1 cebolla pequeña picada (50 g)
1 diente de ajo
2 rebanadas de pan frito (25 g)
1 vaso (de los de vino) bien lleno de vino blanco

50 g de almendras
3 ramitas de perejil, atadas juntas
1 cucharada (de las de café) de canela
1 cucharada sopera de perejil picado
1 plato con harina
agua
sal y pimienta

1 Corta el conejo en trozos, sazónalo con sal y pimienta. Pasa los trozos por harina y saltéalos en el aceite, hasta que estén doraditos. Resérvalos al calor en un plato. En el mismo aceite, fríe el pan y las almendras (con cuidado de que no se quemen). Una vez fritas, pon las dos cosas en el mortero y machácalas bien.

2 En el mismo aceite refríe la cebolla y el ajo, bien picaditos, hasta que se empiecen a dorar ligeramente (unos seis o siete minutos). Vuelve a poner el conejo en la cacerola, añádele las ramitas de perejil y rocía todo con el vino. Disuelve lo del mortero con dos vasos (de los de vino) de agua y échalo en el guiso. Espolvorea la canela y revuelve con una cuchara de madera. Deja cocer tapado y a fuego lento durante más o menos una hora. Al servirlo, espolvoréalo con el perejil picado.

Sugerencia: Si la salsa resultase escasa, puedes añadir durante la cocción un poco más de agua. Al servir puedes adornar la fuente con crotones.

El cordero

La carne de cordero es una de nuestras predilectas, especialmente cuando elaboramos un asado de pierna o paletilla. El cordero se encuentra en la base de muchos platos típicos regionales de nuestro país y tiene gran importancia en la historia gastronómica de esta parte de Europa.

La elección de la carne de cordero

Hay dos tipos de carne de cordero: la lechal y la pascual.

El cordero lechal

Suele ser el que tiene una edad aproximada de seis semanas, posee una carne sonrosada, pero pálida y muy tierna. La grasa que tenga, además de no ser excesiva, debe ser de un color amarillo muy claro. Hay que calcular unos 250 gramos por persona. El verdadero cordero lechal es el que ha sido alimentado sólo con la leche de su madre, pero hay que tener en cuenta que a muchos de ellos se les alimenta con leche de vaca.

Para hacer frito o a la plancha: Las mejores partes son las chuletas de palo o de riñonada. Hay que calcular 250 gramos por persona y deben freírse unos tres minutos por cada lado para que queden bien doraditas.

Para asar: Puedes utilizar medio corderito calculando la misma cantidad que antes por persona y tienes que calcular treinta minutos por cada medio kilo; debes calentar previamente el horno.

Para los guisos: El cordero lechal tiene una carne blanca y muy tierna. Para guisos, las mejores partes son las chuletas, la paletilla y el cuello. Debes calcular unos 250 gramos por persona y su cocción tarda una hora y media.

El cordero pascual

Tiene una carne más coloreada, de un tono rojo claro. Si es oscura quiere decir que es de un animal viejo, que tiene un sabor fuerte bastante desagradable. Esta carne debe estar cubierta de grasa blanca, y si es un animal recién sacrificado tienes que dejarla reposar dos o tres días antes de comerla. Conviene calcular unos 200 gramos por persona.

Para hacer frito: La mejor parte son las chuletas de palo o de riñonada. Una chuleta mediana tarda en hacerse unos cinco minutos por cada lado.

Para asar: Lo mejor es la pierna o la paletilla; hay que calcular unos 225 gramos por persona (con hueso) y el tiempo es de unos veinte minutos por cada medio kilo, con el horno previamente calentado.

Para los guisos: Son buenos la paletilla, el cuello o la falda, y el tiempo de cocción es de una hora y media para los guisos y dos horas para los platos en salsa. En general la carne de cordero se congela bien.

Chuletitas de cordero al horno con papas y cebolla

Tiempo de preparación: 45 minutos

Para 6 personas

2 chuletas por persona (según cómo sean de grandes pueden ser más)
cebolla (2 por cada 6 chuletas)
papas (½ kg para 6 chuletas)
1 l de caldo de ave hecho con 2 pastillas

1 diente de ajo
un ramillete (perejil, laurel y tomillo)
sal y pimienta
un poco de aceite

1 Pela, lava, seca y corta en rodajas más bien finas las papas, échales sal y pimienta y resérvalas. Pela y parte en rodajas finas las cebollas, resérvalas.

2 Salpimienta ligeramente las chuletas por sus dos lados y fríelas en una sartén con un poco de aceite hasta que estén doraditas; ponlas, sin que se monten unas sobre otras, en una fuente de horno de cierta profundidad.

3 Pon el horno a calentar (medio-alto, 220 grados).

4 Rehoga en la misma sartén de las chuletas la cebolla y, cuando esté transparente, échala en la fuente sobre la carne, cúbrela con las rodajas de papa. Pela y pica menudo el ajo y repártelo por la fuente y añade el ramillete. Vierte el caldo de ave hasta cubrir las papas (no importa que no lo hayas echado todo).

5 Métalo en el horno y cuando veas que el caldo hierve, baja un poco la temperatura y déjalo una media hora, rociando con frecuencia las papas con el caldo; éstas tienen que quedar doraditas. Cuando el caldo se haya terminado de hacer, habrá quedado prácticamente absorbido por las papas. Sírvelo en la misma fuente.

Capítulo 14

Las aves

- -

- - - - - - - - - - - - - - - - - - - -

Podemos incluir en el término genérico de aves al pollo, gallina, pularda, pavo, capón, etc. Existen aves de carne blanca, como el pollo, y otras de carne oscura, más sabrosa pero también algo más indigesta, como el pato.

Durante mucho tiempo el pollo y el resto de estas aves fueron considerados un plato para servir los días de fiesta. El propio Enrique IV de Francia tuvo, o se le atribuye, la ocurrencia de ponerlo a la cazuela, dando lugar a la famosa *poule au pot* de nuestros vecinos. Hoy en día el pollo se ha convertido en un plato de cualquier día de la semana y al que el ama de casa recurre con frecuencia, ya que es barato y permite infinidad de formas de preparación.

Después de la Segunda Guerra Mundial, el pollo bajó considerablemente de precio debido sobre todo a que ya no eran criados de forma artesanal como antaño, sino que se hacía de manera industrial.

Esto llegó a dar lugar a algunos abusos, ya que se les alimentaba con harina de pescado y se les suministraban hormonas para que crecieran más rápidamente. Por fortuna parece que esto se ha ido corrigiendo gracias a una mayor vigilancia y, en la actualidad, su calidad media es aceptable.

Clases de pollo

En las pollerías existen pollos a los que se les han quitado los pulmones, los intestinos, etc., pero que conservan su hígado y corazón. Esta forma de presentarlos tiene la ventaja de conservar fresca su carne durante más tiempo; no obstante, por razones de higiene, ha sido prohibida por la Unión Europea, por lo que parece claro que esta forma de venderlo irá desapareciendo poco a poco.

El pollo

Es uno de los alimentos que más se consumen y representa una óptima fuente de proteínas de una calidad similar a las de la carne roja ya que contiene todos los aminoácidos esenciales.

Su composición es baja en grasa, siendo la piel la parte más sebosa y donde se concentra el colesterol.

Comprar el pollo

Un pollo, para que sea bueno, debe tener una carne bien firme, la piel tensa y sus muslos deben ser musculosos.

El pollo de tres semanas es bastante insípido. El que pesa ya un kilo y medio va teniendo más sabor. Si lo queremos para asar es preferible comprar uno que pese un poco más, como unos 2 kilos.

A veces, vemos unos pollos que nos llaman la atención por tener un color más amarillo; esto simplemente quiere decir que han sido alimentados con maíz. Lo ideal es comprar en la pollería el pollo entero y hacer que el pollero nos lo prepare en ese momento a nuestro gusto. Un pollo vaciado como es debido debe tener las cavidades pectorales y del cuello completamente limpias.

Si por resultarte más cómodo has comprado un pollo en el supermercado, conviene que al llegar a casa lo saques del plástico en el que viene embalado y lo envuelvas en papel de aluminio, si es que no lo vas a preparar en seguida.

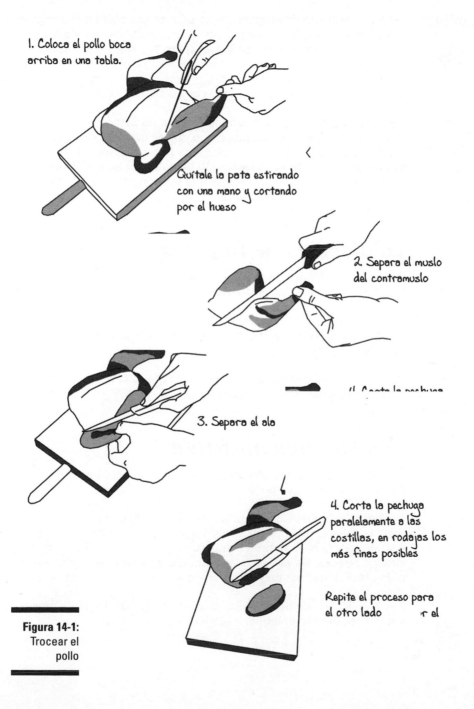

1. Coloca el pollo boca arriba en una tabla.

Quítale la pata estirando con una mano y cortando por el hueso

2. Separa el muslo del contramuslo

3. Separa el ala

4. Corta la pechuga paralelamente a las costillas, en rodajas los más finas posibles

Repite el proceso para el otro lado

Figura 14-1:
Trocear el
pollo

Un pollo crudo no debe permanecer más de dos días en el refrigerador. Si está cocinado se puede guardar tres o cuatro días. Si lo congelas se conservará unos seis meses, pero hay que tener cuidado al descongelarlo: conviene hacerlo de forma progresiva, dejándolo primero en la parte de abajo del refrigerador. Y recuerda que nunca debes cocinarlo hasta que no esté completamente descongelado.

Para descongelarlo en el microondas sigue las instrucciones que vienen con el aparato. Aunque, como norma general podemos calcular que tarda unos quince minutos por cada medio kilo, conviene que cuando haya transcurrido la mitad del tiempo le des la vuelta cada cuatro minutos. Cuando la descongelación termine, déjalo reposar unos veinte minutos.

La elección de la pieza

Hazlo en función de cómo pienses prepararlo. Para asarlo compra uno que tenga bastante grasa, para evitar que quede seco.

Si lo vas a guisar en la cacerola, es mejor uno menos grasiento, aunque también grandecito. De este modo evitarás esas salsas grasientas y "pesadotas".

Para hacerlo salteado elige uno joven, ya que esta preparación exige que el pollo se haga rápidamente.

Composición nutritiva

Todos los especialistas en nutrición están de acuerdo en que el pollo es un alimento que posee innumerables cualidades.

Contiene, así como el pavo, proteínas. Unos 100 gramos de carne de pollo contienen unas 160 calorías. Posee también sales minerales y vitaminas, pero es pobre en grasas, lo que hace que –siempre y cuando se tome sin piel– sea un alimento muy fácil de digerir, ideal para niños, personas mayores y enfermos.

Tiene un 62 por ciento de agua, un 21 de proteínas, un 16 de grasas y no posee fibra ni prácticamente hidratos de carbono.

La principal vitamina que posee es la B, considerada la antianemia, que interviene en numerosos metabolismos.

Además, al cocerlo sólo pierde un 20 por ciento de su peso, por lo que con un pollo de entre 1 y 2 kilos pueden comer cuatro personas.

Pollo salteado con pimientos rojos y amarillos

Tiempo de preparación: 1 hora 45 minutos

Para 6 personas

½ kg de pechugas de pollo	*2 pimientos rojos*
2 berenjenas	*2 pimientos amarillos*
4 cebollas	*3 dientes de ajo*
10 cl de aceite de oliva	*sal y pimienta*

1 Corta las pechugas en trozos no muy grandes. Saltéalos en aceite de oliva, sazónalos y resérvalos al calor.

2 Pela y corta en rodajas finas las cebollas y todos los pimientos, quítales las partes blancas y las simientes, y corta las berenjenas en dados.

3 En una paellera (o sartén honda y amplia) rehoga la cebolla y los dientes de ajo en el aceite de oliva hasta que la cebolla esté transparente.

4 Agrega los pimientos y las berenjenas y mézclalo bien. Prueba, rectifica de sal y pimienta si hace falta, y sírvelo muy caliente acompañado con unos crotones frotados con ajo.

Clases de pato

El pato joven: Si se hace en la sartén, tardará unos once minutos por cada medio kilo. Asado, unos quince minutos por medio kilo.

El pato adulto (a partir de cuatro meses): Asado tardará unos veinte minutos por cada medio kilo.

El pato

Tiene más grasa y su carne es de un sabor más fuerte que la del pollo. Cien gramos de carne de este animal nos aportan unas 340 calorías. Poseen un 53 por ciento de agua, un 30 de grasa, un 17 de proteínas y vitaminas y sales minerales en igual proporción que el pollo.

Los primeros en domesticarlo fueron los chinos, que también han sabido prepararlo. Suele comerse el que tiene unos tres meses.

La elección de la pieza

Cuando vayas a comprarlo es preferible que compres la hembra, un poco más pequeña y con una carne más tierna. Si puedes tocarle el pico, hazlo; cuanto más flexible esté, más joven es el animal. Conviene que su pechuga sea abultada (el *magret*). La grasa es también índice de calidad. Conviene que no sea amarilla, sino más bien pálida, casi blanca.

Se prepara igual que el pollo, es decir, se pelan y se chamuscan los restos de plumas y se vacía, pero además no hay que olvidar quitar dos glándulas que se encuentran a cada lado de la rabadilla.

El pato no se trincha de la misma manera que el pollo. Lo primero que hay que hacer es buscar el encuentro (o coyuntura) y trinchar las patas y los alones (esto sí se hace igual que con el pollo). La pechuga se va trinchando en filetes no excesivamente finos.

Debes recordar que por tener mucha más grasa que el pollo, generalmente no es conveniente ponerle casi manteca ni tiras de beicon.

Si quieres obtener un pato cuya carne no esté seca, te recomendamos poner el horno a temperatura muy suave y dejar que se haga
durante unas cuatro horas.

Hoy en día, en algunos de nuestros mercados puedes comprar por
separado el *magret* de pato, recuerda que es la pechuga de los patos
cebados por su hígado (éstos son los mejores *magrets*) y se puede
hacer a la plancha como si fuese un filete o acompañado con salsas
diversas.

Pato a la naranja

Tiempo de preparación: 1 hora 30 minutos

De 4 a 6 personas

1 pato de 1 ½ kg	2 vasos (de los de agua) de agua
3 naranjas medianas	1 zanahoria grande (50 g)
50 g de grasa de oca	2 cebollitas francesas (125 g)
1 cucharada sopera de fécula de papa	2 cucharadas soperas de Curaçao
3 naranjas de jugo medianas	o Cointreau
1 vaso (de los de vino) de vino blanco	sal
1 vaso (de los de agua) de caldo	

1 Cuece los despojos de pato durante treinta minutos a fuego medio con dos
vasos de agua fría con sal. Cuela el caldo.

2 Flamea directamente sobre la llama del fuego a gas, con cuidado de no quemarlo; así se van chamuscando los restos de plumas que pudiesen quedar.
Métele una de las naranjas pelada y en trozos dentro de la tripa. Sálalo.

3 En una cacerola grande pon la grasa a derretir y cuando esté derretida coloca el pato, la zanahoria raspada, lavada y cortada en rodajas y las cebollitas
peladas y también en rodajas. Dora por todos los lados el pato. Vierte el vino
blanco, un vaso de caldo y el jugo de naranja. Tapa la cacerola y cuece esto
a fuego medio durante cuarenta y cinco minutos. Pasado este tiempo saca el
pato, quita la naranja del interior, cuela la salsa y agrega la fécula previamente disuelta en dos cucharadas soperas de agua fría y, cuando esté bien disuelto, añade el jugo de una naranja y media. Con ayuda de una cuchara quita a la salsa la grasa que sobre. Cuécela un par de minutos. Añádele entonces
el Cointreau y caliéntalo un poco pero sin que cueza. Trincha el pato (véase
dibujo en página siguiente) y sírvelo con la salsa aparte en salsera.

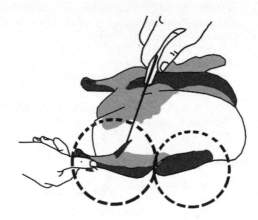

1. Extrae los muslos y las alas cortando por la articulación.

2. Separa en dos las pechugas

3. Corta la pechuga en rodajas

Figura 14-2:
Trinchar el
pato

Pato braseado con aceitunas

Tiempo de preparación: 1 hora 30 minutos

Para 6 personas

1 pato de 1 ½ kg (más o menos)
1 cebolla grande (100 g)
2 zanahorias grandes (125 g)
1 cucharada bien llena (de las de café)
_   de fécula_
3 o 4 cucharadas soperas de aceite

½ l de caldo (agua con una pastilla)
1 vaso (de los de vino) de vino blanco
100 g de aceitunas sin hueso
2 tomates maduros grandes
sal y pimienta
6 triángulos de pan de molde fritos

1 En una cacerola (mejor de las de fondo grueso) pon el aceite a calentar; cuando esté en su punto, pon el pato ya preparado. Déjalo dorar por todos lados, teniendo cuidado de darle la vuelta a menudo, pero con una paleta o dos cucharas para no pincharlo.

2 Mientras se va dorando, añade la cebolla pelada y cortada en trozos y las zanahorias raspadas, lavadas y cortadas en rodajas. Deja dorar todo lentamente unos quince minutos. Añade entonces los tomates lavados, pelados y cortados en trozos, quitándoles las simientes. Rehógalos con lo demás unos diez minutos más. Añade a continuación el vino, el caldo, la pimienta y la sal.

3 Tapa la cacerola y cuécelo así lentamente durante una hora. Pasado este tiempo, saca el pato entero y resérvalo al calor. Pasa la salsa por el pasapurés o el chino.

4 En un tazón deslía la fécula con un poco de salsa para que no haga grumos y añade esta mezcla a la salsa. Agrega también las aceitunas, que debes haber puesto antes en un cazo pequeño cubiertas con agua fría y haberles dado un hervor de un minuto. Escúrrelas, córtalas en dos o tres trocitos y agrégalas a la cacerola, al igual que el pato.

5 Cuece todo unos ocho o diez minutos más. Saca el pato, trínchalo y coloca los trozos en la fuente donde vayas a servirlo. Cubre con la salsa y sirve adornado con unos triángulos de pan fritos.

Cuidado: _El caldo también sala, por lo que hay que sazonar con cuidado._

El pavo

Como el pollo, posee muchas proteínas y poca grasa. Su carne tiene un sabor delicado, si bien es más seca que la de su hembra. En cocina se emplean indiferentemente ambos. Fue bautizada por los conquistadores españoles como "gallina de la India". En México es la base del muy popular "mole poblano de guajolote".

La elección del pavo

Al comprarlo no conviene que pese demasiado; si pesa más de 4 kilos su carne es menos tierna. Recomendamos si es posible elegir una pava, que, además de más tierna, es más sabrosa.

Limpieza del pavo

Se limpia y se prepara igual que el pollo. Para hacerlo asado es conveniente ponerle tiras de beicon. Y para evitar que se dore demasiado de prisa conviene taparlo con papel de aluminio. El tiempo de asado para un pavo de un kilo y medio a 2 kilos es de una hora y quince minutos; para un pavo de 2 a 3 kilos, una hora y treinta minutos, y para uno de 3 a 5 kilos, de dos a dos horas y media de horno.

Pavo relleno

Tiempo de preparación: 3 horas 30 minutos

Para 8 personas

1 pavo de 3 a 4 kg
6 tiras de beicon

Relleno:
¼ de kg de magro de cerdo
100 g de salchichas frescas
150 g de beicon o de jamón serrano
750 g de castañas grandecitas
250 g de ciruelas pasas sin hueso

80 g de manteca de cerdo o grasa de ave
sal

1 manzana
una miga de pan gruesa remojada en
   coñac
un huevo
2 cucharada (de café) de especias (sal,
   pimienta y nuez moscada)

1 Pon las ciruelas en remojo en agua templada. Con la punta de un cuchillo haz una incisión en un lateral de las castañas sin que penetre demasiado hacia dentro.

2 Ponlas en la bandeja del horno y mételas bajo el grill. Remuévelas de vez en cuando y sácalas a los ocho minutos. Pélalas quitándoles también la piel interior. Échalas en una cacerola, cúbrelas de agua salada y déjalas cocer unos veinte minutos. También se encuentran en lata al natural y te ahorrarás el proceso anterior.

3 Mientras, en una ensaladera mezcla el magro de cerdo, las salchichas sin su piel, el pan, las ciruelas partidas por la mitad, la manzana pelada, sin el corazón y las pepitas, y partida en daditos, y el huevo, batido como para tortilla. Cuando esté bien mezclado, añade sal, pimienta y nuez moscada a tu gusto. Cuando las castañas estén listas, aplástalas un poco y añádelas al relleno; vuelve a mezclar bien.

4 Rellena el pavo por el cuello y por la parte de abajo, por donde se sacan las tripas. Cose los dos agujeros con cuerda de cocina, dejando un rabo para luego poder tirar de él al quitarlo.

5 Después procede como para el pollo asado, es decir, úntalo de manteca, pon las tiras de beicon, etc. (Véase página 109.)

6 Cuando el pavo esté asado (unas tres horas), trínchalo, saca el relleno que debes cortar y poner alrededor del pavo. Consérvalo al calor. Procede para la salsa como en la receta de pollo asado y sírvelo en salsera aparte.

Sugerencia: *Puedes acompañarlo con puré de manzanas o de castañas, que se encuentra en lata en los comercios.*

Otras aves

A continuación te vamos a dar unas explicaciones más breves acerca de otro tipo de aves que se consumen menos habitualmente. Estos consejos pueden serte útiles si algún día te decides a prepararlas.

La gallina

En general, las que encontramos en el mercado tienen más de diecisiete meses. Esto hará que su carne sea sabrosa, pero más firme que la del pollo, por ejemplo. Conviene, por lo tanto, que cuando la preparemos pensemos en recetas en que la cocción sea larga.

El capón

Es un pollo castrado más o menos a los cinco meses y al que después se ha engordado a base de cereales. Es una de las aves cuya carne es más sabrosa. Su crianza está limitada, de ahí que sea difícil encontrarlo; cuando más abundancia hay es en torno a Navidad.

La pularda

Es una gallina joven, a la que se ha engordado en cautiverio también con cereales. La carne de esta ave es, en general, tierna y muy blanca y posee una importante cobertura de grasa que al ser cocinada se funde y da más sabor al plato. Se utiliza bastante en alta cocina.

En Estados Unidos es el plato tradicional en el *Thanksgiving Day* [Día de Acción de Gracias]. En nuestra cocina se utiliza especialmente para platos en días festivos.

El faisán

Ave de caza que se ha ido adaptando cada vez más a su domesticación. Los que han sido criados en cautiverio tienen una carne mucho menos sabrosa que los salvajes. Es caro, por lo que su consumo suele reservarse para una ocasión especial o para preparaciones de alta cocina.

La perdiz

Ave de caza que, como la anterior, e incluso con mayor frecuencia, se ha ido adaptando a ser criada en cautiverio. Al comprarlas debemos recordar que son más sabrosas las hembras que los machos.

Éstos se distinguen por tener una especie de botón en la pata. Otro dato para saber si es tierna es fijarse en la parte de abajo del pico, que debe ser blanda.

La codorniz

Está emparentada con la perdiz. Las que encontramos en el mercado actualmente son criadas en cautiverio. Es un ave de tamaño pequeño y de sabor delicado. También se utilizan sus huevos en cocina. Si son cazadas deben comerse lo más rápidamente posible. Como suelen ser pequeñas, conviene calcular unas dos por persona.

La becada

Se caza normalmente entre marzo y abril y de octubre a noviembre; en este momento es cuando su carne es más tierna. Es un ave muy apreciada en gastronomía. Después de muerta, conviene dejarla unos cuatro días colgada por las patas al aire libre en un lugar fresco, pero teniendo cuidado de que no sea húmedo. Pasado este tiempo, la piel está reluciente y es muy fácil pelarla.

La pintada

Su carne es muy sana, aunque algo seca a medida que el ave va siendo más vieja. Su sabor es original, ya que se halla a medio camino entre la caza y el ave de corral. Cada 100 gramos de su carne nos aportan sólo 150 calorías, por lo que dietéticamente es muy recomendable, incluso para personas que siguen algún régimen.

Faisán con cava y uvas

Tiempo de preparación: 3 horas

Para 4 personas

1 faisán
1 cebolla mediana (60 g)
2 clavos de olor
100 g de grasa de oca
1 lata de sopa de rabo de buey (también
  se presenta en sobre)

1 botella de buen cava seco
1 racimo de uvas
½ vaso (de los de vino) de coñac
5 cucharadas soperas de nata líquida
sal

1 El faisán guisado queda mucho mejor en una cacerola de las de hierro esmaltado.

2 Pincha en la cebolla los dos clavos. Sala el faisán e introdúcele la cebolla. Pon a derretir la grasa de oca en la cacerola y dora muy bien el faisán por todos sus lados. Una vez dorado, rocía con el caldo de rabo de buey, previamente calentado.

3 Deja que cueza lentamente y cuando la salsa esté consumida como a la mitad ve añadiendo en varias veces el cava y sigue cociendo hasta que el faisán esté tierno (de dos a tres horas).

4 Calienta el coñac, sin que hierva, en un cazo. Pon el faisán en una fuente honda. Prende el coñac y flamea muy bien el faisán. Mientras tanto, sigue cociendo la salsa para que se concentre algo; en ella ya habrás añadido las uvas peladas.

5 En el momento de servirlo trincha el faisán (como un pollo), ponlo en la fuente de servir y añade a la salsa la nata líquida calentando bien pero sin que hierva. Prueba y rectifica de sal si fuese necesario, vierte esta salsa sobre el faisán y sirve.

Capítulo 15

La pasta

En la cocina, las pastas siempre funcionan, ya sea en invierno o en verano, en cocina casera o en alta cocina. Los especialistas en nutrición y los cocineros ensalzan sus virtudes y cada vez están más presentes en nuestra alimentación. Entre sus ventajas, una de las más importantes es que son fáciles de cocinar, rápidas y te permiten dar rienda suelta a tu fantasía.

Tipos de pasta

En el mercado, la oferta se divide en dos grandes grupos. Las hay secas, elaboradas con harina de trigo duro y agua, y las hay frescas, al huevo, rellenas o enriquecidas con espinacas, tomate o tinta de calamar.

Las del primer tipo se fabrican de forma industrial y se moldean en gran variedad de formas y tamaños. Las frescas siguen una elaboración más artesanal, son perecederas y ya podemos encontrarlas en casi todos nuestros supermercados.

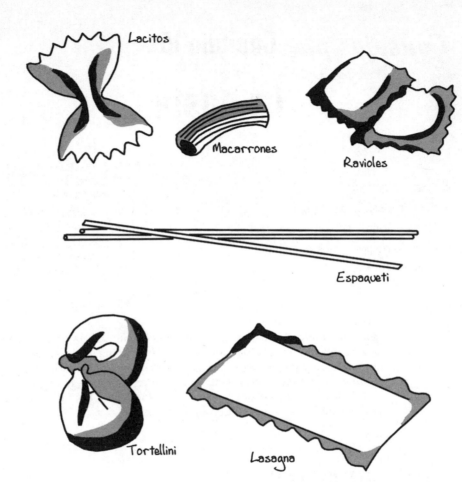

Figura 15-1:
La variedad
de pastas es
muy amplia

Consejos para su preparación

Para preparar unas y otras hay que seguir una serie de normas. Lo más importante es cocerlas como es debido. Para ello, lo mejor es emplear un recipiente amplio con abundante agua con sal y un chorrito de aceite. Una proporción de 10 gramos de sal y una cucharadita de las de postre de aceite por cada litro de agua serán suficientes para 100 gramos de pasta.

Es importante emplear líquido en cantidad suficiente, ya que, si no, quedarán apelmazadas.

Antes de meterlas en la olla, espera a que el agua alcance el punto de ebullición. Viértelas en forma de lluvia, si se trata de pasta pequeña, o en manojos, si son largas, como el espagueti. Estos últimos no deben romperse nunca. Por efecto del calor, sus extremos se doblan y pronto verás que se sumergen por completo.

En ese momento conviene subir un poco el fuego para que vuelva a hervir con rapidez y remover con un tenedor de madera para evitar que se peguen a las paredes del recipiente. No debes tapar la cacerola mientras dura la cocción de la pasta.

Algunos trucos

Un truco es sustituir el agua de cocerlas por caldo de verduras o de pescado; si vas a prepararlas con marisco, etc., son aún más ricas.

Para prepararlas al natural, añádeles un poco de mantequilla o una cucharada sopera de aceite de oliva con una cucharada (de las de café) de jugo de limón y acompáñalas con queso gruyer o parmesano rallado y una salsa de tu elección.

Para sacar del agua la pasta rellena utiliza una espumadera, de esta manera no se romperán ni se saldrá el relleno.

Si por cualquier razón decides prepararla con antelación, pásala en cuanto esté al dente por el chorro de agua fría y luego escúrrela y resérvala. En el momento de servirla, mete el colador que la contenga en agua salada hirviendo para recalentarla y luego procede como explicamos antes.

Si quieres parar la ebullición de la pasta, añade dos vasos de agua fría al agua hirviendo.

Respecto a cuánto tiempo cocerlas, depende del tipo de pasta y de tu gusto. La tendencia actual es dejarlas al dente.

Por supuesto, las frescas necesitarán mucho menos tiempo que las secas.

Una vez cocida la pasta, no esperes; escúrrela con rapidez en un colador. Si vas a servirla calientes, conviene que los platos estén también calientes para evitar que se enfríe, ya que la pasta lo hace muy rápidamente. Si vas a emplearla en frío, pásala bajo el chorro de agua fría y deja que escurra mientras preparas el aliño.

Cada pasta tiene un acompañamiento que es el más adecuado. Las pequeñas, como fideos, estrellitas y letras, resultan ideales para sopas. Los tallarines, espagueti o cintas combinan muy bien con ingredientes sólidos. Los macarrones, plumas y todas las de tipo corto y gordo casan a la perfección con salsas espesas.

Hay mil maneras de combinar las pastas. Deja volar tu imaginación y obtendrás excelentes resultados.

Espagueti boloñesa

Tiempo de preparación: 30 minutos

Para 4 personas

1 paquete de espagueti	*1 zanahoria mediana (80 g)*
Salsa:	*6 cucharadas soperas de salsa de*
150 g de carne picada	*tomate espesa*
50 g de panceta	*2 cucharadas soperas de vino blanco*
1 cebolla pequeña (50 g)	*1 clavo de olor*
1 tallo bien blanco de apio	*queso parmesano rallado al gusto*

1 En una sartén honda pon el aceite, que apenas cubra el fondo; cuando esté caliente, rehoga en él la panceta, la carne, la cebolla, la zanahoria y el apio, todo ello muy picadito. Sala y añade el clavo.

2 Rehoga durante diez minutos y añade el tomate.

3 Revuelve con una cuchara de madera y vuelve a dejarlo cocer muy despacio unos diez minutos más, con la sartén tapada.

4 Pon a cocer los espaguetis en agua hirviendo con sal el tiempo indicado en el paquete, pues depende de las marcas.

5 Cuando estén, escúrrelos y mézclalos con la salsa y con el queso rallado.

6 Sírvelo en platos previamente calentados, porque la pasta se enfría muy rápidamente.

Canelones de espárragos

Tiempo de preparación: 30 minutos

Para 4 a 5 personas

1 lata de espárragos gordos (blancos o verdes), o un manojo de verdes
1 sobre de sopa de espárragos
¾ de l de leche

12 canelones
un poco de queso rallado (unas 3 cucharadas soperas)

1 Si los canelones son de los de cocer, cuécelos como te indiquen en el paquete; si son de los que no hay que cocer debes tenerlos metidos en agua durante unas dos horas.

2 Si los espárragos son de lata, debes escurrirlos sobre un paño limpio. Si son frescos, debes cocerlos antes.

3 Rellena cada canelón con dos o tres, máximo, espárragos. Sólo debe sobresalir de la pasta del canelón la yema y un poco de tallo (siempre tierno).

4 Pon la leche a calentar, y cuando esté sólo templada mézclala con el polvo de la sopa. Una vez bien mezclada ponla a cocer el tiempo que indica cada marca y un poco más. Una vez espesada la sopa se vierte por encima de los canelones ya preparados y colocados en una fuente de horno. Se espolvorean con el queso rallado y se meten en el horno hasta que se doren por encima.

5 Se sirven en su misma fuente.

Nidos de cintas con pollo de corral y colmenillas

Tiempo de preparación: 30 minutos

Para 4 personas

½ kg de cintas frescas
150 g de foie mi-cuit
50 g de nata líquida

100 g de colmenillas secas
400 g de pechuga de pollo de corral
sal y pimienta rosa

1 Pon las colmenillas en remojo dos horas antes, cambiando su agua de vez en cuando. Luego escúrrelas. Pon la nata en un cacito y caliéntala a fuego suave, añade el *foie* cortado en cubos, mezcla y salpimienta. Pásalo después por la batidora y resérvalo.

2 Pon abundante agua a hervir en un cazo amplio y alto, y cuando rompa el hervor, echa la sal y las cintas cociéndolas el tiempo indicado en el paquete. Escúrrelas.

3 Mientras se cuecen, pon el aceite a calentar en una sartén y rehoga las pechugas de pollo cortadas en tiras. Luego vierte sobre ellas la salsa reservada y caliéntalo todo.

4 Pon en los platos las cintas formando un nido y en el hueco central vierte la salsa con las tiras de pollo. Sírvelo bien caliente.

Sugerencia: *Queda muy rico si a las tiras de pollo les añades unas tiras de* foie fresco pasadas por la sartén.

Capítulo 16

Las ensaladas

*L*a ensalada es una de las preparaciones culinarias cuyo uso se ha extendido más en todas las capas de nuestra sociedad. Brillat-Savarin, en *La fisiología del gusto*, dice que "la ensalada alegra el corazón [...] y recomiendo su uso a todos los que tienen confianza en mí; refresca sin debilitar y reconforta sin irritar: tengo costumbre de decir que rejuvenece".

Recomendamos que utilices los productos más naturales posibles. Date una vuelta por el mercado, mira la variedad de productos que se te ofrecen y deja volar tu imaginación para crear nuevas ensaladas. Aquí te sugeriremos unas cuantas a título de ejemplo.

Entendemos por ensaladas una combinación de verduras u otros ingredientes como legumbres, pasta, mariscos... que se suelen aderezar con salsa vinagreta aunque cada día en esto de las salsas hay mayor variedad. Acostumbran a tomarse frías o templadas.

Ensaladilla

Otra palabra que deriva de la ensalada es la "ensaladilla", que consiste en una ensalada a base de papas y otras legumbres con mayonesa.

En España se llama así a diferentes tipos de ensalada y una de las más conocidas es la ensaladilla rusa, que se sirve como entrante o como aperitivo en muchos lugares.

Si te queda vacío un bote de mostaza aprovecha para preparar en su interior una salsa vinagreta y agítala cuidadosamente. La mostaza le dará un plus de sabor a cualquier ensalada.

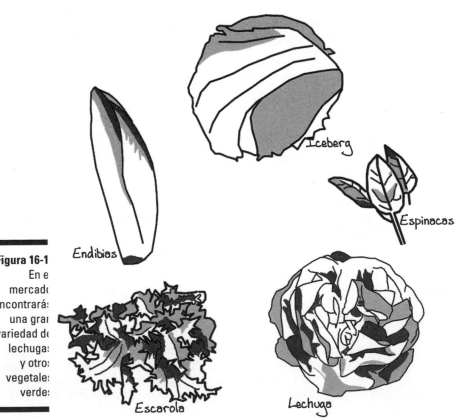

Figura 16-1
En el mercado encontrarás una gran variedad de lechugas y otros vegetales verdes

Iceberg

Espinacas

Endibias

Escarola

Lechuga

Ideas para ensaladas

Te damos unas sugerencias para que tengas el éxito asegurado a la hora de prepararlas.

Y a continuación unas cuantas recetas para estimular tu imaginación. Seguro que luego se te ocurrirán muchas más. Tenlas en cuenta a la hora de acabar con los restos.

✔ Aderézalas con vinagretas con un toque especial.

✔ Las ensaladas a base de lechuga saben mejor si las aliñas a última hora, pero las de papas o verduras debes aliñarlas cuando están templadas.

✔ Si tienes una lechuga con las hojas un poco mustias, no la tires; separa las hojas y métalas en agua caliente: verás cómo se vuelven a poner crujientes; entonces lávalas con agua fría y prepáralas en la forma habitual.

✔ Riega con un chorrito de aceite o de nata líquida las pastas aún calientes que pienses servir en ensalada; evita que se peguen al enfriarse.

✔ Para escurrir bien la ensalada, pon un cuenco o similar vuelto del revés en el fondo de la ensaladera antes de poner en ella la lechuga; el agua y el exceso de sazonado se depositarán allí debajo y las hojas permanecerán crujientes.

✔ Para dar un toque crujiente a una ensalada puedes añadirle unos crotones, que puedes hacer cortando en cubitos una rebanada de pan de molde y dorándolos luego en aceite.

Ensalada de espinacas

Tiempo de preparación: 10 minutos

Para 4 personas

½ kg de espinacas tiernas
2 aguacates
2 tiras de beicon gorditas
2 huevos duros
3 rodajas de pan (mejor del día anterior)
2 dientes de ajo

1 cucharada sopera de granos de
   sésamo
aceite
jugo de limón
vinagre a las hierbas
sal y pimienta de Cayena

1 Limpia y quita los tallos a las espinacas y lávalas en varias aguas. Escúrrelas y sécalas con cuidado en un paño.

2 Frota las rodajas de pan con los dientes de ajo, pártelos en cuadraditos y fríelos hasta que estén crujientes. Corta el beicon en daditos y fríelos también, pero sin que queden muy duros.

3 Parte los aguacates por la mitad, quítales el hueso y saca la pulpa con ayuda de una cucharita, rocíalos en seguida con jugo de limón.

4 Descascarilla y parte los huevos duros en rodajas gruesas o en cuartos.

5 Haz una salsa vinagreta con aceite, vinagre, sal, pimienta (tres cucharadas de aceite por una de vinagre).

6 Corta las hojas de espinacas en tiras grandecitas y ponlas en una ensaladera. Mezcla los demás ingredientes, salvo el pan y el beicon fritos, y échalos sobre las espinacas.

7 Añade los crotones y el beicon en daditos (que conviene que se fríen en el momento) y sírvelo en seguida.

Ensalada de tomate y mozzarella

Tiempo de preparación: 15 minutos

Para 4 personas

4 tomates bien rojos pero firmes   100 g de aceitunas negras
200 g de queso mozzarella

1 Pela los tomates y córtalos en rodajas más bien gruesas. También corta el queso en rodajas gruesecitas. En una fuente pon, alternándolas, las rodajas de tomate con las de queso. Echa sobre esto las aceitunas negras y rocía con salsa vinagreta. Mételo en el refrigerador hasta el momento de servir.

Salsa vinagreta

1 cucharada sopera de vinagre   3 cucharadas soperas de aceite de oliva
una pizca de tomillo o hierbas   sal y pimienta recién molida
   aromáticas

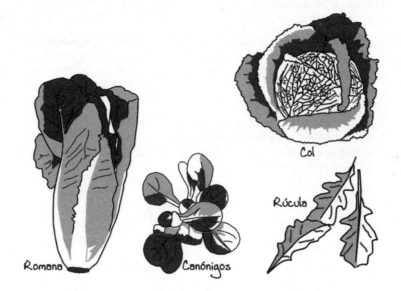

Figura 16-2:
Más
ejemplares
de vegetales
para
ensaladas

1 Prepara la vinagreta mezclando bien todos los elementos. Puedes buscar en el capítulo 19, "Las salsas y sus fondos", una explicación más detallada.

Ensalada de alcachofas con salsa de anchoas

Tiempo de preparación: 45 minutos

Para 4 personas

12 alcachofas medianas
3 cucharadas soperas de vinagre
9 cucharadas soperas de aceite de oliva
1 cucharada sopera de perejil picado

2 limones (½ entero y 1 ½ en jugo)
12 filetes de anchoas
agua
sal y pimienta

1 Quita a las alcachofas el tallo y las hojas duras externas. Pártelas en cuartos y frótalas con medio limón. Échalas en agua fría con el jugo de medio limón.

2 Pon en una cacerola agua abundante salada y echa las alcachofas cuando rompa a hervir, tápala y baja el fuego. Déjalas unos treinta y cinco minutos hasta que estén tiernas (depende de la clase), pruébalas arrancándoles una hoja. Cuando estén, escúrrelas, estrujándolas ligeramente. Ponlas en una fuente con la parte cortada hacia arriba o en platos formando una rosácea.

3 Pasa las anchoas por la batidora para hacerlas puré e incorpóralas a una vinagreta que harás batiendo el vinagre con el aceite y el jugo de limón. Rocía con ello las alcachofas. Puedes decorarlas poniendo unas anchoas y espolvoreando perejil picado.

Ensalada de lechuga, gambas y más cosas

Tiempo de preparación: 15 minutos

De 4 a 6 personas

1 lechuga grandecita (mejor tipo francesa)
4 zanahorias
1 pepino pequeño

150 g de gambas cocidas
2 ramitas de apio
una ramita de hierbabuena
perejil picado

1 Separa las hojas de la lechuga y córtalas en tiras anchas. Lávalas con agua fría. Escúrrelas bien y resérvalas. Raspa y lava las zanahorias y pártelas en tiritas finas. Pela y parte en tiritas el pepino. Lava y pela quitándole los hilos las ramitas de apio y córtalas en trocitos. Pica menuditas la ramita de hierbabuena, reservando unas hojas para decorar.

2 Pela las gambas cocidas. Mezcla todos los ingredientes y remueve. También puedes presentarlo de forma más original enrollando en hojas de lechuga el resto de los ingredientes (si te decides por esta presentación no cortes las hojas). Espolvoréalo con el perejil picado. Sírvelo bien frío.

Acompaña con una salsa vinagreta.

Salsa vinagreta

2 cucharadas soperas de vinagre al estragón

6 cucharadas soperas de aceite de maíz sal y pimienta

1 En una ensaladera, haz la vinagreta siguiendo las indicaciones de las cantidades de arriba y mezcla bien todos los ingredientes.

Cintas con calabaza larga y camarones

Tiempo de preparación: 30 minutos

Para 4 personas

400 g de cintas o espagueti, (mejor de pasta fresca)
3 calabazas largas
300 gramos de gambas
4 cucharadas soperas de aceite de oliva

2 rodajitas de guindilla
1 diente de ajo
1 cucharada sopera de albahaca fresca picada
sal y pimienta

1 Lava y seca bien las calabazas y corta su piel gruesecita en tiritas como para juliana. Resérvalos.

2 Cuece las cintas el tiempo que venga indicado en el paquete en abundante agua con sal y escúrrelas bien. Mientras se cuecen pela las gambas y resérvalas.

3 En una sartén pon el aceite a calentar y cuando esté a punto echa las dos rodajitas de guindilla y el diente de ajo pelado y muy picado, y dale a todo ello una vueltas, pero sin dejar que se queme.

4 Añade las calabazas y las gambas y dale unas vueltas hasta que hayan dejado de estar transparentes y las pieles de calabacín estén crujientitas. Añade las cintas o el espagueti escurrido y rehoga todo junto para que quede bien mezclado. Prueba y salpimienta a tu gusto.

5 En el último momento añade la albahaca picada y mezcla bien. Sírvelo en seguida en una fuente o en platos calientes, porque la pasta no debe enfriarse.

Si no tienes albahaca a la mano no te preocupes; están ricos también sin ella.

Capítulo 17

Las verduras

- -

En este capítulo

▶ Los beneficios de las verduras

▶ Su compra y conservación

▶ Trucos y recetas...

- - - - - - - - - - - - -

*H*oy en día, en miles de artículos sobre nuestra salud, que podemos leer en diversas publicaciones, encontramos defensores a ultranza de las verduras y las frutas.

¿Es realmente más sano aumentar la ingesta de verduras en nuestras comidas? Un menú equilibrado exige verduras, y no solamente como decoración o guarnición. En una sociedad como la nuestra, cada vez más sedentaria, comer verduras aporta una respuesta válida a las preocupaciones con respecto a nuestra salud: con pocas calorías son, sin embargo, ricas en vitaminas, minerales, fibras, micronutrientes y otros elementos protectores por naturaleza. Por ejemplo, el ajo y la cebolla, tan presentes en nuestra cocina, son beneficiosos para el sistema cardiovascular.

Servir en nuestros platos verduras es proporcionar al organismo la regeneración de las células, tener la sangre en su grado óptimo de fluidez, etc.

Visto lo beneficiosas que resultan para nuestra salud, las verduras son algo más que una moda pasajera; seguro que es una tendencia lenta que va a acentuarse e instalarse en nuestras vidas.

Preparación

Las verduras pueden prepararse de muy diversas formas. Si con el calor apetecen menos no hay excusa: siempre se pueden tomar crudas o jugos. Será beber salud.

 Ten en cuenta, no obstante, unas precauciones mínimas para, por ejemplo, las lechugas y sumérgelas en agua con unas gotas de cloro, lavándolas después con abundante agua.

Consejos para la compra

No las compres con demasiada antelación, ya que si las guardas demasiado tiempo perderán todas sus vitaminas. Aunque en nuestros mercados encontramos casi de todo durante todo el año, conviene comprar las verduras de temporada, que estarán en su mejor momento y a mejor precio.

Las mejores condiciones para la conservación

Lo mejor es guardarlas en un lugar a la sombra, fresco y bien ventilado. Las que se estropeen rápidamente deben conservarse en la nevera. Por ejemplo, los champiñones conviene guardarlos en el cajón de verduras en una bolsa de papel. En ese cajón se conservan también los repollos y el apio. Los tomates, si están verdes, pueden permanecer en el exterior, pero si están maduros debes meterlos en la nevera.

Las cebollas y los ajos se conservan bien en unos recipientes con agujeros de ventilación especiales para ello, pero si no tienes o te abultan demasiado en la cocina, métabelos en una media que ya no uses (o que destines a este fin si eres chico y no las usas), haz un nudo entre cada cebolla y luego cuelga la media en un sitio seco.

Para conservar el ajo resulta muy útil el aceite. Pela una cabeza de ajos, métalos en un bote y cúbrelos con aceite de oliva. Éste con-

Consejos generales

Aunque cada verdura tiene sus trucos específicos, daremos aquí algunos de carácter general.

Cuando vayas a preparar verduras, usa sólo instrumentos de acero inoxidable.

Pela las verduras lo menos posible y lávalas dejándolas en agua lo mínimo imprescindible para que no pierdan su valor nutritivo.

Algunas verduras hay que lavarlas con agua y un chorrito de vinagre o limón para limpiarlas de insectos o para impedir que se oxiden. Para que unas verduras que hayan perdido algo de su frescura recuperen su buen aspecto, hay que lavarlas y meterlas al refrigerador cuando aún estén húmedas, envueltas en una bolsa de plástico o en un plato cubierto.

No tires el agua de cocción de las verduras, ya que en ella se encuentra gran cantidad de sales minerales y vitaminas que te servirán para preparar sopas, consomés, purés, etc.

servará el ajo y tú obtendrás un delicioso ajo para aromatizar tus ensaladas.

Al pelarlas o manipularlas, algunas verduras hacen que se nos queden los dedos manchados; para quitar estas manchas, frótate las manos con una mezcla de almidón y glicerina y lávatelas luego bajo el chorro de agua caliente.

Consejos para la cocción

Para evitar que pierdan su bonito color bastará con meterlas en agua salada hirviendo en tandas para no interrumpir la cocción, dejándolas destapadas cociendo a fuego suave, pero sin que deje de hervir el agua. Escurre las verduras en cuanto estén cocidas sin dejar que cuezan demasiado, lo que las haría estar peor de presentación y perder hasta un 75 por ciento de sus vitaminas.

Si las verduras se van a servir como acompañamiento de un plato de carne, pescado, etc., deben ser todas más o menos del mismo tamaño.

Para servirlas glaseadas, el método más sencillo consiste en, una vez pasadas por agua hirviendo unos minutos y escurridas, ponerlas en una cacerola con azúcar en polvo y unos trocitos de mantequilla del tamaño de una nuez, sazonar y cubrir con agua o caldo, dejándolas cocer tapadas hasta que el líquido se haya absorbido removiendo de vez en cuando.

Cuidado con el vino blanco, ya que endurece las verduras; para evitar esto, mójalas primero con agua caliente y calienta el vino antes de añadirlo.

Jugos de hortalizas y verduras

Entre los jugos de verduras más recomendables:

✔ El de zanahorias, al que casi podríamos denominar el jugo por excelencia: rico en protovitaminas A o betacarotenos. También contiene vitaminas B1 y B2, C y hierro, por lo que es recomendable para las afecciones en la piel, para la vista y como protector del cáncer. Gracias a las fibras que contiene, sirve también para regular nuestro tránsito intestinal.

✔ El de tomate, rico en vitaminas A, B y C, es beneficioso para el intestino, la piel y la vista; al ser pobre en sodio, resulta útil en la dieta de personas con problemas de hipertensión.

Hay otros menos habituales pero también muy beneficiosos:

✔ El de alcachofas, que resulta rico en insulina, protege nuestro hígado y favorece la secreción de la bilis, por lo que es muy recomendable para personas con problemas hepáticos.

✔ El de lechuga, al contener lacturerina, a la que se atribuyen propiedades ligeramente hipnóticas, se recomienda para combatir el insomnio y el mal aliento, además de ayudar a digerir mejor.

Así podríamos hablar de muchas verduras, cada una con sus propiedades. Lo mejor es variarlas, y si tienes la impresión de que con alguna de ellas no obtienes mucho jugo, mezcla varias.

El consumo regular de hortalizas y verduras nos provee de sustancias beneficiosas, no sólo para el correcto funcionamiento de nuestro organismo, sino también para prevenir algunas enfermedades crónicas. Aprovecha que estos ingredientes forman parte del acervo gastronómico de la cocina mediterránea e inclúyelos en tu dieta para así ayudar a preservar tu salud.

Calabazas rebozadas y fritas

Tiempo de preparación: 15 minutos + 1 hora

Para 6 personas

1 ½ kg de calabazas más bien grandes (esta cantidad es para un plato de verduras), para adorno sólo basta con ½ kg
4 huevos

harina en un plato
1 l de aceite (sobrará)
1 cucharada (de las de café) de perejil picado
sal

1 Pela y corta en rodajas finas las calabazas. Espolvoréalos con sal y déjalos reposar por lo menos una hora. Cuando los vayas a hacer, pon a calentar el aceite en una sartén. Escurre bien las rodajas y pásalas de una en una por harina, sacude bien para que no quede más que la necesaria, después pásalas por un plato donde se irán batiendo los huevos enteros como para tortilla, fríelas por tandas. Sírvelos en seguida.

Flan de calabaza

Tiempo de preparación: 50 minutos

Para 4 o 6 personas

1 kg de calabazas
1 cebolla grandecita
1 cucharada sopera de mantequilla más unos trocitos del tamaño de una avellana
2 cucharadas soperas de aceite
3 huevos duros

3 huevos
150 g de queso de Burgos
2 cucharadas soperas de queso gruyer rallado
50 g de pan rallado
sal y pimienta

1 Lava y seca los calabacines y córtalos en pedacitos pequeños. Pela y pica menudita la cebolla. En una cacerola pon a derretir la mantequilla junto con el aceite y echa la cebolla y los calabazas. Deja que se hagan a fuego suave durante veinte minutos. Retíralos entonces del fuego y deja que se enfríen. Corta los huevos duros en cuartos.

2 Bate los otros tres huevos y mézclalos con las verduras, añade el queso de Burgos desmigándolo ligeramente y el queso rallado, el pan y un poquito de sal y pimienta. Unta un molde con mantequilla y vierte en él la mezcla. Pon unos trocitos de mantequilla encima y mételo en el horno a fuego medio durante cuarenta y cinco minutos, hasta que esté bien cuajado. Sácalo y desmóldalo. Sírvelo en seguida.

Crema de tomate

Tiempo de preparación: 35 minutos

Para 4 personas

1 kg de tomates maduros
1 cebolla mediana
2 cucharadas soperas de aceite de oliva
1 cucharada (de café) de azúcar

el jugo de 1 limón
unas ramitas de perejil
sal y pimienta

1 Pela los tomates. Para que te resulte más fácil puedes meterlos un minuto en agua hirviendo, sacándolos en seguida y procediendo a pelarlos. Córtalos en trozos quitándoles las simientes. En una cacerola pon el aceite a calentar y cuando esté caliente, echa la cebolla pelada y picada menuda. Cuando esté transparente (unos seis minutos) añade los trozos de tomate, el azúcar, sal y pimienta. Rocía con el jugo de limón y añade un vaso de agua. Déjalo cocer unos quince minutos y luego pásalo por la batidora. Vuelve a calentar un poco si fuese necesario y, antes de servir, espolvorea con el perejil picado.

Brócoli salteado con piñones

Tiempo de preparación: 15 minutos

Para 4 personas

1 kg de brócoli
50 g de mantequilla
un puñadito de piñones

una ramita de perejil
sal y pimienta

1 Con ayuda de un cuchillo arranca las hojitas del brócoli si las tuviese. Separa los ramilletes dejando los tallos más o menos de la misma altura (1 centímetro). Mételos en agua fría.

2 En una cacerola pon agua salada a cocer y, cuando hierva, echa los ramilletes de brócoli y déjalos cinco minutos cociendo. Retíralos entonces con cuidado con ayuda de una espumadera y mételos unos segundos en agua muy fría. Escúrrelos.

3 En una sartén o cacerola, pon la mantequilla a derretir y cuando esté, echa los piñones y dales unas vueltas hasta que empiecen a tomar color.

4 Añade entonces los ramilletes de brócoli, salpimiéntalos a tu gusto y espolvorea todo ello con perejil picado.

Sugerencia: *Este plato puede tomarse como entrada o como acompañamiento de carnes, aves o pescados asados.*

Coliflor con bechamel

Tiempo de preparación: 45 minutos

Para 6 personas

1 coliflor mediana
50 g de champiñones
jugo de 1 ½ limón
1 rebanada de pan mojada en leche
30 g de mantequilla

2 cucharadas soperas de aceite de oliva
2 cucharadas soperas de harina
½ l de leche fría
75 g de queso gruyer rallado
sal

1 Cuece la coliflor entera o en ramilletes (si lo haces de esta última forma, pela un poco los troncos para que estén más tiernos). Lávala poniéndola en remojo en agua fría con el jugo de medio limón. En una cacerola, pon abundante agua con sal, echa la coliflor junto con una rebanada de pan de un dedo de grosor mojada en leche y cuécela destapada. Una vez tierna (compruébalo pinchando un tronco, aunque el tiempo aproximado es de treinta minutos por kilo), escúrrela en un colador grande teniendo cuidado de que no se rompa y refréscala con un chorro de agua fría. Cuando esté bien escurrida colócala en una fuente resistente al horno. Lava los champiñones con agua fría y jugo de limón y córtalos en láminas.

2 En una sartén pon el aceite junto con la mantequilla y, cuando ésta se haya derretido, dora las láminas de champiñón. Retíralo cuando esté dorado y resérvalo al calor. En la misma sartén, añade la harina y remueve con unas varillas o una cuchara de madera y ve añadiendo luego, poco a poco, la leche fría. Sala, deja que cueza unos minutos y vierte esta bechamel por encima de la coliflor. Espolvorea con el queso rallado y métela al horno a gratinar. Sírvela en la misma fuente.

Capítulo 18

Los huevos

En cocina, cuando hablamos de huevos solemos referirnos preferentemente a los huevos de gallina o de aves de corral. Es un alimento muy completo.

La clara del huevo es una proteína casi pura y la yema contiene, con relación a su tamaño, la mayor cantidad de elementos nutritivos que aporta un alimento.

En gastronomía ocupa un lugar privilegiado al poderse preparar de muy diversas formas y entrar en la composición de varias salsas y platos.

Consejos para comprar los mejores huevos

En España los huevos se venden a diferentes precios según las categorías. Los hay extras, de primera, de segunda, etc., y en los que compramos en cajas debe figurar la fecha en la que han sido puestos y aquella que nos señala hasta cuándo se pueden consumir. Lo más importante de un huevo es que sea fresco.

Antiguamente se miraban los huevos al comprarlos y se fijaba uno en el grosor de la bolsa de aire en el interior de la cáscara, ya que cuanto mayor es, más viejo es el huevo. Hoy en día, salvo rarísimas excepciones, esto no es posible. El color de la cáscara no influye para nada en la calidad del huevo; un huevo "moreno" es igual de bueno que uno blanco, el color varía según la raza de la gallina. Esto sólo tuvo importancia antes de inventarse las neveras, ya que el de cáscara más oscura tenía mayor protección frente a los ataques de la luz y el sol. En cuanto al grosor, pensemos que un huevo gordo no tiene por qué ser mejor que uno más pequeño: la proporción de yema, parte nutritiva, es menor.

Consejos generales

Un huevo recién puesto es indigesto, espera al menos veinticuatro horas antes de consumirlo. No laves nunca los huevos antes de guardarlos, ya que su cáscara se vuelve permeable al agua.

Si los conservas en el refrigerador, no los pongas cerca de algunos alimentos como el melón, que puede darles sabor, ya que su cáscara es porosa.

Guárdalos siempre en su envoltorio de plástico o cartón y colócalos en el compartimento especial del refrigerador, ya que su cáscara puede ser portadora de gérmenes.

Por la razón anterior, acuérdate siempre de lavarte las manos después de haber manipulado huevos.

Siempre que sea posible, saca de la nevera los huevos que vayas a utilizar al menos una hora antes. Así las claras subirán mejor, la mayonesa saldrá bien, etc.

Un huevo roto puede conservarse dos días en la nevera; uno duro —no descascarillado—, cuatro. Si recubres con un poco de agua fría una yema que te haya sobrado podrás conservarla un par de días.

Evita el contacto de los huevos con cubiertos o recipientes de plata, ya que se volverán negros.

Si vas a montar claras, evita que le caiga el más mínimo trozo de yema, ya que esto impide que alcancen el punto de nieve.

Recuerda que no es posible congelarlos, excepto después de batidos.

 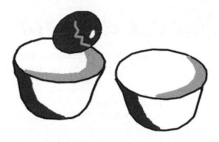

1. Sujeta el huevo en una mano encima de los dos recipientes.

2. Rompe el huevo en un lateral del recipiente.

3. Deja que la clara caiga en uno de los dos recipientes.

4. Pasa la yema de una cáscara a la otra, cada vez dejando caer más clara en uno de los recipientes.

Figura 18-1:
Proceso de separación de la clara y la yema

5. Una vez esté toda la clara en uno de los cuencos, deja caer la yema en el otro recipiente.

Huevos al plato

Siempre debes prepararlos en el último momento justo antes de irlos a comer. No conviene que los sales antes.

A continuación te indicamos la manera de preparar unos deliciosos huevos al plato.

1. Se utilizan unos platillos con agarraderas que se venden especialmente para ello y son de cristal, porcelana o barro; deben ser resistentes al fuego. En cada plato pon unos 8 gramos de mantequilla y colócalos sobre el fuego o en el horno.

2. Deja que se deshaga la mantequilla, pero sin que llegue a tomar color; sálalos antes de poner los huevos (esto evitará que la sal haga agujeritos en la clara mientras se cuecen y conservarán así un aspecto liso e impecable).

3. Rompe los huevos sobre el plato (nunca más de dos por recipiente) y hazlos a fuego lento hasta que estén a tu gusto.

   En general recomendamos dejarlos hasta que pierdan la consistencia transparente y resbaladiza.

4. Sírvelos en seguida. Si sigues alguna dieta, puedes hacerlos sin materia grasa, simplemente con unas gotitas de agua en el fondo del plato. Si los haces en el horno, enciéndelo sólo por abajo. Si olvidaste ponerles la sal, hazlo después, pero sólo sobre la clara.

Huevos al plato con champiñones

Tiempo de preparación: 20 minutos

Para 4 personas

4 huevos	*2 cucharadas soperas de queso rallado*
¾ de kg de champiñones	*25 g de mantequilla*
1 cebolla pequeña (60 g)	*1 cucharada sopera de perejil picado*
2 cucharadas soperas de vino blanco seco	*sal y pimienta*

1 Unta con mantequilla cuatro recipientes individuales para huevos. Lava y seca los champiñones y pícalos gruesecitos.

2 Pela la cebolla y pícala menuda.

3 En una sartén o cazo pon el resto de la mantequilla a calentar y cuando esté derretida, echa los champiñones. Sálalos y rehógalos hasta que se haya consumido todo el líquido.

4 Añade entonces la cebolla picada y rehoga todo junto un par de minutos. Agrega el vino y deja que cueza hasta que se evapore.

5 Añade el queso, mezcla y retíralo del fuego. Reparte esto en los cuatro recipientes. Rompe los huevos encima y mételos bajo el grill del horno. En cuanto se hayan cuajado sácalos. Espolvorea con el perejil picado y sírvelos en seguida. Puedes acompañarlos con picatostes o tostadas de pan.

Huevos duros

Para que un huevo duro sea perfecto debe reunir una serie de condiciones: la cáscara no debe estar rota ni debe quedar pegada al huevo, tiene que salir con facilidad cuando lo descascarilles; la clara debe ser blanca y compacta; y la yema debe estar perfectamente centrada, bien cocida pero jugosa, y por supuesto sin reflejos verdosos.

A continuación te ofrecemos los trucos básicos para que tus huevos duros queden como corresponde.

1. En un cazo pon agua en cantidad suficiente para cubrir los huevos. Coloca el cazo al fuego y deja que el agua empiece a hervir. Pon entonces una cucharada de sal por cada cuatro huevos (si son menos pon la misma cantidad, pero si son más añade algo más).

2. Mete los huevos con precaución para que no se rompan y muévelos con una cuchara de madera para que al hacerse la yema quede bien en el centro. Déjalos de diez a doce minutos, según el tamaño, pero no más porque, si no, la yema se volverá verdosa.

3. Tira el agua caliente y pásalos en seguida por agua fría, ya que si los dejas mucho tiempo en el agua donde se han cocido luego te costará mucho quitarles la cáscara. No se la quites hasta que vayas a utilizarlos.

4. Y como último consejo, después de haberlos pelado, pásalos por agua fría para que así se despeguen los últimos trozos de la cáscara. Se pueden tomar calientes, con salsa, etc., o fríos. Si los haces en frío, recuerda que para que se asienten mejor en la fuente debes cortar a la parte blanca una lonchita muy fina por debajo.

Huevos duros rellenos

Tiempo de preparación: 15 minutos

Para 4 personas

8 huevos
1 cebolla
1 lata de atún al natural

1 lata de pimientos morrones pequeña
8 aceitunas
salsa mayonesa espesa

1 Haz los huevos duros en la forma habitual, como te hemos explicado antes. Separa las yemas de las claras y resérvalas.

2 Desmigaja el atún, pica la cebolla muy menuda y mézclalos.

3 Añade pedacitos de pimiento y aceituna también picados, sala ligeramente y trábalo con mayonesa un poco espesa.

4 Rellena con esta mezcla los huecos dejados por las yemas y haz un adorno alrededor con la mayonesa.

5 Espolvorea con yema de huevo picada y déjalos en la nevera hasta el momento de servirlos.

Huevos escalfados

Muchas personas encuentran que es difícil prepararlos. Es cierto que puede parecerlo. Lo principal es que sean unos huevos muy frescos. En este tipo de huevo lo blanco debe quedar perfectamente coagulado y la yema, líquida. He aquí cómo hacerlos:

1. En una cacerola grande pon agua abundante y por cada litro de agua una cucharada sopera de jugo de limón o de vinagre. No

pongas sal, ya que ésta descompondría la clara. Déjalo hasta que rompa a hervir.

2. Mientras, vacía los huevos en una taza o en un recipiente pequeño. En cuanto rompa a hervir, coloca la taza justo sobre el agua y haz que caiga el huevo rápidamente.

No hagas más de dos o tres huevos a la vez y actúa con rapidez, ya que, si no, el primer huevo estará demasiado hecho cuando el último apenas empiece a hacerse. Al coagularse, la clara se estirará.

3. Con una espumadera acerca al huevo los filamentos de lo blanco de la clara, de forma que envuelvan al huevo, pero sobre todo no toques para nada el huevo en sí.

4. Déjalos cocer tres minutos y saca los huevos con la espumadera. Déjalos en una fuente honda hasta que se enfríen y si tienen algún filamento antiestético, recórtalo.

5. Si quieres volver a calentarlos bastará con echar poco a poco agua muy caliente en la fuente (puede ser salada, ya que la clara ya está hecha).

Desde luego todo esto parece un poco complicado, pero puedes hacerlo si no pierdes la calma.

Hay un truco, que consiste en meter en el agua hirviendo el huevo entero, con su cáscara, uno o dos segundos y luego sacarlo y seguir el proceso anterior. Esto permite que la clara quede más unida a la yema.

Huevos escalfados con espinacas a la crema

Tiempo de preparación: 35 minutos

Para 6 personas

1 kg de tomates maduros
1 cebolla mediana
2 cucharadas soperas de aceite de oliva
1 cucharada (de café) de azúcar

el jugo de 1 limón
unas ramitas de perejil
sal y pimienta

1 Cuece las espinacas quitándoles los tallos y raíces y lavándolas en varias aguas, ponlas en una cacerola con sal gorda y nada más. Tápalas. Tardarán unos veinte minutos. De cuando en cuando dales la vuelta con una cuchara de madera. Escúrrelas y pícalas menudas sobre la tabla de cortar la carne.

2 Prepara la bechamel con una cucharada sopera de mantequilla y una cucharada sopera de aceite que pondrás a derretir; cuando esté derretida, sácala un instante del fuego y ponle una cucharada sopera de harina, remueve bien, vuelve a poner la sartén sobre el fuego y añade, poco a poco, la leche fría, sala y déjalo unos siete minutos.

3 Añade entonces, en varias veces, las espinacas, remueve bien y haz mientras los huevos como en la receta anterior. Cuando estén, pon las espinacas en la fuente y sobre ellas los huevos. Sírvelos caliente.

Sugerencia: *Puedes decorarlo con triángulos de pan fritos.*

Huevos fritos

Habría que calificarlos como "plato típico" junto con el cocido y la paella, pero son más que un plato. Representan un símbolo, una identidad nacional que se plasma en el arte y en la historia de España y, sobre todo, en la forma de ser de los españoles. Habría que definirlos como la conjunción interactiva de los huevos y el aceite de oliva.

Sigue estas indicaciones para hacer los mejores huevos fritos:

1. Para hacerlos bien se requiere mucha atención. Rompe el huevo en una tacita o en un platito.

2. En una sartén pequeña (ya que es mejor hacerlos de uno en uno) pon bastante aceite a calentar y cuando empiece a salir humo echa el huevo; con una espátula o espumadera, que previamente habrás tenido la precaución de meter en el aceite para que el huevo no se pegue, ve trayendo la clara hacia la yema para que quede bien envuelta.

3. Cuando esté bien suelto y flotando, sácalo y entonces échale sal. Si se te rompe o sale mal no desesperes, es cuestión de práctica, no creas a los que dicen que es facilísimo. ¿Sabías

que en muchos concursos de cocina se hacen freír huevos
para designar al mejor cocinero?

Huevos fritos con sobrasada (tipo Sóller)

Tiempo de preparación: 20 minutos

Para 4 personas

4 huevos
¼ de l de leche
4 rodajas de sobrasada
1 poro
1 zanahoria

1 lata pequeña de chicharos
1 cucharada sopera de mantequilla
1 vaso (de agua) de caldo de pescado
sal

1 Lava y seca el poro. Quítale las raíces y la parte más verde del final. Pela
y corta en rodajas la zanahoria. Escurre la lata de chicharos. En una sartén
o cazo pon la mantequilla a derretir y añade casi en seguida el poro, la zanahoria y los chicharos y rehógalos un poco.

2 Pon luego la leche y el caldo, removiendo todo bien. Echa la sal y el azúcar
y vuelve a removerlo. Déjalo cocer a fuego lento hasta que esté cocido. Pásalo entonces por la batidora hasta que quede una salsa uniforme (si quedase
muy espesa, añade un poco más de caldo). Fríe los huevos y ponlos sobre las
rodajas de sobrasada en la fuente de servir. Cúbrelos con la salsa y sírvelos
de inmediato.

Huevos pasados por agua

Para que un huevo pasado por agua quede en su punto perfecto, la yema
debe quedar bien líquida y la clara semicoagulada. Es importante que
los huevos sean lo más frescos posible y antes de cocinarlos has de
comprobar que no están rotos. Ten en cuenta estas indicaciones para
prepararlos:

1. Una manera de hacerlos es poner agua a hervir en una cacerola bastante amplia para el número de huevos que tengas que
cocinar.

Consejos para los huevos pasados

Al hacer huevos pasados por agua, puede ocurrir que los poses con demasiada brusquedad en la cacerola y el huevo se rompa, dejando escapar la clara. En tal caso, conviene echar un chorrito de vinagre en el agua, lo que hace que la clara se coagule, pero de todas formas el huevo ya no estará perfecto.

Para conservar los huevos calientes, déjalos en agua templada. Cuando quieras hacer varios huevos a la vez, conviene utilizar una especie de cestito que permite meter y sacar todos a la vez y así todos quedarán igual de hechos.

2. Cuando el agua está hirviendo, pon el huevo en una cuchara de madera o en una espumadera y pósalo con cuidado en el fondo de la cacerola. En cuanto hierva de nuevo el agua, cuenta tres minutos y ya están listos para consumir.

3. Otra manera de hacerlos es meter los huevos en agua fría y retirarlos cuando empiece a hervir ésta. Siguiendo este método cabe mayor error, ya que todo dependerá de la fuerza del fuego y de la cantidad de agua.

La mejor manera de comer los huevos pasados por agua es tal cual, rompiendo ligeramente la parte superior de la cáscara y echándoles entonces sal y pimienta al gusto.

Puedes acompañarlos con pan ligeramente tostado y untado con mantequilla, papas fritas alargadas, etc.

Huevos pasados por agua con caviar

Tiempo de preparación: 10 minutos

Para 4 personas

4 huevos
50 g de caviar (o sucedáneo)
2 rebanadas de pan de molde

1 cucharada sopera de aceite
sal y pimienta

1 Para hacer estos huevos es importante que sean muy frescos y que no estén rotos.

2 Se pueden hacer de dos maneras. Pon una cacerola lo suficientemente amplia para el número de huevos que pienses hacer y ponla con agua a hervir. Cuando esté hirviendo, mete los huevos dentro con ayuda de una cuchara de madera o espumadera, y pósalos con cuidado en el fondo. En cuanto vuelva a hervir el agua cuenta tres minutos y estarán listos.

3 Mete los huevos en agua fría y retíralos cuando empiece a hervir el agua. Con este método hay que tener más cuidado porque dependerá de la fuerza del fuego y de la cantidad de agua.

4 Para hacer varios huevos al mismo tiempo existen unos cestos muy prácticos que hacen que se puedan sacar y meter todos a la vez y así todos estén igual de hechos.

5 Una vez hechos, ponlos en las hueveras, rompe ligeramente la parte superior de la cáscara, reparte el caviar todo alrededor y pon un poco de sal y pimienta.

Acompáñalos con rebanadas de pan tostado rociadas con un poquito de aceite.

Sugerencia: *Puedes sustituir el caviar por mújol o por huevas de salmón.*

Huevos revueltos

Esta forma de hacer los huevos exige paciencia. Hay que contar de dos a tres huevos por persona, ya que cunden poco.

Se pueden hacer directamente sobre el fuego, pero eso exige ser un buen experto. Aconsejamos hacerlos al baño María.

Se hacen mejor si se trabaja con pequeñas cantidades (no más de ocho huevos a la vez).

Según la técnica clásica, la de los cocineros profesionales, debe trabajarse con una espátula de madera, pero también se pueden remover con unas varillas, es mucho más rápido y al cocinarlos se evita la formación de grumos.

Cuando hayan terminado de hacerse, puedes añadir un poco de mantequilla o de crema, los hará más untuosos, pero si ya lo están no merece la pena, y tu línea te lo agradecerá. Sigue estas pautas para hacer excelentes huevos revueltos:

1. La manera más sencilla es poner los huevos en un cazo, batirlos un minuto con un tenedor y añadir sal.

2. Por cada cuatro huevos, deshaz unos 20 gramos de mantequilla y dos cucharadas soperas de leche fría y añádelo a los huevos batidos.

3. Pon el cazo al baño María en agua ya caliente y mueve rápidamente con la espátula o las varillas (el fuego debe estar suave); rebaña bien los costados, pues es donde se cuajan más de prisa.

4. Cuando estén hechos como una crema espesa (y no coagulados como una tortilla), sácalos del fuego, pues seguirán cuajándose un poco fuera, y añádeles otros 10 gramos de mantequilla.

5. Puedes servirlos en cuencos individuales pasados por agua caliente. Debes recordar que lo más importante es que los huevos no pueden esperar.

Huevos revueltos con champiñones

Tiempo de preparación: 20 minutos

Para 4 personas

8 huevos
3 cucharadas soperas de leche
75 g de mantequilla
100 g de champiñones

1 cebolla
un chorro de jugo de limón
sal y pimienta

1 Lava los champiñones en agua fría con un chorro de jugo de limón. Sécalos y córtalos en láminas. Pela y pica menuda la cebolla. Rehoga la cebolla en 20 gramos de mantequilla; cuando esté transparente añade las láminas de champiñón. Pon a derretir en un cazo el resto de la mantequilla. Bate los huevos ligeramente con la leche. Salpimiéntalos a tu gusto. Echa la mezcla en la cacerola y ponla a fuego suave, remueve sin parar con las varillas.

Cuando estén cremosos, añade la mezcla de cebolla y champiñón, revuelve todo para repartirlo por igual y sirve en seguida.

Tortillas

Para hacer tortillas suelen emplearse de un huevo y medio a dos por persona. Conviene no hacerla de más de seis huevos a la vez, ya que cuanto más gorda es, más difícil que salga bien. Sigue estas pautas para hacer tus tortillas:

1. Rocía aceite fino (lo suficiente para cubrir el fondo) en una sartén de tamaño adecuado al número de huevos que emplees.

2. Ponla a fuego más bien vivo; mientras, bate fuertemente los huevos durante un minuto y añade un poco de sal.

3. Viértelos en la sartén y con un tenedor o espátula separa los bordes. Cuando esté a tu gusto, más o menos hecha, deja que se dore ligeramente.

4. Si quieres la tortilla enrollada, inclina suavemente la sartén con la mano izquierda, de forma que la tortilla se deslice hacia el borde redondeado de la sartén, y con la mano derecha, en la que tienes la espátula, enrolla la tortilla en el borde opuesto al mango de la sartén.

5. Luego, con la mano derecha da unos golpecitos secos sobre el mango. La tortilla se deslizará en la sartén y se enrollará sobre sí misma. Rectifica ligeramente la forma con el tenedor, dale la vuelta en un plato y sírvela en seguida.

Si no lo consigues la primera vez no desesperes. ¡Hasta los grandes cocineros tardaron en aprenderlo!

1. Bate los huevos y las hierbas

2. Calienta el aceite en la sartén y después vierte la mezcla

3. Revuelve la mezcla a fuego alto

4. Usando una espátula, dobla 1/3 de la tortilla

5. Junta el resto de la tortilla

6. Sirve la tortilla en un plato y espolvorea hierbas por encima

Figura 18-2:
Preparación de una tortilla francesa

Tortilla de papa

Tiempo de preparación: 30 minutos

De 4 a 6 personas

8 huevos   *aceite*
1 kg de papa   *sal*

1 Una vez peladas, lava las papas y sécalas con un paño. Córtalas en láminas. Pon el aceite a calentar en una sartén y fríelas, al final échales un poco de sal. Escúrrelas en un colador grande y quita el aceite sobrante de la sartén.

2 Aparte, bate los huevos muy fuerte con un tenedor y pon un poco de sal; en el mismo plato de los huevos, echa las papas y mueve con un tenedor.

3 En una sartén grande pon dos cucharadas soperas de aceite para que sólo cubra el fondo. Cuando esté caliente vierte la mezcla de huevos y papas. Mueve la sartén por el mango para que no se pegue la tortilla. Cuando veas que está bien despegada y dorada, pon una tapadera encima, vuelve la sartén y desliza suavemente la tortilla otra vez en ella. Vuelve a mover por el mango y cuando esté cuajada ya se puede servir.

Tortilla de gambas

Tiempo de preparación: 25 minutos

Para 4 personas

2 cebollitas francesas (o media cebolla)
20 g de mantequilla
150 g de gambas peladas (pueden ser congeladas)
1 copita de coñac
8 huevos

1 vaso (de los de vino, no lleno) de nata líquida
1 cucharada sopera de concentrado de tomate
sal y pimienta

1 En una sartén o cacerola pon la mantequilla a calentar y, cuando esté derretida, echa las cebollitas peladas y picadas menudas; cuando estén transparentes, añade las gambas, dales unas vueltas hasta que dejen de estar transparentes y rocíalas con el coñac, que debes prender con cuidado para no quemarte.

2 Después añade la nata líquida y el concentrado de tomate. Sazona.

3 Aparte, bate los huevos como para tortilla y échalos en una sartén antiadherente y haz una tortilla en la forma habitual; justo en el momento de doblarla, añade el preparado con las gambas. Sirve en seguida.

Capítulo 19

Las salsas y sus fondos

Las *salsas* son una mezcla de varios ingredientes, más o menos líquidas, desleídas, que se hacen para aderezar o condimentar algún plato.

En cocina decimos que por las salsas se conoce a un buen cocinero. Es verdad que a veces presentan sus dificultades, pero esperamos poder ayudarte a resolverlas.

Muchas de las salsas tienen que reducirse. ¿Qué significa este término? Pues es dejar cocer la salsa a borbotones (con pompas) para que disminuya su volumen y así se espese y el sabor se concentre.

Otra operación bastante habitual cuando preparamos una salsa es colarla o pasarla por la batidora para eliminar las partes sólidas.

Se pueden clasificar en diferentes tipos. Reciben el nombre de *salsa madre* todas las que dan origen a un sinfín de otras salsas derivadas de ellas. Las *salsas madres oscuras* son la glasa, media glasa y, especialmente, la salsa española.

Algunas son blancas, hechas con un fondo de grasa y harina como la bechamel. Otras son más oscuras como el *roux*, palabra de origen francés, que según cueza será más clara o más oscura.

Las hay a base de jugos de cocción o asados reducidos y espesados con alguna fécula, vino a las que se puede añadir nata o mantequilla. Existen emulsiones como la salsa mayonesa o mahonesa, la holandesa, bearnesa, etc. Las hay sin agentes estabilizantes como la vinagreta. Salsas dulces o agridulces...

Los fondos

Los *fondos* son preparaciones de base que luego se usan para confeccionar las salsas. Hay de varios tipos. Los hay blancos, los caldos cortos de carne, aves, pescados, verduras. Hay *fumets*, palabra de origen francés, pero lo más habitual para las salsas es utilizar caldos buenos ligados con un *roux* hecho en el momento.

Los fondos bien hechos son bastante laboriosos; si no tienes tiempo puedes, en muchas de las preparaciones, emplear caldos de los que venden ya preparados, lo que simplifica enormemente la tarea. En caso de que lo hagas, ten cuidado al agregar la sal, ya que estos caldos suelen ser muy salados.

Si te decides a hacerlos en casa recuerda que no es conveniente que hiervan. Si cometes el error, puedes arreglarlo clarificándolos, bien añadiendo cubos de hielo, lo cual creará un choque térmico y las partículas caerán entonces al fondo, o bien con clara de huevo disuelta en agua helada.

Los fondos se pueden conservar congelados. Sugerimos que lo hagas en cubiteras para el hielo, ya que así podrás descongelar sólo la cantidad que necesites cada vez.

Los *fondos claros* llamados blancos son incoloros. Se hacen con carnes y legumbres blancas, huesos blancos y aromatizados con hierbas o vino. Sirven para elaborar las salsas blancas cono la bechamel, la Mornay, la suprema, etc.

Los *fondos oscuros* se elaboran con carne de ternera o de vaca salteada en grasa con legumbres también rehogadas en grasa (aceite o mantequilla), que es lo que les da un sabor y un color diferentes, y se utilizan para elaborar salsas de carne, caza o salsas oscuras como para el ragú.

Los *fondos de pescado* se hacen con las cabezas y espinas de los pescados añadiéndoles agua, vino blanco y aromatizándolos con cebolla, perejil, tomillo, laurel y jugo de limón, aunque a veces se le añade algún otro ingrediente. Con este tipo de fondos se cuecen los pescados o se preparan salsas para acompañar los mismos.

Los *fondos de verduras y legumbres* se elaboran con caldo de cocción de zanahorias, poro, cebollas y apio ligeramente rehogados en algo de materia grasa y aromatizados a tu gusto.

Si una salsa te ha quedado demasiado clara, puedes cocerla un poco más destapada para que la evaporación sea más rápida. Otra posibilidad es añadirle un poco de fécula de papa o de maicena previamente desleída en un poco de agua fría. Si le echaste demasiada sal, mete unos segundos un terrón de azúcar y luego retíralo, así mejorará bastante.

Salsas rápidas

Si eres de los que tiene poco tiempo, ten en cuenta la batidora a la hora de realizar tus salsas. Este método tiene la ventaja de permitir mezclar verduras con yogures, quesos, etc.

Salsa bechamel

Tiempo de preparación: 15 minutos

Para 6 personas

2 cucharadas soperas de harina
50 g de mantequilla
2 cucharadas soperas de aceite fino

¼ de l de leche fría
sal

1 En una sartén con el aceite pon la mantequilla a derretir. Una vez derretida, añade la harina, dale unas vueltas con una cuchara de madera y añade poco a poco la leche fría, sin dejar de dar vueltas para que no se formen grumos.

Cuando hayas incorporado toda la leche, deja que dé un hervor de cinco a ocho minutos a fuego medio.

2 Si quieres la bechamel más clara, para salsa, puedes añadir más leche. Por el contrario, si la quieres más espesa, con las cantidades propuestas, tendrás que cocerla un ratito más, para que quede como deseas.

Truco: Para evitar que tenga grumos, retira un instante la sartén del fuego al añadir la harina, dale un par de vueltas con una cuchara de madera y luego vuelve a ponerla sobre el fuego y procede en la forma habitual.

Para evitar que tu salsa bechamel se cubra con una especie de piel si la prepararaste con antelación, tápala con un papel untado con mantequilla.

Esta salsa puede conservarse algunos días en la nevera o en el congelador, pero en ambos casos conviene recalentarla al baño María.

Te propongo algunas salsas derivadas de la bechamel:

- ✔ *Mornay* es una bechamel a la que se añaden yemas de huevo y queso gruyer rallado.
- ✔ *Nantua* es una bechamel con crema y pasta de cangrejo.
- ✔ *Thermidor* es una bechamel con yemas, mostaza y pimienta.
- ✔ *Soubise* es una bechamel con cebollas peladas, cortadas en rodajas finas y cocidas, etc.

Salsa mayonesa

Tiempo de preparación: 15 minutos

Para 6 personas

1 yema de huevo
1 chorrito de buen vinagre o jugo de limón

aceite
sal y pimienta

1 Conviene que todos los ingredientes estén a temperatura ambiente. En un cuenco pon la yema con una pizca de sal y otra de pimienta y bate con unas varillas, empieza luego a echar el aceite poco a poco (casi gota a gota al principio) sin dejar de remover con las varillas siempre al mismo ritmo y hacia el mismo lado (para que no se corte).

2 Añade al final el chorrito de vinagre o jugo de limón y sigue mezclando hasta que quede bien incorporado.

3 Puedes variarla añadiéndole una cucharada sopera de coñac y una cucharada (de las de café) de concentrado de tomate.

Salsa mayonesa con batidora

Tiempo de preparación: 5 minutos

Para 4 personas

1 huevo entero	*la punta de un cuchillo de mostaza*
½ l de aceite fino	*sal*
el jugo de ½ limón	

1 Pon en la batidora el huevo entero (que habrá estado un rato a temperatura ambiente), el jugo de limón, la mostaza, la sal y un chorrito de aceite. Los ingredientes no deben cubrir del todo las cuchillas.

2 Antes de hacerla funcionar, emulsiona con la espátula de la batidora todos los ingredientes. Tenla en funcionamiento durante veinte segundos.

3 Para y echa el aceite de una vez, vuelve a emulsionar un poco, como anteriormente.

4 Pon de nuevo la batidora en marcha durante unos treinta y cinco segundos, más o menos, y la mayonesa estará consistente y a punto.

5 Prueba y rectifica de sal, mostaza o limón si hace falta.

Sugerencia: Esta salsa puede acompañar infinidad de platos, como por ejemplo pescados, mariscos, papas, verduras, etc.

Algunas ideas para la mayonesa

Para hacerla con éxito, todos sus ingredientes deben estar a la misma temperatura. Si guardas alguno en el refrigerador, sácalo al menos una hora antes.

Si no tienes vinagre, puedes sustituirlo por jugo de limón.

Al terminar añade una cucharada de las de café de agua caliente, así resultará más ligera y evitarás que se corte.

Para cambiarla de color, añádele salsa de tomate o perejil picado.

Para acompañar marisco agrégale una cucharada de salsa de tomate y otra de coñac.

Si a pesar de mis anteriores consejos la mayonesa no "agarra", mézclala con un poco de clara de huevo colocada en una ensaladera.

Si te salió demasiado firme, agrégale un poco de agua fría o una cucharada sopera de nata líquida fría.

Si se te cortó, incorpórala poco a poco a una yema de huevo o a una cucharada (de las de café) de vinagre removiendo con viveza. Conviene realizar esta operación habiendo refrescado antes la ensaladera o cuenco donde vayas a prepararla dejando derretir en ella unos cubitos de hielo.

Dale un toque diferente añadiéndole un poco de perejil o estragón picado.

Salsa vinagreta

Tiempo de preparación: 3 minutos

Para 2 personas

La proporción es una cucharada sopera de vinagre con una pizca de sal y 3 cucharadas soperas de aceite (o sea, en un vaso, una parte de vinagre y tres de aceite).

1   Deshaz la sal con el vinagre y añade el aceite, batiendo bien con un tenedor.

2 Las vinagretas pueden variarse mucho: les puedes agregar mostaza, un poco de cebolla y perejil muy picados, alcaparras picadas... También puedes ponerles huevo duro muy picado, etc.

Sugerencia: *Puedes darle un toque personal a tu vinagreta añadiendo cebolla y huevo duro muy picados, una pizca de curry o de azafrán, alcaparras, etc.*

La siguiente salsa acompaña muy bien los pescados cocidos fríos o calientes, los garbanzos, los espárragos en frío o en caliente, etc.

Salsa vinagreta historiada (1)

Tiempo de preparación: 10 minutos

Para 6 personas

2 huevos duros
2 cucharaditas (de las de moka) de mostaza
1 cucharada sopera de vinagre

1 vaso (de los de agua) de aceite fino
1 cucharada sopera de perejil picado
sal

1 Es importante que los huevos sean muy frescos y no estén rotos.

2 En un tazón pon las dos yemas de huevo cocido (que habrás hervido durante trece minutos) y la mostaza. Mezcla todo junto con el dorso de una cuchara. Incorpora el vinagre y, después, el aceite, poco a poco, y dando vueltas como para hacer una mayonesa.

3 Cuando el aceite está totalmente incorporado, sala ligeramente, y en el momento de servir añade el perejil picado y las claras de los huevos duros muy picaditas. Sirve en salsera aparte.

La siguiente salsa se emplea para acompañar el mismo tipo de platos que la anterior.

Salsa vinagreta historiada (2)

Tiempo de preparación: 10 minutos

Para 6 personas

1 huevo duro
3 cucharadas soperas de buen vinagre
9 cucharadas soperas de aceite fino
1 cucharada sopera de perejil picado

1 vaso (de los de vino) de caldo de cocer
*   garbanzos, o cualquier caldo que tengas*
sal

1 En la salsera pon la sal y el vinagre, revuelve bien hasta que la sal esté disuelta del todo. Ve añadiendo poco a poco el aceite y después el caldo. A última hora, al servir la salsa, agrega el perejil picado y el huevo duro picado muy menudo (todo él, clara y yema).

Truco: *Puedes añadir, si te gusta, un poco de cebollita francesa muy picada (una cucharada sopera).*

Si se te fue la mano con el vinagre, añade una miga de pan gruesa, que absorberá la salsa y así podrás repetirla sin tener que tirar toda la ensalada.

Si la prefieres más suave, añade jugo de limón.

La proporción ideal es la de tres cucharadas soperas de aceite por una de vinagre.

La siguiente salsa puede acompañar espárragos, pescados hervidos, carnes frías, etc.

Salsa roquefort fría

Tiempo de preparación: 35 minutos

Para 6 personas

50 g de queso roquefort
2 cucharadas soperas de buen vinagre

10 cucharadas soperas de aceite fino

1 En un mortero machaca el queso con el vinagre. Remueve la pasta formada con estos dos ingredientes con una cuchara y ve añadiendo el aceite sin dejar de mover.

2 Ponlo media hora en sitio fresco y sirve en salsera. Puedes añadir algo de nata líquida, para dar mayor suavidad a la salsa.

Salsa carbonara

Tiempo de preparación: 15 minutos

Para 4 personas

100 g de beicon
50 g de queso rallado
50 g de mantequilla

100 g de nata líquida
2 yemas de huevo
sal y pimienta negra

1 Corta el beicon en tiritas y fríelo con la mantequilla en un cazo.

2 Añade entonces la nata líquida, las yemas bien batidas y el queso rallado, y ponlo de nuevo en el fuego, pero con mucho cuidado para que no vuelva a hervir, pues la nata se puede cortar. Añade sal y pimienta hasta que esté a tu gusto.

Salsa española

Tiempo de preparación: 45 minutos

Para 6 personas

¼ kg de piltrafas de carne
1 hueso pequeño de codillo
3 cucharadas soperas de aceite
  o manteca de cerdo
1 cucharada sopera rasa de harina
1 cebolla mediana picada (100 g)

125 g de zanahorias (3 medianas)
1 ramillete (perejil)
1 hoja de laurel
clavo de olor
agua (3 vasos de los de agua)
sal

1 En un cazo pon el aceite a calentar, dora (unos diez minutos) la cebolla picada, da vueltas con una cuchara de madera. Añade las piltrafas de carne (pero
sin grasa); rehógalas bien y luego agrega las zanahorias (si piel, lavadas y
picadas en cuadraditos). Dale unas vueltas y añade la harina. Revuelve con
una cuchara durante unos cinco minutos, añade entonces el agua fría, el ramillete, el clavo y el hueso de codillo. Deja cocer, a fuego lento, unos treinta
minutos.

2 Entonces saca el hueso de codillo y pasa la salsa por el chino. Vuelve a poner
en un cazo, mueve bien. Rectifica de sal y deja cocer a fuego lento hasta obtener el espesor que convenga.

Salsa de tomate

Tiempo de preparación: 25 minutos

Para 6 personas

1 kg de tomates bien maduros
3 cucharadas soperas de aceite frito
1 cucharada (de las de café) de azúcar

1 cebolla mediana (80 g), facultativo
sal

1 En una sartén pon las cucharadas de aceite frito previamente (o que haya
quedado de freír papas o alimentos que no le den gusto). Añade los tomates
cortados en pedazos y sin simientes. Con el canto de una espumadera machaca muy bien para que se deshagan lo máximo posible. Colócalos así du-

rante unos quince minutos sobre el fuego y después pásalos por el pasapurés. Entonces añade el azúcar y la sal, moviendo muy bien el puré obtenido. Sirve en salsera o cubre lo que quieras.

2 Hay a quien le gusta con cebolla. Cuando el aceite está caliente, echa primero una cebolla de unos 80 gramos picada; déjala freír unos cinco minutos, sin que se dore. Cuando la cebolla esté transparente, agrega el tomate y sigue como en la receta anterior.

Truco: _Al hacer la salsa de tomate en una sartén, ésta se queda del color del metal (casi plateada), pues el tomate limpia mucho. Para volver a utilizarla para otros platos (tortillas, fritos, etc.) hay que poner la sartén al fuego sin echar nada hasta que el fondo vuelva a ponerse negro. Sólo entonces se puede poner aceite y usarla sin que lo que se pone dentro se adhiera._

Salsa agridulce (china)

Tiempo de preparación: 10 minutos

Para 6 personas

1 ½ cucharadas soperas de azúcar	_1 cucharada sopera de salsa de soja_
2 cucharadas soperas de vinagre	_3 cucharadas soperas de jugo de naranja_
1 cucharada sopera de concentrado de tomate (Intercasa)	_1 cucharada (de las de café) de maicena_
	4 cucharadas soperas de agua

1 En un cazo pon el azúcar, el vinagre, el concentrado de tomate, la salsa de soja y el jugo de naranja. En una taza deslía la maicena con el agua.

2 Mezcla las dos cosas, ponlo en el fuego suave hasta que dé un hervor y sírvelo caliente.

La salsa agridulce (china) acompaña muy bien un asado de cerdo, unas chuletas, etc.

A continuación te explico la elaboración de la salsa romesco, que acompaña muy bien los mariscos, sobre todo en parrillada. Es una salsa fuerte y, por lo tanto, no debe abusarse de ella.

Salsa romesco

Tiempo de preparación: 3 horas 30 minutos

Para 6 personas

2 dientes de ajo	*2 cucharadas soperas de aceite fino*
2 pimientos rojos secos	*1 cucharada sopera de vinagre*
1 tomate bien maduro	*1 trocito de pimiento*
miga de pan (del grosor de un huevo	*sal y pimienta molida*
pequeño)	*agua*

1 La víspera por la noche, pon a remojar en agua fresca los pimientos.

2 Al hacer la salsa, pon la miga de pan, con un poco de agua templada para remojarla, en una taza.

3 Aparte, en un mortero, machaca los dientes de ajo, pelados, con un poco de sal para que no se escurran. Después añádeles los pimientos. Éstos se abrirán; con una cuchara quítales la simiente y raspa la carne, que se pondrá en el mortero, así como el trocito de guindilla. Machaca y agrega el tomate, pelado, cortado en trozos y sin las simientes. Añade a esto el migajón de pan, escurrido de su agua (apretándolo con la mano). Haz con todo ello como una crema, a la cual debes añadir poco a poco el aceite y el vinagre. Pasa por el pasapurés. Echa sal y pimienta molida y déjalo macerar en sitio fresco unas tres horas.

Truco: *Si al servir la salsa resulta muy espesa, puedes aclararla con caldo de cocer el pescado o los mariscos.*

Una receta para acompañar tortitas, helados y ensaladas de fruta es la de la salsa de caramelo.

Salsa de caramelo

Tiempo de preparación: 10 minutos

Para 4 personas

6 cucharadas soperas de azúcar
2 cucharadas soperas de agua

1 vaso (de los de vino) de agua caliente
unas gotas de jugo de limón

1 En un cazo pon el azúcar, las gotas de jugo de limón y las dos cucharadas de agua a fuego vivo y cuando se haga el caramelo, que debes remover con un alambre hasta que adquiera un bonito color, sácalo del fuego (con cuidado por el intenso vapor que desprende) y añade el agua caliente. Vuelve a ponerlo al fuego y deja que cueza cinco minutos hasta que espese un poco.

Salsa de chocolate, ideal para servir en salsera acompañando los budines, el helado de vainilla, unas peras cocidas, etc.

Salsa de chocolate

Tiempo de preparación: 10 minutos

Para 6 personas

2 cucharadas soperas de cacao, o 200 g
   de chocolate
4 cucharadas soperas de azúcar
6 cucharadas soperas de agua

2 vasos (de los de agua) de leche fría
1 cucharada (de las de café) de fécula
   de papa

1 En un cazo pon el chocolate en trozos con el agua. Ponlo al fuego para que se derrita. Aparte, en una taza, disuelve la fécula con un poco de leche. Añade el resto de la leche al chocolate ya disuelto y, dando siempre vueltas con una cuchara, agrega el azúcar y la fécula desleída. Cuece esto durante un par de minutos, moviendo bien, y retíralo. Ya enfriada la salsa, viértela en una salsera, colándola por un chino o colador de agujeros grandes.

Capítulo 20

Sopas, caldos, cremas y potajes

En este capítulo

▶ La mejor manera de servir estos platos

▶ Algunos consejos de preparación

▶ La congelación de sopas y potajes

▶ Algunas recetas, trucos y variaciones

Recetas de este capítulo

▶ Caldo al minuto

▶ Sopa de fideos simple

▶ Crema de calabaza y quesitos

▶ Gazpacho

▶ Vichyssoise

Cuando hace frío, ¿qué puede haber mejor que una buena sopa bien caliente que le devuelva a uno el tono? Y en verano, ¿hay algo más refrescante que una buena sopa bien fría?

Al pensar en las sopas, potajes, etc., se tiende a creer que sólo deben tomarse al comienzo de una de las principales comidas. Pero ¿por qué no cambiar nuestras costumbres y tomar una sopa en el desayuno un día que podamos prever una jornada dura y por lo tanto un gasto mayor de energía? Recordemos que las sopas de ajo eran el desayuno clásico de pueblos y conventos. O un día frío, en lugar del café de media mañana, ¿por qué no tomar un caldito?, o incluso a la hora de la merienda.

Algunas ideas para servir las sopas, las cremas y los potajes

Lo más habitual es servir las sopas, cremas o potajes al comienzo de la comida, si bien esto varía según los países. Recordemos el caso de China, en que se sirven al final para acelerar el proceso digestivo, o la anécdota de que la reina Victoria de Inglaterra solía tomarlas antes del desayuno, para abrir el apetito.

Si son *consomés* o *sopas* que podemos clasificar como claras, lo mejor es servirlas en cuencos de sopa o tazas de consomé (con dos asas). La capacidad es más o menos la misma que la de un plato sopero, pero la presentación varía haciéndola más original.

Las sopas espesas, potajes, etc., pueden servirse indistintamente en cuencos o platos hondos o soperos. Las sopas frías o en *gelée*, en cambio, hay que servirlas en taza.

También pueden presentarse las sopas en sopera, lo cual es agradable a la vista y evita, en nuestros tiempos en que cada vez es más difícil contar con ayuda, el ir y venir continuamente del comedor a la cocina con los platos, y además así cada cual se sirve la cantidad apetecida.

Para alguna ocasión especial en que te apetezca ser más original, puedes recurrir a presentaciones insólitas tal como una calabaza o un melón vaciado, especialmente para las sopas a base de frutas.

Conviene saber elegir qué tipo de sopa vas a presentar en relación con el resto del menú. Por ejemplo, un consomé debe introducir una serie de platos, ya que es algo ligero y puede servir como estímulo del apetito.

Por el contrario, las sopas espesas son algo importante en sí y pueden ser uno de los platos principales del menú.

La sopa, especialmente si es casera, tiene importantes virtudes nutritivas. Esto ya fue descubierto por nuestros antepasados, que mezclaban en ella muchos tipos de alimentos diferentes: verduras, carne, cereales, leche, etc.

Algunas definiciones

Caldo corto: Es un caldo, generalmente colado, en el que se pochan algunos alimentos delicados como pescados, verduras, etc.

Consomé: Es un caldo que cuece durante mucho tiempo para que se consuma y así quede un caldo sustancioso, enriquecido y que luego se clarifica (definición de "clarificar" en el léxico).

Caldo: Líquido que se obtiene de cocer prolongadamente en agua diferentes ingredientes como aves, carnes, verduras, etc. Se obtiene por la cocción prolongada de los ingredientes en conjunto, y al final se cuela.

Bisque: Es un término francés para designar un puré cremoso de crustáceos. Suele tener un fondo de tomate, coñac, mantequilla y crustáceos, todo rehogado, y luego cocido, triturado y alargado con caldo de la cocción del crustáceo.

Normas básicas para la congelación de las sopas y los potajes

Para congelar las sopas y los potajes es conveniente seguir ciertas normas. Deja que se enfríe en el refrigerador, retira la capa de grasa que se forme y luego mételo en el congelador. Existen en el mercado unos recipientes de plástico herméticos especiales para este menester.

Ten cuidado con las sopas a base de nata o huevos, se pueden descomponer, por lo que es mejor agregar dichos ingredientes cuando vayas a recalentarlas, después de haberlas descongelado. Para corregir este problema puedes pasarlas por la batidora para volver a homogeneizarlas.

Cuando pienses de antemano que vas a congelar una sopa o un potaje, sálalo algo menos de lo habitual.

Consejos para que las sopas queden perfectas

Se puede argumentar que al realizar una cocción prolongada, las verduras pierden parte de sus vitaminas, pero a esto tenemos que contestar que éstas pasan al caldo y la sopa es la suma de estas dos cosas.

Lo que sí conviene hacer, si hemos cocido carne con grasa, es dejar reposar la sopa una vez hecha y retirar el exceso de grasa que se forma en la superficie del caldo.

- ✔ **Sopa de cebolla:** Te aconsejamos que cortes las rodajas de cebolla muy finas y que las rehogues previamente a fuego muy suave, vigilando para que no tomen apenas color.

- ✔ **Crema de coliflor:** Cuece la coliflor, pásala por la batidora y rehoga luego este puré en un poco de mantequilla, hasta que empiece a caramelizarse muy ligeramente; luego, añade el caldo de la cocción hasta obtener la consistencia deseada.

- ✔ **Sopa de col:** Las hay muy variadas, pero siempre es preferible cocer unos instantes el repollo, tirar ese primer caldo y luego cocerlo en la forma que se haya decidido para eliminar parte de su acritud.

- ✔ **Consomé:** Para darle color, si ha quedado demasiado claro, prepara un poco de caramelo hecho con una cucharadita de azúcar y unas gotas de agua. Debe estar bien tostado (pero no quemado, pues daría un gusto amargo al caldo).

- ✔ **Potaje de garbanzos:** Para que los garbanzos resulten tiernos, ponlos a cocer en agua templada. Si en mitad del guiso hay que añadirles agua, ésta debe ser siempre caliente.

- ✔ **Desgrasar una sopa o caldo:** Puedes ir quitando la grasa con un cazo pequeño o esperar a que se enfríe el caldo, entonces la grasa subirá y se fijará en la parte superior y podrás retirarla.

Comprueba qué fácil es hacer un cuarto de litro de caldo rápidamente.

Caldo al minuto

Tiempo de preparación: 1 hora

Para 2 personas

100 g de vaca magra picada
1 cebolla pequeña picada (70 g)
2 zanahorias medianas en rodajas
  (100 g)
1 ramillete de perejil

1 diente de ajo y laurel (½ hoja)
1 ½ cucharadas soperas de aceite
1 ½ cucharadas soperas de vino blanco
½ l de agua hirviendo
sal

1 Pon el aceite en una ollita o cazo; cuando esté caliente, rehoga la carne y las verduras picadas y añade poco a poco el agua hirviendo, conseguirás así un cuarto de litro de caldo muy bueno.

2 Si es para un enfermo, será mejor suprimir la cucharada de aceite y poner la carne en el agua fría, y cuando rompa a hervir, quitar la espuma y añadir las verduras, el vino (si se quiere) y la sal.

Cuidado: *Espumar las sopas y caldos es algo que debe hacerse especialmente en aquellos a base de verduras, carne o ave. Para hacerlo, retira con una espumadera la espuma que se forme en la superficie. Hazlo en cuanto se forme, ya que, si no, puede alterar el sabor.*

Sopa de fideos simple

Tiempo de preparación: 20 minutos

Para 6 personas

2 l de caldo (de cocido o de preparados)   *125 g de fideos*

1 Cuando el caldo esté caliente, echa los fideos poco a poco con la mano y deja cocer despacio durante quince minutos más o menos (esto depende de la clase de fideos). Ten mucho cuidado de que no se deshagan, pues el caldo se pone lechoso y no es bueno. Quita la espuma que se forma por encima, rectifica de sal y sirve en seguida. Debes hacer esta sopa en el momento en que vas a tomarla.

Crema de calabaza y quesitos

Tiempo de preparación: 20 minutos

Para 1 persona

1 porción de quesitos (tipo La vaca que   agua
*   ríe, M. G., etc.) por persona   sal*
1 calabaza de unos 150 g por persona

1 Limpia las calabazas, pélalos a medias y córtalos en rodajas bastante finas. Ponlos en un cazo cubiertos justo de agua. Sala moderadamente. Cuécelos durante unos veinte minutos y cuando estén templados, pásalos por tandas en la batidora, añade cada vez las porciones de quesitos correspondientes.

2 Rectifica de sal una vez pasada toda la sopa.

Truco: *Propongo no pelar más que la mitad, pues a veces la corteza de las calabazas amarga un poco si se pone toda.*

Gazpacho

Tiempo de preparación: 15 minutos

Para 6 personas

1 ¼ kg de tomates maduros pelados y sin   1 taza de aceite fino
*   las semillas   2 cucharadas de vinagre*
½ cebolla mediana (80 g)   agua fría
1 pepino pequeño   unos trozos de hielo aparte, en platitos
1 pimiento verde pequeño   separados
¼ kg de miga de pan (del día anterior   un poco de tomate en cuadraditos,
*   y remojada en agua)   pimiento, pepino y trocitos de pan (del*
sal   día anterior están mejor)

1 Pon en la batidora, en varias tandas, parte de las hortalizas, un poco de vinagre, un poco de aceite y parte del pan. Bate bien para que quede muy fino. Si hace falta algo de agua, añádela, aunque no suele ocurrir, pues el tomate es muy caldoso.

2 Una vez batido todo, ponlo en la sopera en la que vayas a servirlo y métalo en el refrigerador.

3 Al servir el gazpacho pon unos cubitos de hielo, muévelo para que se enfríe bien y añade el agua fría. Ésta se pone al gusto, pues hay quien prefiere el gazpacho espeso y quien lo prefiere clarito.

4 Aparte sirve las verduras picadas, cada una en un platito, y también por separado el pan a trocitos.

Vichyssoise

Tiempo de preparación: 1 hora

Para 6 personas

4 poros grandes (sólo lo blanco)
1 cebolla grande (150 g)
2 cucharadas de mantequilla (40 g)
5 papas medianas (1 kg)
4 vasos (de los de vino) bien llenos de
    caldo (se puede hacer con caldo
    del que venden ya preparado)

3 vasos (de los de vino) bien llenos de
    leche
¼ l de nata líquida
2 cucharadas (de las de café) de perejil
    picado
sal

1 En una cacerola pon la mantequilla a derretir; primero echa la cebolla y, al ratito, los poros cortados menudos. Cuando esté sólo ligeramente dorado, añade las papas y el caldo, y deja cocer muy despacio durante cuarenta minutos (más o menos). Retíralo del fuego y deja enfriar un poco. Pásalo entonces por la batidora. Agrega la leche y vuelve a pasar todo junto por la batidora.

2 Vierte la sopa en una sopera de cristal o loza, rectifica de sal y añade entonces la nata. Métela en el refrigerador, tapada con un plato para que no tome ningún gusto. Suele hacerse por lo menos con doce horas de anticipación y está mejor hecha veinticuatro horas antes.

3 En el momento de servir en tazas de consomé o soperitas individuales, espolvorea cada una con un poco de perejil picado y sírvelo muy frío.

Truco: *Le va bien añadir en el agua de cocer un cubo de caldo de pollo machacada.*

Parte IV
Con las manos en la masa

—SEGURO, PEPE,
¡ÉSTA NO ES LA FORMA DE CORTAR LA ZANAHORIA!

En esta parte...

Recetas para cada momento: cuando tienes prisa, cuando tienes invitados, ocasión para la que te ofrecemos además algunas normas de etiqueta, así como recetas para que te conviertas en la admiración de tus comensales.

Capítulo 21

Cocina rápida para días con prisa

En este capítulo

► Nada tiene que ver este capítulo con el *fast-food*

► Recetas sencillas, asequibles, hechas en poco tiempo

► Menús enteros en menos de 30 minutos

► Trucos para ahorrar tiempo

a cocina rápida no tiene por qué ir en contra de la calidad o la variedad. A continuación te damos una serie de recetas para que veas que en muy poco tiempo puedes realizar platos muy ricos y saludables.

Aparte de estas recetas debes recordar el apartado de "Los utensilios básicos e imprescindibles" ya que así comprobarás que hay utensilios de cocina que te permitirán hacer platos de forma rápida y sencilla como son, por dar un par de ejemplos, el microondas y la licuadora.

Primeros

Un primer plato que puedas apañar en menos de treinta minutos siempre te resultará cómodo cuando tengas que preparar algo para la familia o para invitados.

Bocadillos con queso y cerveza

Tiempo de preparación: 15 minutos

Para 4 personas

pan de molde en rebanadas
200 g de queso tipo gouda o chester

4 cucharadas soperas de cerveza
1 cucharada (de las de café) de mostaza

1 Tuesta las rebanadas de pan y resérvalas al calor. En una cacerola pon la cerveza a calentar y echa el queso cortado en trozos. Remueve hasta obtener una pasta lisa. Añade entonces la mostaza y vuelve a mezclar. Cubre con esta mezcla las tostadas y mételas en el horno a gratinar. Sácalas cuando estén bien doraditas.

2 Puedes servirlas como aperitivo, en cuyo caso convendrá partirlas en trozos más pequeños, o como entrada acompañadas de una ensalada.

Arroz en salsa

Tiempo de preparación: 25 minutos

Para 4 personas

400 g de arroz blanco, ya cocido
4 cucharadas soperas de aceite
1 cucharada sopera de harina
1 cebolla mediana (80 g)
1 diente de ajo
unas ramitas de perejil

1 cucharada sopera de perejil picado muy menudo
1 vaso (de los de agua) de agua fría
1 lata de espárragos (facultativo)
sal y pimienta

1 Reserva el arroz ya cocido. En una sartén, pon el aceite a calentar; cuando esté, echa la cebolla pelada y picada y deja que se haga.

2 Mientras tanto, machaca en el mortero el diente de ajo y la ramita de perejil con un poco de sal.

3 Cuando la cebolla esté transparente (pasados unos cinco minutos más o menos) añade la harina y dale unas vueltas con una cuchara de madera y agrega poco a poco el agua fría. Cuece un poco esta salsa y coge un par de cucharadas, que añadirás a lo machacado en el mortero, revolviendo muy bien.

4 Incorpora el contenido del mortero a la salsa de la sartén y revuelve todo junto.

5 En una cacerola de barro cuela la salsa por un chino o colador de agujeros grandes. Echa el arroz y mezcla, espolvorea con un poco de pimienta y el perejil picado. Adorna con los espárragos, que deberán estar templados, y sirve en seguida.

Truco: No remuevas nunca el arroz con un tenedor mientras se cuece porque si no se te pegará.

Brochetas de salchicha

Tiempo de preparación: 15 minutos

Para 4 personas

4 salchichas frescas
2 manzanas
jugo de un limón

4 tiras de beicon
2 cucharadas soperas de aceite

1 En unas brochetas ve alternando trozos de salchicha con trozos de manzana pelada y rociada con jugo de limón y trozos de beicon.

2 Unta todo ello con aceite y deja que se hagan al grill durante diez minutos, dándoles la vuelta con frecuencia. Puedes acompañarlas con un resto de arroz y rehogarlo con piñones y pasas.

Canapés de requesón y aceitunas

Tiempo de preparación: 10 minutos

Para unos 12 canapés

1 barra de pan
1 ramillete de cebollino
500 g de requesón
150 g de aceitunas negras

6 cucharadas soperas de`aceite de oliva
2 chalotas
pimienta

1 Quítales el hueso a les aceitunas. Pela las chalotas, lava y seca el cebollino. Pica o mezcla en la batidora las aceitunas y las chalotas. Pica el cebollino finamente con unas tijeras. Mezcla esto en la ensaladera con el requesón y poco a poco incorpora el aceite de oliva. Espolvorea con pimienta y métela al refrigerador.

2 Haz rebanadas de pan de por lo menos 1 centímetros de grosor. Úntalas con la mezcla.

Sugerencia: *Decóralos bien con un aro de cebolla, bien con una aceituna negra colocada en el centro.*

Crema de aguacates

Tiempo de preparación: 15 minutos

Para 4 personas

3 aguacates
¾ l de caldo de ave (puede hacerse con
  una pastilla o con caldo preparado)

¼ l de bechamel clarita o de nata líquida
1 limón
sal y pimienta

1 Pela los aguacates, rocíalos con el jugo de medio limón y quítales el hueso. Pasa su pulpa por la batidora junto con el caldo y la bechamel clarita o la nata.

2 Salpimienta a tu gusto. Comprueba que la crema es uniforme. Métela en la nevera hasta el momento de ir a servir.

Sugerencia: *Adorna la sopera o las tazas tipo consomé donde las vayas a servir con unas rodajas muy finas de limón que harás con el medio limón sobrante. Sírvelo bien fresco.*

Truco: *Si no te acuerdas de cómo se hace la bechamel, ve al capítulo 19, "Las salsas y sus fondos".*

Ensalada de arroz

Tiempo de preparación: 15 minutos

Para 2 personas

1 tazón de arroz cocido
1 lata o 1 bolsa de maíz congelado
un puñado de pasas (sin pepitas)

1 manzana reineta, o más bien ácida
salsa rosa

1 Ten hecha la mayonesa normal (o ten a mano un bote de mayonesa) y añádele a ésta: tomate concentrado, media cucharadita de mostaza y una cucharada sopera de coñac.

2 Si el maíz es congelado, cuécelo en agua hirviendo durante unos cuatro o cinco minutos. Déjalo enfriar y utilízalo.

3 Las pasas, si están algo secas, ponlas a remojo en un poco de agua templada. Después sécalas bien con un paño.

4 Mezcla bien todos estos ingredientes y déjalos en el refrigerador durante una hora antes de servir.

5 Siempre puedes adornar la fuente con rodajas de tomate, de huevo duro, etc.

Ensalada de endibias y salmón

Tiempo de preparación: 25 minutos

Para 4 personas

400 g de salmón ahumado en tiras
2 endibias
½ pepino
200 g de apio en rama
25 g de cebolla picada

Para la salsa:
50 g de cebolla muy picada
1 vaso (de los de vino, no lleno) de vino
    blanco seco
1 vaso (de los de agua) de nata líquida

1 cucharada de postre de alcaparras
unas ramitas de eneldo
2 cucharadas soperas de aceite de oliva
50 g de huevas de salmón o de caviar
sal y pimienta

1 vaso (de los de agua) de caldo de
    pescado
150 g de mantequilla

1 Separa las hojas de endibia y córtalas en tiras. Pela el pepino y córtalo en dos a lo largo. Quítale las simientes y corta cada mitad en palitos.

2 Quita los hilos al apio y córtalo en tiritas como el pepino. Corta el salmón en tiras. Pica el eneldo.

3 Prepara la salsa. En un cazo pon el vino a calentar junto con la cebolla y déjalo hasta que se reduzca. Añade el caldo de pescado. Deja que se reduzca casi del todo, agrega la nata líquida y deja que espese un poco batiéndola. Vete añadiendo la mantequilla por tandas, removiendo con las varillas para que quede bien incorporada. Salpimienta a tu gusto.

4 En una ensaladera (o en los platos) reparte las hojas de endibia, las tiras de pepino y de apio, las de salmón y las alcaparras, rocía con el aceite y el jugo de limón. Rocía las verduras con la salsa (pero no el salmón), espolvorea el eneldo picado, decora con las huevas y sirve.

Truco: *Ahora se encuentra salmón al eneldo ya preparado; si lo utilizas ganarás tiempo porque evitarás tener que picar dicha hierba.*

Espagueti con camarones

Tiempo de preparación: 20 minutos

Para 4 personas

400 g de espagueti fresco
2 calabazas bien firmes
50 g de pistachos
200 g de gambas
5 cucharadas soperas de aceite de oliva

2 cebollitas francesas
una pizca de orégano
1 cucharada sopera de albahaca picada
sal y pimienta

1 Lava, seca y corta la piel de las calabazas en tiras como bastoncillos, pero algo gruesos. Pela las gambas dejando sólo las colas. Pon las cáscaras a cocer en 2 litros de agua. Pela y pica menuda la cebolla. En una sartén pon a calentar la mitad del aceite y cuando esté, echa la cebolla picada y déjala hasta que esté transparente; salpimienta las tiras de calabaza y saltéalas durante cinco minutos. Añade las colas de gambas, los pistachos pelados y el orégano y rehoga hasta que las gambas dejen de estar transparentes.

2 Cuela el caldo de cocer las cáscaras de gambas, y en este mismo caldo, al que añadirás sal, cuece los espaguetis "al dente", escúrrelos y mézclalos con lo de la sartén añadiendo el aceite reservado y el perejil picado. Sírvelos, en platos previamente calentados.

Huevos con mejillones

Tiempo de preparación: 20 minutos

Para 4 personas

8 huevos
1 kg de mejillones
1 vaso de vino blanco seco
1 cebolla
50 g de mantequilla

1 vaso (de los de vino) de nata líquida
100 g de gambas
1 cucharada sopera de perejil picado
sal y pimienta

1 Haz los huevos duros en la forma habitual. Limpia los mejillones y ponlos en una sartén junto con la cebolla picada muy menuda y que antes habrás refrito en la mantequilla hasta que esté transparente. Salpimienta. Déjalo a fuego vivo hasta que los mejillones se abran (unos siete minutos), quítales las conchas y filtra el jugo por un colador con una gasa en el fondo. Añádele la nata y deja que cueza suavemente hasta que se haya reducido un poco.

2 Agrega entonces los mejillones a esta salsa junto con las gambas peladas y rehogadas hasta perder su transparencia. Añade los huevos descascarillados y partidos por la mitad, espolvorea con el perejil picado y sírvelo bien caliente.

Sugerencia: Puedes acompañarlo con triángulos de pan frito.

Truco: No dejes que los huevos cuezan más de doce minutos si son pequeños porque, si no, la yema se volverá verdosa.

Mejillones con mantequilla, ajo y perejil

Tiempo de preparación: 10 minutos

Para 4 personas

2 kg de mejillones
1 vaso (de vino) de agua fría
1 vaso de vino blanco
1 chalota
una pizca de hierbas aromáticas

250 g de mantequilla
3 dientes de ajo
3 cucharadas soperas de perejil picado
sal

1 Limpia y lava rápidamente los mejillones. Cuécelos en la sartén con agua, vino blanco, una chalota pelada y picada, una pizca de hierbas aromáticas y sal. Caliéntalos y saltéalos bien. Cuando las conchas se hayan abierto retíralos. Quítales la concha vacía y colócalos apoyados en la que queda, en platitos de metal o barro individuales que puedan ir al horno.

2 En una ensaladera mezcla la mantequilla, los dientes de ajo pelados y picados muy finos y el perejil. Cuando esté bien mezclada esta pasta, pon un poco sobre cada mejillón, de forma que quede bien cubierto. Mételos al horno unos cuatro minutos, justo para que la pasta se derrita y esté bien caliente. Sírvelos en seguida.

Cuidado: Desecha los mejillones que no se hayan abierto porque pueden resultar tóxicos.

Queso de cabra frito con ensalada

Tiempo de preparación: 10 minutos

Para 4 personas

1 escarola
unas hojas de lechuga
4 quesitos de cabra de porción
aceite (para freír los quesitos)
4 cucharadas (de las de café) de comino

1 cucharada sopera de vinagre
3 cucharadas soperas de aceite de girasol
1 huevo
1 plato con pan rallado
sal y pimienta

1 Lava las ensaladas, sepáralas, córtalas y ponlas en una ensaladera.

2 Prepara una salsa vinagreta mezclando el aceite, el vinagre, la sal y la pimienta y aliña con ello la ensalada.

3 Reboza cada queso con huevo batido y pan rallado, y fríelo en el aceite.

4 Sirve los quesos rodeados por la ensalada aliñada.

Tomates con champiñones

Tiempo de preparación: 15 minutos

Para 4 personas

4 tomates gordos
300 g de champiñones
el jugo de ½ limón
2 cucharadas soperas de nata líquida
60 g de queso parmesano en láminas

1 cucharada (de las de café) de mostaza
2 cucharadas soperas de perejil picado
unas hojas de lechuga o de canónigos
sal y pimienta molida

1 Lava y seca los tomates. Quítales un "sombrero" de la parte superior y vacíalos ligeramente con una cucharita, sálalos y ponlos boca abajo para que suelten su agua.

2 Mientras, separa las cabezas de los champiñones y lávalas en agua fría con unas gotas de jugo de limón. Córtalas en láminas.

3 Mezcla la nata líquida con la mostaza y cuando esté bien mezclada añade las láminas de champiñón y el perejil picado, y sal y pimienta a tu gusto.

4 En un plato de servir, cubre el fondo con hojas de lechuga y pon los tomates rellenos encima. Reparte por encima las láminas de parmesano y sirve.

> **Sugerencia:** *Si tuvieses que esperar, déjalo en la nevera.*

> **Truco:** *No tires los pies de los champiñones porque con ellos podrás hacer una crema en otro momento.*

Segundos

Suelen ser los platos que llevan más rato de preparación pero aquí te damos unos ejemplos para quedar bien sin perder demasiado tiempo elaborándolos; algunos, incluso, con un grado alto de sofisticación.

Besugo al limón

Tiempo de preparación: 20 minutos

De 2 a 4 personas

1 besugo pequeño de ración (½ kg o algo más)
1 limón
2 dientes de ajo

2 cucharadas soperas de aceite de oliva
2 cucharadas soperas de aceite de nuez
sal y pimienta

1 Corta la piel del limón en tiras a lo largo. Haz unas incisiones en el besugo por ambos lados. Frótalo con una mezcla de sal y pimienta. Pela los ajos y córtalos en láminas. Mete en cada incisión unas láminas de ajo y una tira de cáscara de limón.

2 Pon el besugo en una fuente de horno, después de haberlo untado bien por todos sus lados con la mezcla de los dos aceites.

3 Mételo en el horno caliente y deja que se haga durante dieciocho minutos dándole la vuelta una sola vez. Sácalo del horno y sírvelo.

Truco: *Para que el ajo no repita y no resulte indigesto, córtalo por la mitad a lo largo y quítale el germen verde central.*

Carne picada con puré de papas

Tiempo de preparación: 15 minutos

Para 4 personas

un puñado de pasas de Corinto
puré de papa en copos (125 g)
30 g de mantequilla
leche (la que se indique en el paquete
   de puré)

sal y pimienta
4 hamburguesas de carne de las
   que venden ya preparadas (o el
   equivalente de carne picada)

1 Pon las pasas en una taza cubiertas de agua y programa un minuto a potencia máxima en tu microondas. Sácalas y déjalas cinco minutos en reposo.

2 Prepara el puré de papa como venga indicado en el paquete con la leche, la mantequilla, etc. Cuando esté hecho, pon la mitad del mismo en el fondo de una fuente de microondas algo honda. Sobre él coloca las hamburguesas desmenuzadas y las pasas, y salpimienta. Cubre con el resto del puré y alisa la superficie con un tenedor para que haga un dibujo. Reparte unas avellanas de mantequilla por encima.

3 Cubre con plástico transparente o papel de cocina apto para microondas, al que harás agujeros pequeños con ayuda de una punta de cuchillo. Métela en el microondas y programa cuatro minutos a 70 por ciento de su potencia.

4 Sírvelo caliente.

Cuidado: *Ésta es una receta para microondas.*

Codornices a la naranja

Tiempo de preparación: 30 minutos

Para 3 personas

6 codornices
6 tiras de beicon
1 cebolla
4 cucharadas soperas de aceite
2 naranjas

½ limón
2 cucharadas soperas de Cointreau
  o Grand Marnier
una ramita de tomillo
sal

1 Despluma las codornices, flaméalas con alcohol para quitarles los restos, vacíalas y sálalas. Enrolla alrededor de cada codorniz una tira de beicon y átalas. Pela y pica menuda la cebolla.

2 En una cacerola pon el aceite a calentar y dora en él las codornices por todos sus lados. Sácalas y resérvalas al calor. Echa la cebolla y déjala hasta que esté transparente. Vuelve a meter las codornices en la cacerola, añade el jugo de las naranjas y del medio limón, así como el licor y la ramita de tomillo. Deja que cueza de quince a veinte minutos.

3 Saca las codornices, quítales la cuerda y la tira de beicon y ponlas en una fuente. Cúbrelas con la salsa que antes habrás dejado cocer algo más para que se reduzca un poco.

Truco: *Para ahorrar tiempo compra codornices de las que ya vienen desplumadas.*

Filetes de cerdo con miel

Tiempo de preparación: 5 minutos

Para 4 personas

4 filetes de cinta de cerdo
4 cucharadas soperas de miel líquida
2 cucharadas soperas de aceite

una pizca de curry
sal y pimienta

1 Pon el aceite a calentar en una sartén. Cuando esté en su punto, fríe los filetes cuatro minutos por cada lado (este tiempo depende de si te gusta más o menos hecha la carne). Salpimienta y resérvalos al calor en la fuente de servir (que habrás calentado previamente).

2 Vierte en la sartén la miel y rasca el fondo un poco con una cuchara de madera. Añade la pizca de curry y remueve bien. Sírvelo en seguida.

3 Vierte esto sobre los filetes.

Sugerencia: Decora con unas rodajas de limón.

Hamburguesas de pavo con salsa de cangrejo

Tiempo de preparación: 20 minutos

Para 4 personas

4 panecillos de hamburguesa
100 g de pechuga de pavo
*1 cucharadita (de las de café) de salsa
    tabasco*
4 hojas de lechuga (lavadas y secadas)

1 clara de huevo
1 cebolla pequeña
*1 cucharada de las de postre de
    alcaparras*
sal y pimienta

Para la salsa:
1 yema de huevo
*1 cucharada sopera de cilantro fresco
    picado*
*1 cucharada sopera de alcaparras
    ligeramente picadas*

1 cucharada sopera de mostaza de Dijon
*1 cucharada sopera de jugo de limón
    verde*
3 cucharadas soperas de aceite
250 g de carne de cangrejo (de lata)

1 Enciende el horno a 200 grados.

2 Prepara la salsa mezclando todos los ingredientes en un cuenco, salvo la carne de cangrejo; mezcla enérgicamente con las varillas, añade después la carne de cangrejo en tiritas y mezcla con delicadeza. Reserva esta salsa.

3 Pica la pechuga de pollo, mezcla con sal y pimienta y agrega las alcaparras, el tabasco, la clara de huevo y dale forma redonda. Fríela en una sartén hasta que quede bien hecha, a tu gusto.

4 Unta la parte inferior del panecillo con un poco de salsa, pon una capa de rodajas de cebolla finas y un poco de lechuga cortada en tiritas también finas.

Sobre esto pon las hamburguesas de pavo y cúbrelas con la salsa de cangrejo y luego tápalas con el otro trozo de panecillo y mételo en el horno hasta que el panecillo esté bien caliente.

Pechugas de pollo al roquefort

Tiempo de preparación: 20 minutos

Para 4 personas

2 pechugas de pollo partidas por la mitad
2 cucharadas soperas de aceite
60 g de queso roquefort

100 g de nata líquida
1 cucharada (de las de postre) de coñac
sal y pimienta

1 Salpimienta las pechugas de pollo. En una sartén pon el aceite a calentar y dora en él las pechugas por todos sus lados, dándoles la vuelta de vez en cuando. Cuando estén hechas, retíralas y resérvalas al calor.

2 Pon el roquefort desmigajado en un cazo pequeño, añade la nata líquida y calienta suavemente hasta que el queso se derrita.

3 En la sartén donde freíste las pechugas, quita parte de la grasa y añade el coñac caliente y rasca un poco con ayuda de una cuchara de madera. Añade la crema de roquefort y mezcla bien. Incorpora las pechugas y deja que se calienten en la salsa dos o tres minutos.

4 Sírvelas con la salsa por encima. Puedes acompañarlas con ejotes verdes o papas fritas.

Rollitos de langostinos

Tiempo de preparación: 20 minutos

Para 2 personas

unas láminas de brick *para hacer rollitos*
   chinos (las venden ya en paquetes)
3 poros
25 g de mantequilla

30 g de langostinos
1 cucharada sopera de salsa de soja
sal y pimienta

1 En una sartén, pon la mantequilla a derretir y cuando esté, rehoga en ella los poros previamente lavados, secados y cortados en juliana. Cuando estén transparentes, añade las colas de los langostinos cortadas en trocitos, rehoga hasta que dejen de estar transparentes y agrega entonces la soja, sal y pimienta a tu gusto.

2 Rellena con esto los *brick* y enróllalos cerrándolos bien. Fríelos en aceite abundante hasta que estén bien dorados.

Para que no se te salga el relleno, pliega primero hacia dentro uno de los bordes y para que al enrollarlo te quede pegado humedece las puntas de tus dedos en agua.

Cuidado: *Debe estar bien seco el rollito por fuera antes de echarlo en el aceite porque, si no, puede salpicar éste y quemarte.*

Salmón con sucedáneo de caviar

Tiempo de preparación: 7 minutos

Para 4 personas

4 rodajas medianas de salmón
1 cartón pequeño de nata líquida
1 bote pequeño de sucedáneo de caviar

10 g de mantequilla
1 chorrito de vino blanco
sal y pimienta

1 Unta una fuente de microondas con la mantequilla y pon sobre ella las rodajas de salmón. Rocíalo con el vino blanco, salpimiéntalo y mételo tres minutos al microondas.

2 Sácalo, rocíalo con la nata líquida mezclada con la mitad del sucedáneo del caviar. Vuelve a calentar en el microondas dos minutos, sácalo y decora con el resto del sucedáneo de caviar. Sirve en seguida.

Sugerencia: *Puedes acompañarlo con papas paja o unas tiritas de piel de calabaza fritas.*

Solomillo a la pimienta

Tiempo de preparación: 20 minutos

Para 4 personas

4 filetes de solomillo gruesos
1 cucharada sopera de aceite
25 g de mantequilla
1 cartón pequeño de nata

1 bote pequeño de pimienta verde
400 g de champiñones
1 cucharada sopera de vino blanco
sal

1 Limpia los champiñones bajo un chorro de agua fría, sécalos con un paño limpio, córtalos en láminas gruesecitas. En una sartén, pon la mantequilla a derretir y rehoga los champiñones, añádeles la cucharada sopera de vino.

2 Escurre la pimienta verde de su líquido, machácala en el mortero y mézclala con la nata líquida.

3 Fríe los solomillos a la plancha con el poquito de aceite hasta el punto que te gusten (unos cuatro minutos por cada lado está bien), retíralos y resérvalos al calor.

4 Agrega el jugo que hayan soltado a la nata con la pimienta, mezcla, añade los champiñones y mezcla todo calentándolo bien. Sirve los solomillos con esta salsa por encima.

Sugerencia: *Puedes acompañarlos con papas a lo pobre o con lazos de pasta.*

Truchas tipo Sanabria

Tiempo de preparación: 15 minutos

Para 4 personas

4 truchas
1 vaso (de los de vino) de aceite
3 cucharadas soperas de vinagre
2 dientes de ajo
1 cucharada sopera de perejil

1 cucharada (de las de café) de
   pimentón
½ vaso (de los de vino) de agua
sal

1 Pon todos los ingredientes, salvo las truchas, en una cacerola y, en cuanto empiecen a cocer, añade las truchas saladas por dentro y por fuera, tapa el recipiente y deja que se hagan durante unos minutos. Sírvelas en seguida.

Sugerencia: *Si las vas a servir como plato único, puedes acompañarlas con una verdura al vapor o con unas papas cocidas.*

Postres

Culmina una comida exprés sin renunciar a un rico postre. No tienes excusa pues muchos de ellos no te llevarán más de diez minutos de preparación.

Carpaccio *de frutas con helado de limón*

Tiempo de preparación: 10 minutos

Para 4 personas

4 fresones grandes
¼ de piña
½ manzana
2 kiwis
1 vaso de agua

1 vaso de azúcar
1 vaina de vainilla
4 cucharadas soperas de sorbete de
   limón
unas hojitas de menta

1 Prepara un almíbar poniendo a cocer el agua con el azúcar y las semillas que se encuentren en el interior de la vaina de vainilla (para sacarlas deberás abrirla en dos a lo largo). Pela los kiwis y la piña, y corta todas las frutas lo más finas posible.

2 Coloca la fruta cortada en forma de *carpaccio* sobre los platos de servir y rocíala con el almíbar, que deberá estar ya frío.

3 En el momento de servir, pon en el centro una bola de helado de limón.

Truco: *También puedes darle forma alargada si lo tomas entre dos cucharas como si fueses a hacer una croqueta y quedará más original.*

Copas de fresón

Tiempo de preparación: 10 minutos

Para 2 personas

¼ kg de fresón	50 g de nata líquida
1 yogur natural	2 cucharadas soperas de azúcar

1 Bate la nata con las varillas hasta que esté ligeramente montada. Lava, quita las hojas verdes a los fresones y pasa 200 gramos por la batidora hasta obtener un puré, añádele el yogur y el azúcar, y vuelve a batir unos instantes. Incorpora la nata montada.

2 Ponlo en copas individuales y decora con los fresones reservados.

3 Métela en la nevera hasta el momento de servir.

Sugerencia: *Puedes acompañarlo con unas lenguas de gato.*

Ensalada de frutas con salsa de caramelo

Tiempo de preparación: 10 minutos

Para 2 personas

1 melocotón
1 plátano
1 kiwi

unas cerezas
el jugo de media naranja

Para la salsa:
125 g de azúcar
200 g de nata líquida
hielo picado

1 cucharada sopera colmada de
    caramelo líquido (se puede utilizar el
    que venden ya preparado)

1 En una ensaladera mezcla las frutas peladas (salvo las cerezas, a las que únicamente se les quitará el hueso) y picadas en trocitos. Rocíalas con el jugo de media naranja y mete la ensaladera en la nevera.

2 Prepara la salsa batiendo la nata líquida con el azúcar en un cuenco puesto sobre hielo picado, añade el caramelo líquido y bate muy bien.

3 Saca la ensaladera del refrigerador, rocía las frutas con la salsa y sirve el resultado bien fresco.

Truco: También puedes rociar las frutas con jugo de limón y emplear otras variedades de frutas como fresones, fresquillas, etc.

Fondue de chocolate

Tiempo de preparación: 25 minutos

Para 4 personas

200 g de chocolate fondant
1 dl de leche

50 g de mantequilla

Para acompañar:
kiwis, plátanos, piña, etc.

bizcocho o magdalenas

1 Corta la fruta en rodajas, trozos o gajos, y el bizcocho o las magdalenas en trozos, y ponlo en platitos o recipientes pequeños.

2 En el momento de irla a servir, pon el chocolate a derretir en la leche, partido en trozos. Añade la mantequilla y remueve. Deberás obtener una crema untuosa. Coloca el cacharro de la *fondue* al calor y cada uno pinchará un trozo de fruta o una pieza de repostería, lo meterá en el chocolate caliente y lo sacará recubierto de chocolate para comerlo.

Sugerencia: *Este postre está indicado para cenas o comidas en las que participen niños.*

Cuidado: *Al llevar el recipiente de la* fondue *a la mesa puede caerse y quemarte.*

Truco: *Rocía el plátano con jugo de limón y así no se pondrá oscuro.*

Mousse *de limón y yogur*

Tiempo de preparación: 10 minutos

Para 4 personas

6 yogures desnatados naturales	*3 claras de huevo*
4 cucharadas soperas de azúcar	*2 limones*

1 En una ensaladera, pon los yogures junto con el azúcar y la cáscara de los limones rallada muy fina. Bate con las varillas.

2 Aparte, bate las claras a punto de nieve firme y luego incorpóralas con cuidado (para que no se bajen) a la mezcla anterior. Repártelo en copas o recipientes individuales y métalo en la nevera al menos tres horas antes de ir a servirlo.

Sugerencia: *Puedes acompañarla con barquillos o Mikados de chocolate.*

Truco: *Esta* mousse *puedes transformarla en helado metiéndola en el congelador. También resultará muy rica si echas al servirla un chorrito de cava.*

Cuidado: *Añade el cava sólo si lo van a tomar adultos.*

Sabayón *con fresón*

Tiempo de preparación: 15 minutos

Para 4 personas

250 g de fresones
6 yemas de huevo
150 g de azúcar

¼ l de vino blanco dulce
3 cucharadas soperas de aguardiente de
  frambuesa o de ron

1 Lava, seca, quita las hojitas y parte por la mitad los fresones, si son demasiado grandes. Pon una cacerola con agua a calentar. Cuando esté, pon en otro cazo (que sea de acero inoxidable) las yemas, el azúcar y el vino blanco y mételo en el anterior al baño María; bate con varillas manuales, o mejor eléctricas, la mezcla hasta que esté esponjosa y haya espesado, retírala entonces del fuego y sin dejar de batir, añade el aguardiente.

2 Reparte el *sabayón* en copas individuales o cuencos y pon sobre él los fresones repartidos. Sírvelo en seguida pues no puede esperar.

Tarta de manzana

Tiempo de preparación: 15 minutos

De 4 a 6 personas

5 manzanas
el jugo de un limón
2 cucharadas soperas de azúcar moreno
4 cucharadas soperas de azúcar en
  polvo
2 cucharadas soperas de mantequilla
  o margarina
1 huevo

100 g de pasas maceradas en ron
250 g de harina
2 cucharadas (de las de moka) bien
  llenas de levadura
1 cucharada (de las de moka) de vainilla
  azucarada
canela en polvo

1 En un molde de cristal untado ligeramente con mantequilla pon las manzanas peladas, sin simientes y partidas en láminas. Rocíalas con el jugo de limón y espolvoréalas con el azúcar moreno.

2 En una ensaladera mezcla las dos cucharadas de mantequilla, que deberá estar blanda, el azúcar, la vainilla azucarada, el huevo y las pasas escurridas. Añade la leche, la levadura mezclada con la harina y una pizca de sal. Mezcla suavemente y echa esto sobre las manzanas. Espolvorea con canela a tu gusto y deja que se haga unos diez minutos a potencia máxima (esto variará según la potencia de tu horno microondas). Sírvela templada.

Cuidado: Ésta es una receta para microondas.

Sugerencia: Se puede hacer también con frambuesas u otros frutos rojos.

Yemas

Tiempo de preparación: 20 minutos

Con cada yema saldrán dos bolitas

1 yema de huevo (sin nada de clara)
1 cucharada sopera de azúcar
½ cucharada sopera de agua

1 corteza de limón
1 trocito de palo de canela
1 plato con azúcar molida

1 En un cazo pon el azúcar, el agua, la corteza de limón y la canela. Cuécelo a fuego suave, moviéndolo con una cuchara de madera entre seis y nueve minutos.

2 Fuera del fuego, saca la corteza y la canela y viértela por encima de la yema, poco a poco. Vuélvelo a poner sobre el fuego suave y sin dejar de dar vueltas; tenlo así hasta que la pasta se desprenda de las paredes del cazo.

3 Extiéndela en un plato con azúcar molida y déjala enfriar.

4 Cuando veas que está la masa fría, coge un poco y forma una bola, que rebozarás en el azúcar. Pon la yema en un molde de papel y tenlo en sitio fresco.

Cuidado: Estas yemas no se deben guardar mucho tiempo, dado que no llevan conservadores.

Capítulo 22

Mejorando cada día

*E*stas recetas son algo más complicadas de elaborar que las que te hemos sugerido en otros capítulos, pero si te pones a ello, comprobarás que tu esfuerzo merece la pena y deseamos proporcionarte la ayuda para lograr un gran éxito con ellas.

Voy a recordarte aquí aquella confesión de Picasso que decía que la inspiración tenía que encontrarle trabajando. Como en la mayoría de nuestras actividades, aparte de una buena disposición, lo importante es la insistencia, la curiosidad y el esfuerzo diario para llegar a dominar los secretos de la cocina. Te ofrecemos más recetas para que vayas progresando cada día y te sientas cada vez más seguro entre tus fogones. Recuerda que la perseverancia es fundamental.

Primeros platos

Espárragos en texturas con jamón ibérico

Tiempo de preparación: 1 hora

Para 4 personas

Para las yemas de espárrago fritas:
12 yemas de espárragos blancos
1 plato con harina

4 cucharadas soperas de aceite de oliva

Para la gelatina de espárragos:
½ l de agua
250 g de espárragos

2 g de grenetina o 3 hojas de gelatina finas
sal

Para los huevos escalfados:
4 huevos
agua

un chorrito de vinagre

Para la juliana de jamón:
4 tiras finas de jamón ibérico

aceite de oliva virgen

1 Prepara primero la textura de gelatina de espárragos. Una vez quitadas las partes más leñosas de los espárragos ponlos a cocer en agua con una pizca de sal hasta que queden tiernos. Mientras, prepara la gelatina como te indiquen en el paquete.

2 Pasa los espárragos por la batidora y añádeles la grenetina o la gelatina. Cubre con ello el fondo de los platos y déjalo en lugar fresco para que quede cuajado.

3 Prepara la textura en fritura: cuece las yemas durante veinte minutos, escúrrelas, sécalas pásalas ligeramente por harina y fríelas en aceite a 180 grados hasta que se doren. Resérvalas al calor.

4 Corta en tiras finas el jamón y fríelas en el aceite hasta que queden crujientes.

5 Prepara los huevos escalfados en una cacerola amplia con abundante agua y una cucharada sopera de vinagre o jugo de limón, deja que hierva. Mientras, casca los huevos en una taza y, en cuanto rompa el hervor, colócala justo sobre el agua y deja que caigan los huevos rápidamente. Hazlos de dos en dos ya que, si no, el primer huevo quedará demasiado hecho cuando el último apenas empiece a hacerse.

6 La clara al coagularse se estirará. Con una espumadera, acerca al huevo los filamentos blancos que se vayan formando de modo que envuelvan el huevo, pero no toques para nada el huevo en sí. Deja que cuezan tres minutos y sácalos con la espumadera. Si quedase algún filamento antiestético puedes recortarlo.

7 Monta los huevos sobre la gelatina, pon a un lado las puntas de espárrago fritas y al otro las tiras de jamón. Sirve en seguida.

Sugerencia: Para darle más color puedes añadir unas tiras de cebollino.

Alcachofas con huevos mollets y papas paja

Tiempo de preparación: 1 hora

Para 4 personas

4 alcachofas medianas
2 papas
aceite (para freír las papas)
4 huevos
un poquito de mantequilla
un poco de aceite para untar el fondo de la fuente

1 cucharada sopera de nata líquida
100 g de queso rallado
1 cucharada sopera de perejil picado
1 limón (½ entero y ½ en jugo)
sal y pimienta negra

1 Quita los tallos de las alcachofas y las hojas externas más duras. Con un cuchillo corta el resto de las hojas a media altura. Frótalas con medio limón (para que no se ennegrezcan) y ponlas en una cacerola con agua fría y el jugo de medio limón. Échalas en abundante agua salada cuando hierva y, cuando vuelva a empezar a hervir baja el fuego moderado, tápalas y déjalas una media hora.

2 Mientras, sazona la nata líquida y mézclala con el perejil y el queso rallado. Saca las alcachofas, escúrrelas y consérvalas al calor.

3 Pon una cacerola con agua hirviendo y dos cucharadas soperas de sal. Mete los huevos en un colador y cuando el agua esté hirviendo a borbotones, sumérgelos. Cuando vuelva a empezar la ebullición, cuenta con exactitud cinco minutos. Sácalos y ponlos bajo un chorro de agua fría.

4 Pela, lava, seca y ralla las papas para que queden en tiritas finas. Fríelas en el aceite hasta que estén doradas y crujientes y escúrrelas sobre papel absorbente. Resérvalas al calor.

5 Pon a calentar el horno (150 grados o T5). En una fuente de horno ligeramente untada con aceite, pon las alcachofas, echa la mitad de la mezcla nataqueso-perejil en el fondo de las alcachofas, ahuecándolas antes un poco; descascarilla los huevos y mete uno en cada alcachofa sobre lo anterior, salpimiéntalos. Recúbrelo con el resto de la mezcla y pon unos trocitos de mantequilla sobre todo ello. Enciende el grill y mételas a gratinar unos tres minutos.

6 Sácalas y coloca por encima las papas paja formando un montoncito sobre cada huevo. Sirve en seguida.

Calamares con salsa roja

Tiempo de preparación: 2 horas

Para 4 personas

1 kg de calamares de tamaño mediano
1 vaso (de los de vino) de aceite
1 cebolla grande picada (250 g)
2 dientes de ajo, grandes y picados con la cebolla
1 cucharada sopera de harina
1 cucharada sopera de perejil picado
1 cucharada (de las de café) de pimentón

½ kg de pimientos rojos bien carnosos (3 piezas)
¼ kg de tomates bien maduros (2 piezas)
1 vaso (de los de agua) del agua de cocer los calamares
agua y sal

1 Limpia los calamares cuidadosamente, tira la tinta y las barbas. Una vez limpios, ponlos en una cacerola cubriéndolos con agua fría y un poco de sal. Cuécelos y en cuanto den el primer hervor, aparta la cacerola del fuego. Saca los calamares, escúrrelos, pero conserva su agua.

2 En una cazuela (mejor de porcelana o de barro, resistente al fuego) pon el aceite a calentar. Cuando esté caliente echa la cebolla y los ajos picados. A fuego lento, ve haciéndolos, sin que se doren (unos seis minutos). Añade entonces los pimientos, quitándoles los rabos y las simientes y cortados en cuadraditos de unos 2 centímetros. Rehógalos durante unos cinco minutos y añade entonces los tomates, pelados, sin las simientes y cortados en trocitos. Deja todo junto otros cinco minutos. Mientras tanto, corta con las tijeras formando anillas los calamares. Añádelos al refrito, espolvoréalos con la cucharada de harina y después de moverlos con una cuchara de madera echa el pimentón. Rocíalos con un vaso del agua de cocerlos (caliente). Sálalos ligeramente y cuécelos a fuego suave durante una hora y cuarto más o menos. ¡Ya los puedes servir!

Truco: Si el agua se consume demasiado de prisa, puedes añadir algo más, pero este plato, una vez hecho, no debe quedar caldoso. Además, se puede adornar con triángulos de pan frito.

Sugerencia: Quedará también muy rico si le añades al final un poquito de comino, que le dará un sabor oriental.

Cuidado: Los calamares suelen resalarse fácilmente, por eso ten cuidado al añadir la sal.

Crema de papas fría con trufa

Tiempo de preparación: 1 hora

Para 4 personas

3 papas medianas	2 dl de jugo de trufa
2 cebolletas	50 g de trufa
2 cucharadas soperas de aceite de oliva	3 cl de aceite de oliva
1 ½ l de leche entera	sal y pimienta
1 dl de nata	

1 Pela y corta en trozos las cebolletas. Rehógalas en el aceite de oliva salándolas ligeramente hasta que se pongan tiernas, pero sin que lleguen a tomar color. Añade la leche y las papas peladas y cortadas en cubos hasta que se ablanden (unos veinte minutos). Una vez templado, pásalo por la batidora, sazónalo y añade la nata.

2 Enfría la crema poniéndola en un cazo que, a su vez, meterás en otro mayor con hielo. Déjala luego en la nevera.

3 En el momento de servirla, añade unos hielos, agrega el jugo de trufa. Prueba y añade sal y pimienta a tu gusto y luego la trufa cortada en láminas. Sírvela helada con un chorrito de aceite de oliva por encima.

Truco: Bate la crema a velocidad máxima para que quede bien elástica. Se puede conservar un par de días en la nevera.

Ensalada de espárragos con salsa holandesa a la naranja

Tiempo de preparación: 45 minutos

Para 4 personas

1 ½ kg de espárragos	*sal gorda*

Para la salsa:
3 yemas de huevo	*el jugo de ½ naranja*
150 g de mantequilla	*sal y pimienta*
15 cl (un vaso) de nata líquida	

1 Pela los espárragos. Es conveniente que sean todos del mismo grosor, mejor blancos gordos aunque también se puede hacer con verdes. A medida que los vayas pelando, échalos en agua fresca.

2 Para cocerlos, pon a calentar una cacerola con agua abundante y sal; cuando hierva a borbotones, sumerge los espárragos dentro, deja todas las yemas hacia el mismo lado para que, al sacarlas, no se rompan (si tienes una cacerola alta puedes poner todas las yemas hacia arriba). Tapa la cacerola y cuando vuelva a hervir el agua calcula diez minutos para espárragos normales y veinte minutos para los gruesos. De todas maneras, prueba si están tiernos pinchando uno con un alambre, pues depende mucho de que los espárragos sean frescos.

3 Si fueses a tardar en servirlos, consérvalos en agua; si es poco tiempo (una hora máximo), escúrrelos, pon una servilleta doblada en la fuente de servir y cubre con papel de aluminio toda la fuente.

4 Prepara la salsa con cuidado porque es una salsa delicada.

Cuidado: Pon la mantequilla en trozos en un cazo y al baño María para que se derrita, pero sin cocer ni tomar color. Esto es muy importante.

En otro cazo, también puesto al baño María, pon las yemas, la nata, la sal y la pimienta. Muévelo con una cuchara de madera hasta que las yemas se espesen; entonces ve añadiendo poco a poco la mantequilla sin dejar de dar vueltas, hasta incorporarla toda. Agrega el jugo de naranja.

Hasta el momento de servir la salsa, tenla al baño María –para que no se enfríe–, y ten la salsera con agua muy caliente dentro, que vaciarás justo en el momento de echar la salsa.

Puedes servir los espárragos con algo de salsa por encima o servir la salsa aparte.

¿Qué hacer?: Pela los espárragos desde la yema hasta abajo enteros y córtalos todos de la misma medida.

Si están frescos, los espárragos deben presentar un aspecto brillante. Se sirven templados o fríos, nunca de la nevera porque el frío los destroza.

Si te sobra salsa puedes utilizarla para acompañar un pescado al vapor. Si los huevos se te cortan, se volverán como huevos revueltos; no los tires, añádeles un poco de nata y sírvelos con los espárragos; será otro plato, pero también rico.

Gazpacho con espárragos

Tiempo de preparación: 30 minutos

Para 4 personas

3 huevos	1 diente de ajo
1 manojo de espárragos trigueros	1 l de agua
4 cucharadas soperas de aceite de oliva	sal
4 cucharadas soperas de vinagre	

1 Lava los espárragos y córtalos con la mano para desechar la parte más leñosa. Pon el aceite a calentar y rehoga en él los espárragos, resérvalos.

2 Cuece los huevos y después separa las yemas de las claras.

3 Pon en la batidora la mitad de los espárragos, las yemas de los huevos, el vinagre, el diente de ajo muy picadito, el aceite sobrante de freír los espárragos y bate todo, añadiéndole poco a poco el agua hasta que tenga consistencia de crema fina. Cuélalo, prueba y añade sal a tu gusto.

4 Completa con el resto de agua y luego añade para decorar el resto de trozos de espárragos, las claras de huevo picadas y sírvelo bien frío.

Truco: Te recomiendo preparar este gazpacho con espárragos de temporada.

Patatitas nuevas rellenas con jamón

Tiempo de preparación: 1 hora 10 minutos

Para 4 personas

8 patatitas nuevas
200 g de jamón serrano (una punta)

75 g de mantequilla
sal

1 Procura que las patatitas sean bien redondeadas. Lávalas bien y sécalas con un paño. Mételas en el horno a fuego medio para asarlas media hora más o menos. Cuando estén bien blandas, quítales como un sombrero. Con una cucharita, vacíalas con cuidado para no estropear la piel. Sala el interior y pon una avellana de mantequilla.

2 Aplasta bien la carne de la papa con ayuda de un tenedor y mézclala con el jamón bien picadito. Rellena con esta mezcla las papas, ponles otro trocito de mantequilla por encima y mételas en el horno diez minutos. Sácalas, y sírvelas en seguida.

Truco: Para reducir el tiempo de preparación puedes asarlas en el microondas (tardarán unos seis minutos dependiendo del tamaño).

Sugerencias: Puedes rellenarlas siguiendo la explicación con queso rallado, beicon, huevas de salmón, salmón ahumado picado, etc.

Segundos platos

Cazuela de pescado

Tiempo de preparación: 1 hora

Para 4 personas

1 ½ kg de pescados de tu gusto (de roca o de mar: rape, congrio, san pedro, o mezclados con marisco: bogavante, cigalas, etc.)
un par de cabezas de pescado
1 bulbo de hinojo
unas ramitas de apio
1 poro
4 tomates

1 cebolla
4 dientes de ajo
2 hebras de azafrán
½ botella de vino blanco seco
1 vaso (de los de vino) de aceite de oliva
sal y pimienta recién molida
unos costrones

Para la mayonesa con ajo:
2 yemas de huevo
1 diente de ajo

unas hebras de azafrán (o una pizca)
½ l de aceite de oliva

1 Pide en la pescadería que saquen los filetes de aquel pescado en que esto sea posible y reserva las espinas. Pídeles también si te pueden dar un par de cabezas de merluza o de pescados grandes.

2 Pon las espinas y las cabezas en agua para que queden limpias de los restos de sangre que pudiesen quedar pegados.

3 Prepara el *fumet* de pescado lavando el hinojo, el apio y la parte verde del poro. Pela la cebolla, los ajos y los tomates.

4 Corta en trocitos las verduras, escurre las espinas y las cabezas de su agua.

5 En una marmita (o cazuela) pon el aceite a calentar, agrega el hinojo, el apio, el puerro, la cebolla y los ajos, salpimienta. Deja que sude unos minutos removiendo sin cesar. Añade los tomates en trozos, las espinas y las cabezas. Cubre con la misma cantidad de agua que de vino, añade las dos hebras de azafrán y deja que cueza suavemente hasta que alcance el punto de ebullición. Apaga el fuego y deja que se enfríe tal cual.

6 En cuanto se haya enfriado cuela el líquido.

7 En un mortero pon las yemas de huevo, el diente de ajo picado, el azafrán y móntalo con las varillas echando el aceite de oliva poco a poco para emulsionarlo y obtener una mayonesa.

8 Pon a cocer el *fumet* y añade parte de dicha mayonesa batiendo con las varillas, no te preocupes si se disuelve, ya que le dará más sabor a la sopa.

9 Mantén la ebullición y ve añadiendo los pescados y salpimienta a tu gusto. Cuando estén en su punto (esto depende de los que emplees, pero será fácil comprobarlo) sírvela con los costrones, que le darán una nota crujiente.

Truco: Si estás cerca del mar utiliza agua de mar como hacían los antiguos pescadores. Lo más importante es hacer bien el fumet.

Sugerencia: En vez de costrones de pan puedes emplear tostadas pequeñas de pan frito y untarlas con la salsa.

Codornices al cava

Tiempo de preparación: 1 hora 15 minutos

Para 2 personas

4 codornices	*8 cucharadas soperas de caldo de cocido*
4 cucharadas soperas de aceite	*(puede hacerse con una pastilla)*
½ kg de cebolla	*1 cucharada (de café) de mostaza*
8 cucharadas soperas de buen cava	*sal, pimienta, nuez moscada y canela*

1 Prepara las codornices quemando los posibles restos de plumón que les pudiesen quedar. Pon el aceite a calentar en una cacerola y fríe las codornices sin que lleguen a dorarse. Resérvalas en un plato. En el mismo aceite, echa las cebollas peladas y muy picadas. Rehógalas hasta que estén transparentes (unos seis minutos), removiéndolas con una cuchara de madera.

2 Pon sobre la cebolla las codornices bien apretadas unas contra otras. Añade entonces el caldo y el cava, en el que habrás deshecho la mostaza. Echa sal (poca, pues el caldo ya sala), añade la pimienta, la nuez moscada y la canela (una pizca de cada cosa). Tápalo y deja que cueza, en cuanto rompa a hervir baja el fuego a muy suave. Déjalo una hora o algo más (depende de lo tiernas que sean). Sírvelas cubiertas por su salsa.

Sugerencia: *Calienta previamente la fuente de servir. Adórnalas con unos triángulos de pan fritos alrededor.*

Filetes de lubina con cacahuetes y endibias caramelizadas

Tiempo de preparación: 30 minutos

Para 4 personas

2 lubinas de 600 g
100 g de cacahuetes
1 kg de endibias

100 g de mantequilla
700 g de azúcar en polvo
2 ramas de romero

1 Pide en la pescadería que limpien, le quiten las escamas y corten los filetes del pescado. Pon a calentar 20 gramos de mantequilla y rehoga en ella los cacahuetes pelados, espolvoréalos con sal y una cucharada de azúcar y resérvalos.

2 Corta las endibias en tiras y rehógalas en una sartén con 50 gramos de mantequilla. Una vez que las endibias estén blandas, espolvoréalas con azúcar y deja que se caramelicen ligeramente. Reserva las endibias y guarda el jugo que hayan soltado.

3 Rehoga en aceite de oliva bien caliente los filetes de lubina sazonados, unos tres minutos por cada lado. Reduce ligeramente el jugo de las endibias y añade 50 gramos de mantequilla, las ramitas de romero y emulsiona la salsa con las varillas. Coloca los filetes de pescado sobre las endibias caramelizadas, reparte por encima los cacahuates, recubre con un chorro de salsa y añade unas hojas de romero.

Langostinos en salsa con arroz, piñones y mango

Tiempo de preparación: 30 minutos

De 4 a 6 personas

1 kg de langostinos atigrados
½ kg de arroz
1 mango
1 trozo de cebolla
50 g de piñones
1 hoja de laurel
1 chorrito de vino blanco

50 g de mantequilla o margarina
½ l de leche
2 cucharadas soperas, no muy llenas, de harina
6 cucharadas soperas de coñac
agua, sal y pimienta

1 Corta en trocitos los langostinos si las colas resultasen largas.

2 Limpia los langostinos, quítales la cabeza y las cáscaras de la cola, que pondrás en agua abundante con la cebolla, la hoja de laurel y el chorrito de vino blanco. Cuécelo durante una media hora, y cuando esté templado, cuélalo.

3 En esta agua haz el arroz como si fuese arroz blanco, sólo que el agua se sustituye por la de cocer las cáscaras. Una vez cocido y refrescado bajo un chorro de agua fría (muy rápidamente), resérvalo.

4 En un cazo pon algo menos de la mitad de la mantequilla a derretir, cuando esté, rehoga las colas de langostino, escúrrelas y resérvelas. Con esta misma grasa haz la bechamel con la harina, la leche y sal.

5 En un cazo pon el coñac a templar y, con él prendido, rocía bien los langostinos, hasta que se apague el coñac, procurando que se queme lo más posible para que no sepa fuerte. Una vez hecha la bechamel y cocida durante unos ocho minutos, añade los langostinos y su jugo. Ponles pimienta, si te gusta.

6 En una sartén o un cazo pon la mantequilla reservada, y una vez derretida rehoga en ella el mango cortado en cubos, el arroz y los piñones; a continuación, sálalo.

7 Sírvelo en seguida, bien caliente.

Cuidado: Es importante que los langostinos sean bien frescos.

Magret *con salsa de setas*

Tiempo de preparación: 30 minutos

De 2 a 4 personas

1 magret *de pato*
250 g de setas
una nuez de mantequilla
4 cucharadas soperas de caldo de ave

5 cucharadas soperas de nata líquida
el jugo de ½ limón
sal y pimienta

1 Primero preparamos la salsa. Para ello, lava y seca bien las setas, córtalas en trocitos (reserva algunas más grandes para adorno) y rehógalas en la mantequilla derretida. Pásalas luego por la batidora hasta obtener un puré fino. Vuelve a meterlas en la cacerola o sartén y rocíalas con el caldo de ave. Deja que cueza unos instantes. Añade entonces la nata líquida mezclada con la espátula y deja que cueza muy suavemente, hasta que alcance una consistencia untuosa. Salpimienta a tu gusto y añade el jugo de limón. Resérvala al calor.

2 Sala el *magret* y mételo en el horno en una fuente y a temperatura fuerte unos quince minutos dándole la vuelta de vez en cuando. Pasado este tiempo, sálalo, córtalo en láminas transversales y sírvelo acompañado por la salsa de setas en una salsera.

Sugerencia: *También puedes preparar el* magret *a la plancha. Debes hacerle unos cortes por la parte de la grasa y dejar que se haga primero por ese lado unos cuatro minutos (aunque esto depende de hasta qué punto te gusta la carne) y luego darle la vuelta.*

Truco: *Si lo haces a la plancha, dale la vuelta con ayuda de dos cucharas (para evitar pincharlo y que se salgan los jugos).*

Ravioles de calabaza con salsa de poro

Tiempo de preparación: 1 hora 30 minutos

Para 4 personas

Para la masa de los raviolis:
3 huevos medianos   *300 g de harina (mejor la 00)*

Para el relleno:
1 kg de calabaza   *2 yemas de huevo*
1 vaso (de los de vino) de aceite de oliva   *2 cucharadas soperas de pan rallado*
un ramito de tomillo   *una pizca de nuez moscada*
200 g de queso parmesano rallado   *sal y pimienta*

Para la salsa de puerros:
2 cucharadas soperas de aceite de oliva   *300 cc de caldo de ave*
2 cucharadas soperas de chalotas picadas *150 g de mantequilla o margarina*
4 poros (sólo la parte blanca)   *200 g de queso parmesano rallado*
150 cc de vino blanco   *sal y pimienta recién molida*

1 Prepara la masa de los ravioles colocando la harina en una superficie de madera u otro material liso y cálido en forma de corona. Casca en el centro de ella los huevos. Bátelos suavemente con un tenedor hasta que las yemas queden bien mezcladas con las claras.

2 Incorpora con el tenedor poco a poco la harina hacia el interior, hasta que los huevos ya no estén líquidos, pero con cuidado de no romper la pared exterior para que éstos no se vacíen.

3 Con las dos manos y con rapidez, pon la harina restante sobre la mezcla de huevo, de forma que la cubra del todo.

4 Empieza a trabajar la masa con las manos hasta que la masa quede húmeda pero no pegajosa. Cuando tenga la consistencia adecuada, envuélvela en plástico transparente y luego desenvuélvela y vuélvela a amasar; más tarde, envuélvela de nuevo y déjala reposar veinte minutos antes de estirarla.

5 Mientras, prepara el relleno cortando la calabaza, retirando las semillas y rociándola con aceite de oliva. Métela en la bandeja del horno a 180 grados y déjala de cuarenta minutos a una hora (hasta que esté tierna). Retírala y pásala por la batidora. Añade el tomillo, el queso, las yemas, la nuez moscada, sal y pimienta, y mezcla bien todo. Si fuera necesario, dale consistencia añadiendo el pan rallado. Reserva esta mezcla en la nevera.

6 Estira la masa y córtala en discos de 5 centímetros con un cortador de pasta, mejor de los acanalados en el borde. Rellena con una cucharita con la mezcla de calabaza puesta en el centro del disco, dobla por la mitad apretando los bordes con los dedos para sellarlos. Y empuja, con suavidad, las esquinas para formar una media luna.

7 Prepara la salsa dorando las chalotas y los poros cortados en *brunoise* (trocitos pequeños) en el aceite y desglasa con el vino. Deja que cueza hasta que se evapore el vino y, entonces, agrega el caldo, deja que se reduzca a la mitad. Añade la mantequilla en trocitos, salpimienta, y dale unas vueltas hasta que quede la mantequilla bien incorporada. Coloca los ravioles en una fuente algo honda, rocía con la salsa y espolvorea el queso rallado por encima (o sírvelo aparte para que cada uno se sirva lo que le apetezca).

Truco: Puedes darle más untuosidad a la salsa añadiéndole un poco de nata.

Triángulos de pasta brick rellenos de salmón

Tiempo de preparación: 10 minutos

Para 4 personas

4 hojas de pasta brick	10 g de pistaches pelados
75 g de queso fresco (ricotta *o cualquier otro)*	una pizca de azúcar
	2 granos de pimienta verde
1 loncha fina de salmón ahumado (30 g)	10 cl de aceite de oliva

1 Pica los pistaches y mézclalos con el queso, el salmón previamente picado menudo y el azúcar. Añádele una cucharada sopera de aceite y la pimienta verde picada.

2 Corta las hojas de *brick* por la mitad, pon el lado que más brilla hacia abajo. Pon una cucharada de mezcla en un lado y pliega hasta obtener un triángulo, replegando la esquina hacia el interior.

3 Pon el resto del aceite a calentar en una sartén amplia y rehoga los triángulos de *brick* a fuego medio hasta que empiecen a dorarse.

Sugerencia: Acompáñalo con una ensalada de brotes tiernos aderezada con una vinagreta, a la que puedes añadir unas tiras de salmón ahumado y unos pistaches pelados.

Postres

Bavaroise *de turrón de Jijona*

Tiempo de preparación: 20 minutos + 4 horas de nevera

Para 6 personas

¼ kg de turrón de Jijona
4 huevos
4 hojas finas de gelatina

2 o 3 cucharadas soperas de ron
un poco de agua y una pizca de sal

1 Corta las hojas de gelatina en cuadraditos y ponlas en remojo en agua fría, con el agua que las cubra lo justo.

2 En un cuenco de cristal o de porcelana pon el turrón cortado en trozos pequeños. Con un tenedor aplástalos mucho, para que el turrón quede muy desmenuzado. Una vez deshecho, añade las cuatro yemas y el ron. Mezcla, hasta que quede hecha una crema; vierte entonces muy poco a poco la gelatina calentándola a fuego lento y controlando que no hierva. Mézclala sin dejar de revolver y, una vez bien incorporada, monta las claras a punto de nieve muy firme (con una pizca de sal) e incorpóralas a la crema de turrón.

3 Viértelo en un molde en forma de corona y mételo en el refrigerador, por lo menos cuatro horas antes de servir. También se puede hacer la víspera.

Sugerencia: *Sírvela, una vez desmoldada, con unas tejas o unas lenguas de gato.*

Cuidado: *Al calentar la gelatina nunca debe hervir, pues tomaría mal sabor.*

Compota de manzana con lavanda y cookies de chocolate

Tiempo de preparación: 1 hora

Para 4 personas

½ kg de manzanas (reineta, golden)
4 ramitas de lavanda
50 g de azúcar en polvo

1 yogur natural
2 claras de huevo
2 hojas de gelatina

Para las cookies:
250 g de harina
200 g de bolitas de chocolate
175 g de mantequilla
50 g de azúcar blanco

50 g de azúcar moreno
1 huevo
una pizca de canela en polvo
sal

1 Prepara las *cookies* mezclando en una ensaladera la harina, la mantequilla, el huevo, los dos tipos de azúcar, la canela y la pizca de sal. Trabaja bien esta mezcla y al final añádele las bolitas de chocolate.

2 Extiende sobre un mármol la masa y, con ayuda de un cortapastas o un vaso vuelto del revés, corta redondeles. Unta una fuente de microondas con un poco de mantequilla y coloca encima las *cookies* ligeramente separadas unas de otras y métetelas tres minutos en el microondas a potencia máxima. Resérvalas.

3 Pela las manzanas, sácales el corazón y las pepitas y córtalas en trozos. Cuécelas junto con la lavanda hasta que estén tiernas (quince minutos al fuego o siete minutos en el microondas). Retira la lavanda.

4 Pásalas por la batidora o aplástalas con un tenedor y cuélalo con una gasa para quitarle el líquido. Añádeles el azúcar, la gelatina (previamente ablandada diez minutos en agua templada) y el yogur, y mezcla bien todo.

5 Déjalo enfriar. Monta la clara a punto de nieve firme e incorpórala a lo anterior.

Sugerencia: Sírvelo en copas con una cookie a un lado.

También puedes desmigajar las cookies *en el fondo de la copa y poner el resto encima.*

Corona helada de melocotón con salsa de frambuesa

Tiempo de preparación: 10 minutos + 2 horas de nevera

De 4 a 6 personas

1 kg de duraznos bien maduros
250 g de azúcar
el jugo de ½ limón

un chorrito de agua
250 g de frambuesas + algunas para adorno
(pueden sustituirse por fresones)

1 Pela los duraznos, pártelos en trozos, quítales el hueso y pásalos por la batidora hasta que queden hechos puré. Añade el jugo de limón, remueve y reserva.

2 En un cazo, pon el azúcar con un chorrito de agua a fuego vivo y, en cuanto empiece a hervir, calcula un minuto y retíralo del fuego dejando que se enfríe.

3 Cuando esté frío, mezcla el almíbar con el puré y viértelo en un molde y métalo al menos dos horas en el congelador o el doble en la nevera.

4 Pasa las frambuesas por la batidora hasta obtener un puré (si fuese demasiado espeso, añádele un poquito de agua fría).

5 Cuando vayas a servirlo, saca el molde unos diez minutos antes del congelador, desmóldalo, rocíalo con el puré de frambuesa y adórnalo con las que has reservado para este fin.

Truco: *Te aconsejo que el molde sea de plástico o silicona con un agujero central para que forme una corona.*

Ensalada de frutas con virutas de chocolate

Tiempo de preparación: 15 minutos + 30 minutos de maceración

Para 4 personas

1 mango
2 peras
200 g de frambuesas o fresas pequeñas
*   del bosque*

2 limones verdes o limas
1 cucharada sopera de azúcar glas
2 cucharadas (de las de café) de ron

Para la salsa:
1 cucharada sopera de jugo de frutas de la pasión
1 cucharada sopera de jugo de naranja

1 cucharada sopera de jugo de limón
1 cucharada (de las de café) de miel
unas gotas de Cointreau

Para decorar:
unas hojas de menta

1 cucharada sopera de virutas de chocolate

1 Lava bajo el chorro de agua fría los limones verdes, sécalos y, sin pelarlos, córtalos en rodajas muy finas, mézclalos en una ensaladera con el azúcar y el ron y déjalos marinando.

2 Corta el mango en dos, quítale el hueso, pela las dos mitades y corta la carne en láminas finas.

3 Pela las peras, córtalas en cuartos, quítales el corazón y las simientes, y córtalas igualmente en láminas.

4 Lava las fresitas y sécalas con rapidez.

5 Prepara la salsa: mezcla todos los jugos indicados anteriormente, añade la miel, el Cointreau y el jugo de la marinada de los limones verdes.

6 Preséntalo en platos individuales de forma decorativa. Adorna con las hojas de menta y las virutas de chocolate, rocía la salsa por encima y métela en el refrigerador hasta que la vayas a servir.

Espuma de chocolate, frambuesa y vainilla

Tiempo de preparación: 30 minutos

Para 4 personas

125 g de chocolate
1 vaina de vainilla
100 g de frambuesas
3 cucharadas soperas de leche fría
3 yemas de huevo

3 cucharadas soperas de azúcar molida
4 claras de huevo
75 g de mantequilla
una pizca de sal

1 Pon en un cazo el chocolate partido en trozos con la leche y las simientes de la vainilla, que habrás extraído partiendo la vaina en dos y raspando en su interior. Ponlo a fuego suave hasta que el chocolate esté derretido. Sácalo del fuego e incorpora la mantequilla en trozos.

2 En un tazón mezcla las yemas con el azúcar, moviéndolo bien hasta que esté espumoso. Añade el chocolate, revuélvelo bien para mezclar todo y para ir enfriando la crema.

3 Bate las claras a punto de nieve muy firme con una pizca de sal.

4 Cuando la crema de chocolate esté fría, incorpora las claras muy suavemente, pero persiguiendo que adquiera un tono uniforme. Pon la espuma en una ensaladera de cristal o en copas bajas de champán o vasitos y métela en la nevera, por lo menos una hora antes de servir. Adórnala con las frambuesas.

Sugerencia: *Puedes mezclar con la* mousse *nata montada, poniendo entonces sólo tres claras a punto de nieve.*

Milhojas de chocolate y manzana

Tiempo de preparación: 45 minutos

Para 4 personas

Para las pastas de chocolate:
50 g de harina
100 g de cacao en polvo
100 g de mantequilla

8 claras de huevo
200 g de azúcar glas

Para la compota de manzana:
6 manzanas (reineta o golden)
4 cucharadas soperas de azúcar en polvo

1 vaso (de los de vino) de agua

1 Prepara la compota. Parte las manzanas en cuatro. Pélalas, quítales el corazón y las pepitas y parte cada cuarto en cubitos.

2 En una cacerola, echa el agua y el azúcar. Deshaz el azúcar. Añade las manzanas. Tapa y deja que cueza a fuego suave de quince a veinte minutos. Al cabo de este tiempo, retira la cacerola del fuego y aplasta las manzanas con ayuda de un tenedor. Vuelve a poner la cacerola sobre el fuego y deja que cueza suavemente de cinco a diez minutos hasta que esté consistente, sin líquido.

3 Puedes dejarla tal cual o añadirle una cucharada sopera de ron o una cuchara (de las de café) de canela en polvo, que debes mezclar bien con la compota.

4 Prepara las pastas de chocolate mezclando la harina con el polvo de cacao. Enciende el horno a 150 grados (termostato 5), añade luego la mantequilla previamente derretida y después las claras de huevo, que tienes que montar antes con las varillas y en cuanto estén esponjosas con el azúcar.

5 Pon cucharadas soperas de la mezcla sobre una placa de horno antiadherente o sobre papel de cocción (para que no se peguen), separando unas de otras unos 3 centímetros y aplastándolas para darle forma redonda con una punta de cuchillo redonda.

6 Deja que se hagan durante ocho minutos en el horno.

7 Monta luego los milhojas alternando círculos de chocolate con trozos de compota cuyo jugo ya ha sido escurrido.

8 Para una mejor presentación, espolvorea con canela en polvo o polvo de oro comestible.

Pastel de chocolate con salsa de frambuesa y vainilla

Tiempo de preparación: 40 minutos

Para 4 personas

100 g de chocolate negro
30 g de pistaches pelados y picados
1 cucharada sopera de almendras en polvo
1 cucharada sopera de mermelada de vainilla

1 cucharada sopera rasa de harina para repostería
2 huevos
80 ml de leche entera
1 vaina de vainilla

Para la salsa:
150 g de frambuesas
20 g de vainilla azucarada

50 ml de agua (o algo más)

1 Enciende el horno a 160 grados (o termostato 5). En un cazo, pon la leche junto con el chocolate en trozos y las simientes de la vaina de vainilla para que se derrita y remueve sin cesar. Cuando esté derretido, sácalo del fuego y cuando se haya enfriado un poco añade el polvo de almendras, las yemas de huevo, una cucharada de harina y la mermelada; mézclalo todo bien.

2 Bate las claras de huevo a punto de nieve firme y mézclalas, con delicadeza y un movimiento de abajo arriba para que no se bajen, con la salsa de chocolate.

3 Vierte esta mezcla en un molde forrado de papel de aluminio untado con mantequilla y espolvoreado con la cucharada de harina sobrante. El molde no debe tener más de 18 a 20 centímetros de diámetro. Espolvorea por encima los pistachos y métlo en el horno unos quince minutos hasta que esté hecho (si lo pinchas con una aguja de cocina ésta debe salir caliente y seca).

4 Mientras, prepara la salsa pasando por la batidora las frambuesas (reservando algunas para decorar) con la vainilla azucarada y un poco de agua; pásala por el chino y resérvala en un sitio fresco.

5 Cuando esté listo, sirve el pastel con su salsa aparte y decorado con las frambuesas reservadas.

Sopa de frutos rojos con helado de chocolate

Tiempo de preparación: 15 minutos + 4 horas de congelador

Para 4 personas

Para el helado de chocolate:

125 g de chocolate	*1 cucharada sopera de vainilla*
½ vaso de agua	*azucarada*
1 cucharada sopera de azúcar	*250 g de nata montada*
3 yemas de huevo	

Para la sopa de frutos rojos:

1 kg de frutos rojos de su preferencia	*70 ml de jugo de naranja*
(frambuesas, grosellas, fresas…)	*100 g de azúcar*

1 Para preparar el helado, pon en un cazo el chocolate partido en trozos con el agua, el azúcar y la vainilla azucarada. Caliéntalo a fuego suave hasta que se deshaga, y remueve muy bien con una cuchara de madera hasta obtener un líquido espeso. Deja que cueza sólo unos segundos. En una ensaladera pon las yemas, bátelas ligeramente y luego mézclalas con el chocolate deshecho.

2 Cuando esta mezcla esté completamente fría, agrega la nata montada de forma que quede bien incorporada.

3 Vierte esta mezcla en un molde y métela en el congelador. Déjala unas tres horas.

4 Para preparar la sopa pon en un cazo a cocer el jugo de naranja junto con el azúcar hasta obtener un almíbar a punto de hilo. Deja que se enfríe. Pasa por la batidora los frutos rojos (reservando algunos para decorar), añade el almíbar, mezcla y deja que se enfríe.

5 Coloca la sopa en un plato hondo y pon en el centro el helado de chocolate, decora con los frutos rojos.

Sugerencia: Queda bonito y apetecible darle una nota crujiente añadiendo unas tejas de almendra.

Tarta de limón hecha en frío

Tiempo de preparación: 10 minutos + 2 horas de nevera

Para 6 personas

Fondo:
1 paquete de galletas María (200 g)
125 g de mantequilla (que esté blanda)
1 cucharada (de las de café) de canela

2 cucharadas soperas rasas de
    azúcar

Crema:
1 bote pequeño de leche condensada
¼ kg de nata montada

1 cáscara de limón rallada
el jugo de 2 limones

1 Unta con una capa muy fina de mantequilla todo el molde. Ralla todas las galletas muy finas, como si fuese pan rallado. Mézclalas con la mantequilla, el azúcar y la canela. Viértelo en un molde desmontable de unos 24 cm de diámetro, y con las manos forra todo el molde con esta pasta, apretando bien los bordes.

2 Mételo en el refrigerador.

3 Vierte la leche condensada, los jugos y la cáscara rallada en un cuenco y mezcla bien. (Si tienes una batidora, puedes utilizarla.) Una vez esté todo bien batido añade con cuidado la nata. Saca el molde de la nevera y vierte la crema dentro. Mételo de nuevo en la nevera, por lo menos unas dos horas, y sírvela quitando el aro del molde, e incluso el fondo si no te resulta demasiado difícil.

Vasitos de chocolate blanco con salsa de frambuesa

Tiempo de preparación: 25 minutos + 1 hora al menos de nevera

Para 4 personas

200 g de chocolate blanco	*60 g de mantequilla*
24 huevos	*200 g de frambuesas*
100 g de azúcar	

1 En un cazo puesto al baño María (es decir, dentro de otro con agua hirviendo) funde el chocolate junto con la mantequilla; una vez fundido, retíralo del fuego.

2 Mientras, monta las claras a punto de nieve firme con las varillas (mejor las eléctricas) hasta que no se caigan si le das la vuelta a la ensaladera donde se están montando.

3 Añade entonces el azúcar batiendo otro poco para que quede bien incorporada.

4 Mezcla las yemas de huevo con el chocolate derretido y con la mantequilla, que ya se habrá enfriado (para que así no se cuajen las yemas), y mezcla de forma enérgica.

5 Agrega las claras montadas con un movimiento de abajo arriba (para que no se bajen) y mete esta mezcla una hora en el refrigerador.

6 En el momento de preparar los vasitos, pasa por la licuadora las frambuesas y después cuélalas.

7 Pon una capa de *mousse* o esponjoso de chocolate, vierte un chorrito de salsa de frambuesa, vuelve a poner chocolate, luego frambuesa para que queden los vasitos como amarmolados. Sirve en seguida.

Sugerencia: *Si quieres darle una nota crujiente, espolvorea por encima unas almendras garapiñadas trituradas.*

Truco: *Si las frambuesas te gustan más dulces, puedes añadirles algo de azúcar o miel, pero ten en cuenta que el chocolate blanco ya es bastante dulce.*

Capítulo 23

¡Llegan las visitas!

Recibir en casa a tu jefe, a tus suegros, a tu novia o a unos amigos a los que intentas agradar, y hasta sorprender, requiere un esfuerzo por tu parte.

Cuando ejerzas de anfitrión o anfitriona, debes saber el modo de organizar con absoluta distinción cualquier acontecimiento, tanto en situaciones informales como de etiqueta. Para ello te ofrecemos unos cuantos consejos esperando que te sirvan de ayuda.

Cómo poner la mesa

El mantel y el muletón: Si quieres proteger la mesa es fundamental poner un muletón de algodón o una cubierta de goma bajo el mantel.

La elección del mantel adecuado está en relación con el tipo de invitación. Si se trata de una invitación en el campo o en el jardín, puedes utilizar un mantel algo más grueso, de un color o el típico de cuadros "tipo tasca", con las servilletas a juego.

Para una invitación un poco más formal o ceremoniosa, elige un mantel de hilo o bordado a mano.

Los platos y la servilleta

Pon un plato llano y, en caso de que haya una entrada a base de sopa, puedes colocar el plato hondo encima. Puedes sustituir éste por una taza de consomé con su correspondiente plato.

La servilleta: doblada sobre el plato o en el lado derecho, si las tazas de consomé se presentasen ya servidas.

El tenedor: a la izquierda del plato. Si hubiese que poner dos tenedores, pon en la parte más externa el que se utilice primero.

El cuchillo: a la derecha del plato, con la parte cortante vuelta hacia éste.

La cuchara sopera: a la derecha del cuchillo, boca arriba (salvo en países como Francia, donde se puede poner boca abajo).

Los cubiertos de postre: entre el plato y los vasos o copas, es decir, en la parte de delante.

Los vasos: del más grande al más pequeño en la parte superior derecha. El mayor, donde se sirve el agua; a tu derecha, el de vino tinto o blanco –de tamaño medio–, y más a su derecha, el más pequeño, para el vino de postre.

Si sólo vas a servir un mismo vino durante toda la comida, las copas se reducen a la de agua y vino.

¿Cómo colocar a los invitados?

A la derecha de la señora de la casa se coloca al invitado de honor; a la izquierda, el siguiente en importancia. Lo mismo ocurre con el señor de la casa, y así sucesivamente. Si la invitación fuese con un gran número de comensales, lo mejor es recurrir a las tarjetitas, en las que se pone el nombre de cada invitado.

¿Cómo servir la mesa?

Si cuentas con ayuda para servir la mesa, debes saber que los platos se retiran por la derecha y el nuevo plato se coloca por la izquierda. El vino debe rellenarse por la derecha.

A la primera que se sirve es a la invitada que se encuentre a la derecha del señor de la casa; luego, a la de la izquierda, y así hasta llegar al ama de casa. Después se procede con los invitados masculinos de idéntica manera.

Algunas reglas básicas de protocolo

Excepto con el plato de quesos, suele pasarse la fuente una segunda vez.

El ama de casa es quien señala cuándo es el momento de sentarse a la mesa y cuándo el momento de levantarse.

El café y los licores se sirven siempre en sitio distinto a aquel en que ha tenido lugar la comida.

Recetas con éxito

A continuación te propongo una serie de recetas con las que vas a poder triunfar delante de tus visitas. Prepara los menús pensando en tus invitados, pero ten en cuenta también tus fuerzas y la disponibilidad de tu tiempo. ¡Que no te pillen los invitados en la cocina y con todo por hacer!

Primeros platos

Ajo blanco

Tiempo de preparación: 15 minutos

Para 4 personas

250 g de almendras peladas
¼ l de aceite
6 dientes de ajo
2 cucharadas soperas de vinagre

½ hogaza de pan duro remojado en agua
150 g de uvas moscatel
agua y sal

1 El pan duro lo habrás colocado en remojo treinta minutos antes.

2 En la batidora pon por tandas el pan, los ajos y un poco de aceite y pásalo a una sopera. Bate luego las almendras con otro poco de aceite, el vinagre, agua y sal.

3 Mezcla esto con lo de la sopera y métela en la nevera un par de horas.

4 En el momento de llevarlo a la mesa, puedes añadirle un poco de agua fría hasta obtener la fluidez deseada (como el gazpacho) e incorporarle las uvas peladas.

Albóndigas de carne

Tiempo de preparación: 45 minutos

Para 6 personas

½ kg de carne picada
1 ramita de perejil
1 diente de ajo
4 cucharadas soperas de pan rallado
3 cucharadas soperas de vino blanco

1 huevo batido
½ l de aceite
un plato con harina
sal

Salsa:
4 cucharadas soperas de aceite
100 g de cebolla picada
2 tomates maduros medianos
2 ½ vasos de agua

unas ramitas de azafrán
2 cucharadas soperas rasas de harina
sal

1 En una ensaladera pon el perejil y el ajo picados menudos y el huevo un poco batido, con la carne, el pan rallado, el vino y sal. Mezcla muy bien.

2 Haz las bolas con las manos bien limpias y pásalas por harina.

3 Fríe las albóndigas dándoles la vuelta para que se doren ligeramente. Retíralas y ve poniéndolas en la cacerola de forma que no estén apretadas.

4 Prepara la salsa poniendo en una sartén el aceite, que calentarás, fríe en él la cebolla cinco minutos hasta que se dore. Añade la harina separando un poco la sartén del fuego y dándole un par de vueltas, luego la vuelves a poner sobre el fuego le das otro par de vueltas y ya añades los tomates en trozos y machacándolos con el canto de una espumadera unos seis minutos. Agrega dos vasos de agua y sal. Cuando rompa el hervor, pásala por el pasapurés sobre la cacerola de las albóndigas.

5 En un mortero machaca el azafrán, añade el medio vaso de agua restante, vierte esto sobre las albóndigas, enjuaga el mortero con el resto del agua y vuelve a echar esto sobre las albóndigas, moviendo para que se mezcle bien la salsa. Déjalo cocer diez a quince minutos y sírvelo.

Almejas a la marinera

Tiempo de preparación: 15 minutos

Para 4 personas

3 kg de almejas	1 hoja de laurel
1 cebolla mediana (80 g)	1 cucharada sopera rasa de
1 diente de ajo	perejil picado
4 cucharadas soperas de aceite	el jugo de ½ limón
2 cucharadas soperas de pan rallado	1 vaso (de los de vino) de agua fría
1 vaso de vino blanco	sal

1 Lava muy bien las almejas con agua abundante y sal removiéndolas con la mano rápidamente. Ponlas luego en una sartén con el vaso de agua a fuego vivo. Sacude la sartén agarrándola por el mango y cuando se abran retíralas quitándoles el lado vacío de la concha. Ve apartándolas en una cacerola y cuela el jugo que hayan soltado por un colador con un paño fino dentro para que no pase la arenilla.

2 En una cacerola calienta el aceite y cuando esté a punto añade la cebolla picada menuda y los dientes de ajo también muy picaditos hasta que la cebolla esté transparente (unos seis minutos). Añade entonces el pan rallado rehoga todo un poco y pon la hoja de laurel, el vino, el agua de cocer las almejas, el jugo de medio limón y la sal. Dale unas vueltas y añade las almejas, espolvorea con perejil picado y sírvelas en fuente de barro quitando antes la hoja de laurel.

Arroz amarillo con huevos revueltos

Tiempo de preparación: 35 minutos

De 4 a 6 personas

½ kg de arroz	40 g de mantequilla
1 lata pequeña de chicharos finos	agua y sal
unas hebras de azafrán	

Huevos:

8 huevos	¼ kg de gambas o 2 trufas
20 g de mantequilla	sal
3 cucharadas soperas de leche	

1 Prepara el arroz como si fueras a cocinar un arroz blanco común, dejándolo al calor una vez rehogado y añadidos los chicharos. Debes tenerlo preparado, ya que los huevos revueltos no pueden esperar cuando están en su punto.

2 En un cazo pon los huevos enteros, la mantequilla, la leche y la sal. Si lo haces con gambas, éstas estarán crudas, peladas y cortadas las colas en dos, puestas con los huevos. Si es con trufas, las cortarás en rodajitas finas, poniéndolas cuando los huevos estén a medio hacer.

3 En una sartén grande y profunda tendrás agua hirviendo y meterás dentro el cazo con todos los ingredientes (al baño María). Dale vueltas rápidamente con un tenedor apurando bien los bordes del cazo, que es donde los huevos se cuajan antes. Cuando veas que los huevos se van poniendo cremosos retira el cazo del agua, pues los huevos terminan de cuajarse fuera del fuego, moviéndolos bien antes de echarlos en la fuente (el tiempo varía según apetezcan los huevos revueltos más o menos cuajados; suelen ser unos diez minutos, pero dependerá del gusto de cada cual).

4 Pon el arroz en un molde de corona si lo tienes, sino en una fuente o repartido en los platos directamente. En el centro, o a un lado, dispón los huevos revueltos y sírvelos en seguida.

Cuidado: *Recuerda que los huevos se siguen cuajando al sacarlos del fuego así que no olvides retirarlos cuando estén como una crema espesa y sigue removiendo, siempre desde las paredes del cazo hacia dentro.*

Risotto *al estilo italiano*

Tiempo de preparación: 40 minutos

Para 6 personas

¾ kg de arroz	agua (2 ½ veces el volumen del arroz)
100 g de queso rallado	1 cebolla grande (150 g)
3 cucharadas soperas de aceite de oliva	unas hebras de azafrán disueltas en
150 g de mantequilla	½ vaso (de los de vino) de agua fría
2 cubos de caldo de carne disueltas en	sal
agua caliente	

1 En una cacerola pon a calentar el aceite, cuando esté caliente añade la mantequilla hasta que esté bien derretida. Entonces echa la cebolla picada despacio, déjala dorar ligeramente y añade el arroz. Rehógalo un poco, y cuando haya embebido la grasa, empieza a verter el caldo muy caliente cazo a cazo, no echando el siguiente hasta que se haya embebido el anterior. Más o menos tardarás media hora hasta que el arroz esté hecho.

2 Entonces añade el azafrán machacado en el mortero y disuelto con un poco de agua. Revuelve bien y por último espolvorea el queso, mezcla todo y sirve bien caliente.

¿Qué hacer? *Debes de recordar que el* risotto *debe quedar siempre más caldoso que un arroz al estilo nuestro.*

Calabazas rellenos

Tiempo de preparación: 1 hora

Para 2 personas

1 calabaza (150 g)
2 tomates
1 cucharada sopera de aceite
50 g de carne picada (de ternera, pollo,
    pavo)
25 g de jamón de York

10 g de miga de pan mojada en leche
1 huevo
una pizca de ajo picado
perejil
sal

1 Parte la calabaza por la mitad a lo largo y vacíalo ligeramente de sus simientes. Ponlo en una sartén con el aceite caliente por el lado de la piel y deja que se dore por este lado durante tres minutos.

2 Ponlo después en una fuente de horno. Mezcla la carne y el jamón picados, sala y rellena con ello las calabazas. Cubre con los tomates en cubitos y métrelos en el horno treinta minutos más o menos. Sácalos y sírvelos cuando no quemen.

Calamares en su tinta

Tiempo de preparación: 40 minutos

Para 4 a 6 personas

1 kg de calamares pequeños
    (chipirones)
su tinta
1 kg de cebollas
2 cucharadas soperas de salsa de
    tomate

1 diente de ajo
½ vaso de vino blanco
2 ramitas de perejil
1 cucharada sopera de pan rallado
1 vaso (de los de vino) de aceite
sal

1 Limpia los calamares y guarda las bolsitas de tinta en un tazón. En una cazuela (mejor de barro) pon el aceite, las cebollas peladas y picadas menuditas y el diente de ajo también muy picadito. Ponlo a calentar y deja que se refría a fuego suave durante diez minutos sin que llegue a tomar color.

2 Añade entonces los calamares cortados en trozos (o enteros si fuesen más pequeños) y déjalos durante quince minutos, moviéndolos con ayuda de una cuchara de madera de vez en cuando.

3 Mientras, machaca las ramitas de perejil en el mortero y añádelas a la tinta. Echa esto en la cazuela, así como la salsa de tomate y el vino, y deja que cueza todo junto unos diez minutos.

4 Prueba y rectifica de sal si fuese necesario. Sírvelo en la misma fuente de barro y puedes acompañarlo con arroz blanco.

Truco: *Si la salsa quedase demasiado clara puedes espesarla con un poco de pan rallado muy fino.*

Sugerencia: *Puedes acompañar esta receta con arroz blanco.*

Cestos de tomate con sardinas

Tiempo de preparación: 10 minutos + 1 hora para que pierdan su agua los tomates

Para 3 personas

6 tomates redondos medianos	*unas hojas de lechuga*
5 sardinas grandes en aceite	*sal*
100 g de aceitunas rellenas de pimiento	

Para la vinagreta:

3 cucharadas soperas de aceite de oliva	*1 cucharada (de las de café) de perejil*
1 cucharada sopera de jugo de limón	*picado*

1 Quita con la punta de un cuchillo el rabo de los tomates para que se asienten bien. Dales la vuelta y córtalos dejando una banda en el centro para que haga las veces de asa.

2 Vacía un poco la pulpa por debajo de la banda y por los lados con ayuda de una cucharita. Espolvorea el interior con un poco de sal y colócalos boca abajo durante una hora.

3 Mientras, en una ensaladera, aplasta con un tenedor las sardinas, a las que habrás quitado la piel y la espina y habrás escurrido de su aceite. Sazónalas con la vinagreta que habrás preparado mezclando bien todos sus ingredientes. Añádeles un poco de lechuga cortada en tiritas finas y unas aceitunas picaditas. Reserva el resto para decoración.

4 Rellena con esto los cestos de tomate y mételos en el refrigerador durante una hora, porque es conveniente servirlos frescos.

Ensalada romana con melón y piñones

Tiempo de preparación: 35 minutos

Para 4 personas

1 lechuga tipo romana
un corazón de apio en rama
150 g de champiñones
un melón pequeño tipo sapo o cantaloup

un limón
150 g de jamón serrano curado
150 g de queso emmental
1 cucharada sopera de piñones

Para la salsa:
6 cucharadas soperas de aceite virgen
    extra
½ cucharada sopera de vinagre de
    Módena
2 cucharadas soperas de jugo de limón

3 tiras de cebollino
sal del Himalaya o alguna otra sal un
    poco especial de sabor
pimienta rosa recién molida o mezcla de
    pimientas

1 Quita los pies o pedúnculos a los champiñones, lávalos bajo el chorro de agua fría y sécalos bien. Corta las cabezas en láminas, reserva los pies para hacer otro día una crema de champiñones y rocíalos con el jugo de un limón para que no se oscurezcan.

2 Corta el melón por la mitad, quítale las pipas y saca la carne con una cuchara especial para hacer bolas, o córtalo en trozos.

3 Corta el jamón en cubitos quitándole la grasa. Corta el queso en láminas finas.

4 Lava y seca las hojas de lechuga y el corazón de apio. Reserva un par de hojas enteras de lechuga y corta las demás en tiras anchas; reserva también las hojas tiernas del corazón de apio y corta el resto en tiritas finas.

5 Prepara la salsa en un cuenco mezclando primero el jugo de limón con el vinagre, la sal y la pimienta y, luego, incorpora el aceite batiendo sin cesar. Añade el cebollino picado.

6 Pon las hojas enteras reservadas sobre el plato de servir, adorna con las láminas de champiñón y de queso, reparte de manera armoniosa las bolas de melón, agrega los cubitos de jamón y las tiritas de apio y reparte por encima de todo ello los piñones.

7 Adereza en el momento de servir con la salsa.

Consejo: *Puedes sustituir los piñones por avellanas y añadirle a la salsa una cucharadita de mostaza.*

Jamón braseado al champán

Tiempo de preparación: 5 horas

Para unas 12 personas

1 jamón de York entero de 4 kg más o menos
50 cl de champán brut
75 g de harina

Para el caldo corto :
60 g de mantequilla
200 g de zanahorias
200 g de cebollas
3 chalotas
2 ramitas de apio
3 ramitas de estragón

150 g de mantequilla
5 dl de nata líquida
1 tomate
un ramito de perejil

3 tallos de perejil (no las hojas)
4 l de agua
40 cl de vino blanco seco
sal y pimienta

1 Prepara el caldo corto. Pela, lava y corta en tiras o rodajas las verduras. En una cacerola, pon la mantequilla y echa las verduras, rehógalas unos instantes y moja luego con el vino blanco y con los 4 litros de agua. Añade el estragón, los tallos de perejil, la sal y la pimienta. Deja que cueza durante treinta minutos, mete entonces en este caldo corto el jamón y deja que cueza suavemente durante cuatro horas.

2 Pasado este tiempo, retira el jamón. Quítale la piel con la grasa y colócalo en una cacerola, mejor de las de hierro esmaltado, previamente untada con un poco de mantequilla. Métlo diez minutos en el horno a temperatura de 200 grados (termostato 6). Saca entonces la cacerola del horno. El jamón deberá estar dorado. Ponlo en la fuente de servir y resérvalo al calor.

3 Añade el champán y 2 litros del caldo de cocer el jamón a la cacerola y deja que cueza hasta que se haya reducido a la mitad.

4 En un cazo pon el resto de la mantequilla a derretir, agrega luego la harina, sin dejar de dar vueltas, y poco a poco ve echándole un poco de salsa. Luego vierte esto en la cacerola donde se asó el jamón, removiendo sin cesar. Prueba, rectifica de sal y pimienta, si fuese necesario, y deja que se espese la salsa. Pásala después por el chino (colador de agujeros grandes). Añádele luego la nata con las varillas y retírala del fuego en cuanto dé el primer hervor.

5 Cubre el jamón con un poco de esta salsa. Decóralo con una flor de tomate y perejil y sirve el resto de la salsa aparte.

Consejo: Este plato está muy rico acompañado con espinacas a la crema. Puedes decorarlo también con unas ramitas de cebollino cruzadas por encima.

Verduras rellenas de carne picada

Tiempo de preparación: 1 hora 15 minutos

Para 4 personas

4 tomates
2 calabazas
2 berenjenas
1 chalota
1 diente de ajo
250 g de carne de salchicha
150 g de carne picada

2 huevos
4 cucharadas soperas de aceite
2 cucharadas soperas de perejil picado
1 cucharada sopera de cebollino picado
un poco de pan rallado
sal y pimienta recién molida

1 Lava y seca las berenjenas y pártelas por la mitad a lo largo. Rocíalas con un chorro de aceite y mételas en el horno veinte minutos. Vacía luego la carne con una cucharita conservando la piel con algo de pulpa.

2 Corta como un sombrerito en los tomates y ahuécalos quitándoles parte de la pulpa y las simientes. Échales sal y dales la vuelta.

3 En una cacerola pon agua a calentar y cuando esté, echa los calabacines enteros y deja que se cuezan cinco minutos. Escúrrelos y pásalos por el chorro de agua fría. Pártelos después por la mitad a lo largo y vacíalos de parte de su pulpa.

4 En una sartén tipo Tefal pon el aceite de oliva a calentar y echa la chalota y la cebolla, peladas y picadas menudas. Cuando estén transparentes, añade la carne de salchicha aplastándola con un tenedor. Remueve y agrega la pulpa de tomate antes vaciada, la de calabaza y la de berenjena, el ajo pelado y picado menudo y un poco de sal y pimienta. Mezcla todo bien a fuego vivo durante cinco minutos y luego añade, separándolos antes del fuego, la carne picada y los huevos ligeramente batidos, así como el perejil y el cebollino. Rellena las verduras con esta mezcla. Espolvorea con pan rallado por encima y métalas en una fuente de horno rociándolas con un chorrito de aceite. Déjalas a horno medio unos treinta y cinco minutos. Sácalas y sírvelas calientes.

Segundos platos

Arroz al estilo chino

Tiempo de preparación: 30 minutos

Para 4 personas

½ kg de arroz	*100 g de magro de cerdo*
4 zanahorias medianas (250 g)	*2 huevos*
1 pimiento verde grande	*100 g de gambas peladas (congeladas)*
1 bolsa de tallos frescos de soya	*agua y sal*
5 cucharadas soperas de aceite	
5 cucharadas soperas de salsa de soja	

1 Deja que se descongelen las gambas a temperatura ambiente. Pon el arroz a cocer en una cacerola con abundante agua hirviendo (unos trece minutos, aunque esto dependerá de la clase de arroz). Una vez cocido, viértelo en un colador grande y refréscalo bajo un chorro de agua fría. Escúrrelo bien y resérvalo.

2 En una cacerola pon el aceite a calentar y cuando esté, rehoga las zanahorias, peladas y cortadas en cubitos, así como los pimientos, quitándoles las simientes, y finalmente añade los tallos de soya, también cortados.

3 Rehoga todo durante diez minutos más o menos. Mientras, bate los dos huevos y haz una tortilla fina. Córtala en tiritas. Añade entonces la carne picada en cuadraditos, las gambas y las verduras y, pasados cinco minutos, echa el arroz y la tortilla, dale unas vueltas, rocía con la salsa de soya, sálalo (cuidado pues la salsa de soja ya sala) y sírvelo.

Arroz caldero

Tiempo de preparación: 1 hora

Para 4 personas

400 g de arroz	*1 mújol del mar de ½ kg*
2 pimientos bola	*1 gallina del mar de ½ kg*
3 cabezas de ajo	*½ kg de mero, rape y dorada*
200 g de aceite de oliva	*200 g de langostinos, de gambas peladas*
2 tomates maduros	
2 l de agua	

1 Pon al fuego una olla de hierro (caldero) con aceite. Cuando esté caliente se fríen los pimientos. Una vez fritas, sácalas y echa las cabezas de pescado. Retíralas una vez fritas y añade el tomate pelado y picado. Después de cinco minutos agrega dos litros de agua.

2 Pica en un mortero las ñoras fritas, una cabeza de ajo cruda y echa la mezcla en la olla. Déjalo cocer cinco minutos y en este caldo sumerge el pescado cortado en rodajas gruesas con sal. Una vez cocido, retíralo y resérvalo.

3 Agrega el arroz al caldo que hemos utilizado anteriormente, después de haber probado cómo está de sal. Deja que cueza veinte minutos a fuego lento poniendo los langostinos por encima unos minutos antes de finalizar la cocción.

4 Primero deberás servir el arroz y después el pescado.

5 En un mortero machaca una cabeza de ajo y mézclala con una taza del caldo que utilizarás para rociar el pescado en el momento de servirlo.

6 El arroz deberás servirlo con una salsa espesa, alioli, o ajoaceite, que se compone de dos cabezas de ajo peladas y machacadas en un mortero, mezcladas con aceite y sal y removidas hasta conseguir la uniformidad.

Trucos: *Lo fundamental del arroz caldero es la forma de cocinarlo, ya que se hace en el mismo caldo de los pescados, el mújol y la dorada.*

El caldero es un recipiente de hierro colado hecho por herreros especializados. Está quemado a propósito para su función específica, dando así el sabor particular al arroz caldero.

Asado de cerdo con manzanas

Tiempo de preparación: 1 hora 45 minutos

De 5 a 6 personas

1 ¼ kg de magro de cerdo (cinta
   o pierna deshuesada)
100 g de manteca de cerdo
2 dientes de ajo
1 vaso (de los de vino) bien lleno de
   agua

6 manzanas golden
6 clavos de olor
una pizca de hierbas aromáticas
sal y pimienta molida

1 Unta con parte de la manteca el fondo de la asadera donde irás a asar la carne. Frota bien la pieza con los dientes de ajo por todos lados, úntala después con lo que ha sobrado de manteca, sálala y ponla en la asadera. Espolvoréala a gusto con la pimienta y con las hierbas aromáticas. Esparce lo que queda de los ajos a cada lado de la carne.

2 Mete el asado en el horno (previamente calentado durante cinco minutos) a fuego medio, durante media hora, echa medio vaso de agua. En este tiempo volverás el asado un par de veces, para que se dore por todos lados.

3 Mientras tanto, pela las manzanas y pínchalas cada una con un clavo. Pasada media hora coloca las manzanas alrededor de la carne. Añade entonces el otro medio vaso de agua, rociando de vez en cuando y dándole la vuelta. Pasada una hora, debe estar en su punto. O sea, el asado deberá permanecer en total una hora y media en el horno.

4 Sácalo, trínchalo en rodajas más bien finas, que colocarás en la fuente donde lo vayas a servir, y dispón las manzanas alrededor. Pon la asadera con la salsa en el fuego y añade un poco de agua hirviendo, para formar salsa, que servirás en salsera aparte, rascando bien con un tenedor todo el fondo de la asadera para despegar los jugos pegados.

Cuidado: No conviene añadir mucha pimienta ni hierbas porque sino alterarían el sabor.

Bacalao al ajoarriero

Tiempo de preparación: 35 minutos

Para 4 personas

1 kg de bacalao	salsa de tomate elaborada con tomates
3 dientes de ajo	maduros (frescos), unos 400 g
2 cebollas gordas	2 dl de aceite

1 Desmenuza el bacalao en trozos pequeños, quitándole todas las espinas y dejándolo en agua para desalar durante doce horas.

2 Una vez desalado, escurre el bacalao, envolviéndolo en un paño para que quede totalmente seco. En una sartén vierte los dos decilitros de aceite, agregándole el ajo picado muy fino, dejando freír a fuego lento hasta que esté dorado.

3 A continuación agrega la cebolla picada muy fina hasta que esté dorada, momento en el cual se añade el bacalao. Continúa a fuego lento y dale la vuelta con una espátula, manteniéndolo así durante tres minutos. Añade entonces la salsa de tomate, y justamente en el momento de ebullición rectifica de sal y pimienta a tu gusto.

4 Sírvelo en cazuela de barro o recipiente similar que conserve el calor.

Truco: Las numerosas variantes del ajoarriero tienen como denominador común el bacalao seco, rehogado en aceite con ajos y pimiento o pimentón. Otros ingredientes que admite son la langosta, los huevos, el tomate y la cebolla.

Sugerencia: En la presentación del bacalao al ajoarriero has de incluir unos pimientos rojos asados y cortados en tiras, que le dan colorido y gusto a este plato.

Cuidado: Es fundamental que el recipiente en el que se presente conserve muy bien el calor, para lo cual recomendamos una cazuela de barro.

Besugo a la parrilla

Tiempo de preparación: 40 minutos

De 4 a 6 personas

1 besugo de 1 kg 200 g
el jugo de ½ limón
un chorrito de vinagre
4 cucharadas soperas de aceite

1 cucharada sopera de mantequilla
6 dientes de ajo
1 guindilla
sal y pimienta

1 En la pescadería pide que limpien el pescado y que lo abran como un libro, quitándole la espina. Salpimiéntalo. Pon en una besuguera o fuente de horno, el aceite al fondo y, sobre él, el pescado. Rocía el limón por encima del pescado y ponle la mantequilla dividida en tres trozos por encima. Métalo a horno medio, previamente calentado unos quince minutos.

2 Mientras, pela los ajos y córtalos en rodajitas. Corta unas rodajitas de guindilla con unas tijeras. Cuando el pescado haya estado quince minutos en el horno medio lo sacas del horno, rocíalo con el vinagre, añádele los ajos y la guindilla de forma que queden bien repartidos y espolvoréalo con perejil picado. Vuelve a meterlo en el horno y ponlo bajo el grill otros diez minutos. Sácalo y sírvelo en seguida.

Caldeirada

Tiempo de preparación: 35 minutos

Para 4 personas

¼ de kg de rape
¼ de kg de merluza
¼ de kg de mero
¼ de kg de rodaballo o corujo
¼ l de aceite
1 cebolla grande
1 kg de papas

½ pimiento verde
2 tomates
una pizca de pimentón
un vaso de agua
una ramita de perejil
sal

1 Limpia el pescado y córtalo en trozos regulares. En una cazuela de barro pon el aceite, el agua, el pimentón, la cebolla cortada en rodajas finas, las papas peladas y en rodajas, y el pimiento verde en trozos. Ponlo al fuego y en cuanto esté caliente, coloca los trozos de pescado por encima. Tritura los tomates después de pelarlos y échalos sobre el pescado. Añade una ramita de perejil picado y ponlo a fuego lento. Deja que se haga durante unos veinte o veinticinco minutos, retíralo y sírvelo en la misma cazuela.

Caldereta de cordero

Tiempo de preparación: 1 hora 10 minutos

Para 4 personas

1 ½ kg de pierna de cordero pascual	*aceite de oliva*
2 hojas de laurel	*200 g de hígado de cordero*
2 pimientos verdes	*una rebanada de pan frito*
1 tomate maduro	*1 cebolla*
3 dientes de ajo	*pimienta de la Vera picante*
1 vaso de vino blanco	

1 Pon a calentar el aceite con las hojas de laurel y añade el cordero en trozos grandes. Rehoga unos quince minutos, aproximadamente, dándoles las vuelta para que se hagan los trozos por todos sus lados. A continuación echa el pimiento verde cortado en trozos, quitadas las simientes y las partes blancas, el tomate pelado, quitadas las simientes y cortado en trozos, y la cebolla pelada y picada, y rehoga todo ello otros quince minutos. Seguidamente añade el machacado de ajos con el vino y el pimiento.

2 Por otra parte habrás elaborado un caldo con la salsa de todos los ingredientes anteriores rehogados y algo de agua. Agrégalo al final, cuando hayas terminado todo el preparado anterior y déjalo cocer durante una media hora. Por último, añade el hígado machacado y el pan para dar más espesor a la caldereta.

Truco: La carne del cordero suele estar un tanto dura. A la hora de cocinarla es muy conveniente añadir vino blanco para ablandar la carne, al mismo tiempo que realza su sabor.

Sugerencia: En vez de vino hay quien utiliza coñac, persiguiendo un aroma más fuerte.

Truco: *La caldereta puede resultar un poco sosa. Los extremeños, buscando "su punto", añaden al final hígado de cordero machacado con pan y papas. Con estos ingredientes se consigue dar espesor al caldo y también un sabor distinto, más fuerte, que es el gusto particular de la cocina extremeña.*

Cocido madrileño

Tiempo de preparación: 3 horas 20 minutos

Para 15 personas

2 kg de huesos de caña y rodilla
½ codillo de jamón añejo
1 kg de garbanzos
1 kg de tocino
3 pechugas de gallina
2 kg de morcillo de ternera
4 chorizos
4 morcillas

2 kg de col
½ kg de zanahorias
15 papas naturales
salsa de tomate
¼ de fideos
2 huevos cocidos picados
100 g de higadillo de pollo

1 La víspera por la noche pon los garbanzos en remojo en agua templada con dos cucharadas de sal.

2 Por un lado cuece el codillo, las pechugas, los huesos, la rodilla, el morcillo de ternera, el tocino y los chorizos, con agua fría abundante, y después aparta el caldo.

3 Los garbanzos también se cuecen recogidos en una red y se tienen aproximadamente unas tres horas más o menos.

4 Y también el repollo, las zanahorias y toda la verdura. Después se saca todo y se monta. Por una parte pondremos todo esto y, por otra, serviremos la carne, o, como se dice en Madrid, la "pringada".

5 La sopa se hace con el caldo que has apartado y que pondrás en otro recipiente, donde echarás los fideos que se cocerán unos cuatro o cinco minutos. Esta sopa se toma con el higadillo de pollo y los huevos picados, cocidos aparte.

6 La salsa de tomate sirve de acompañamiento.

Trucos: Cuece cuanto más tiempo mejor los huesos, la pechuga... Con ello conseguirás que la sopa resulte más sabrosa.

La col se hace aparte, pero puedes cocerlo junto con la morcilla para que tome el gusto. De igual forma puedes poner la papa con los chorizos.

Para la sopa es conveniente emplear fideos finos, ya que conseguiremos un caldo más suave.

Sugerencia: Mejor sabor tendrá el cocido si el día anterior dejamos la sopa con los huesos y el codillo unas dos horas cociendo.

Cola de pescadilla rellena

Tiempo de preparación: 35 minutos

Para 4 personas

1 cola de 1 ½ kg	*50 g de mantequilla*
4 tomates medianos maduros	*3 cucharadas soperas de aceite*
150 g de gruyer rallado	*sal*

1 Pide en la pescadería que le abran la cola como si fuese un libro y le quiten la espina central. Sala un poco el interior y pon también un par de trocitos de mantequilla dentro, así como algo menos de la mitad del queso rallado, y ciérrala como si no la hubieses abierto para quitarle la espina.

2 Coloca en una fuente de horno el aceite al fondo. Pela los tomates y córtalos en rodajas. Pon los tomates en el centro de la fuente reservando algunas rodajas. Coloca la pescadilla sobre ellos, dale un par de tajos en el lomo y úntala con la mantequilla sobrante. Sitúa encima tres o cuatro rodajas de tomate que habrás reservado y espolvorea con el resto del queso rallado. Métela en el horno (previamente calentado cinco minutos) a calor medio unos treinta minutos hasta que se haya hecho y esté doradita por arriba. Sírvela en la misma fuente en seguida.

Truco: Conserva la espina de la cola de merluza porque te servirá para hacer caldo de pescado. Si no lo vas a hacer de inmediato puedes congelarla.

Si un día tienes prisa se hace en siete minutos en el microondas y queda muy jugosa.

Gallina en pepitoria

Tiempo de preparación: 3 horas

Para 4 personas

1 gallina de 1 ½ kg tierna	1 cebolla de unos 70 g
5 cucharadas soperas de aceite	unas hebras de azafrán
1 vaso de vino blanco	un par de huevos duros
1 diente de ajo	1 hoja de laurel
1 ramita de perejil	un plato con harina
2 cucharadas soperas de piñones	agua
12 almendras tostadas y peladas	sal

1 Pide en la pollería que te trinchen la gallina en trozos no muy grandes. En una sartén, pon el aceite a calentar y cuando esté, pasa los trozos de gallina por la harina y refríelos hasta que queden bien dorados. Sácalos y resérvalos en un plato.

2 Rehoga también en este aceite la cebolla pelada y muy picada y el diente de ajo entero, echa la hoja de laurel; cuando la cebolla esté doradita, echa los piñones y dales un par de vueltas. Saca todo con ayuda de una espumadera y ponlo en el mortero con el azafrán, las almendras, el perejil y la sal, y machácalo todo un poco.

3 En una cacerola de fondo grueso, o mejor de las de hierro fundido, pon la gallina y rocíala con el aceite de la sartén y el vino blanco, añade lo del mortero y echa agua justo hasta que cubra. Tápalo y ponlo a cocer unas dos horas y media o algo más a fuego suave (depende de lo tierna que sea la gallina).

4 Cuando vayas a servirla, descascarilla y pica las yemas de los huevos duros con un tenedor y añade un poco de salsa del guiso, incorpóralo a la cacerola sin dejar que hierva a partir de ahora. Pica las claras menuditas y añádelas también. Sírvela en una fuente honda, cubierta con su salsa.

Sugerencia: *Acompáñala con arroz blanco o con unos triángulos de pan frito y tendrás un plato único.*

Pollo al chilindrón

Tiempo de preparación: 45 minutos

Para 4 personas

2 pimientos grandes rojos
2 pimientos grandes verdes
2 cebollas
2 dientes de ajo
2 cucharadas soperas de aceite

1 berenjena
2 calabazas
4 tomates
1 pollo de 1 ½ kg, joven y tierno

1 Trocea el pollo en pedazos grandes y dóralo en una sartén con el aceite puesto a calentar con dos dientes de ajo. Añádele la cebolla y los pimientos cortados a cuadraditos y deja dorar todo junto.

2 Cuando esté a punto echa las calabazas y la berenjena cortados en cubos. Rehoga todo ello unos seis minutos, aproximadamente, y agrega el tomate hecho puré.

3 Déjalo cociendo a fuego lento hasta que se evapore la grasa y quede seco.

Truco: Hay diversas formas de hacer el pollo al chilindrón. La fritada del pisto, que acompaña al pollo, es algo que caracteriza a este plato típico. Tiene que estar muy espeso, sin nada de salsa. Los aragoneses suelen cortar la verdura en trozos grandes para que se noten a la hora de comerse.

Sugerencia: Otra forma de hacer el pollo al chilindrón es por partes: primero se cocina el pollo y después todos los demás ingredientes. Lo más importante para que este plato salga en su punto es que debe hervir a fuego muy lento en una cazuela de aluminio, como si el pollo estuviera "sudando".

Postres

Apple pie

Tiempo de preparación: 1 hora

De 4 a 6 personas

1 kg 750 g de manzanas (ácidas)	*200 g de azúcar*
2 limones en jugo	*una pizca de canela y de jengibre*
50 g de pasas	*50 g de mantequilla*
400 g de masa de hojaldre	*1 huevo*

1 Pela las manzanas, quítales el corazón y las simientes, y córtalas en lonchas. Mézclalas con el jugo de limón, el azúcar, las pasas, la mantequilla blanda y el pellizco de canela y jengibre.

2 Extiende la masa de hojaldre y cubre con parte de ella una fuente ovalada de unos 6 centímetros de altura, dejando que sobresalga un poco. Sobre ella coloca las manzanas mezcladas con los demás ingredientes y cubre con el resto de la masa. Pega bien los bordes pasando un poco de agua por encima con los dedos y pinzándolo con dos dedos alrededor.

3 Unta la superficie con yema de huevo disuelta en leche y métela en el horno unos cuarenta minutos. Sácala y sírvela templada.

Sugerencia: *Está muy rica acompañada de nata líquida o montada, o con unas natillas espesas.*

Brownies

Tiempo de preparación: 1 hora

Para 4 personas

100 g de mantequilla	*100 g de nueces molidas*
150 g de chocolate fondant	*1 cucharada (de las de café) de vainilla*
200 g de azúcar	* azucaradas*
1 huevo	*una pizca de sal*
250 g de harina	*1 cucharada sopera de levadura en polvo*

Para la crema:
100 g de azúcar en polvo
1 vaso (de los de vino) de agua
3 yemas de huevo

150 g de mantequilla
50 g de chocolate fondant

Para el adorno:
24 nueces peladas

1 Pon los 100 gramos de mantequilla y el azúcar en una ensaladera y bátelo con las varillas eléctricas. Añade el huevo y sigue batiendo. Agrega, después de bien incorporado el huevo, el chocolate, previamente derretido al baño María, luego la harina tamizada, las nueces, la vainilla azucarada, la sal y la levadura.

2 Extiende la mezcla obtenida sobre una placa rectangular de unos 18 x 12 centímetros, previamente untada con un poco de mantequilla, y métela en el horno caliente (200 grados) durante veinte minutos. Desmolda y deja que se enfríe sobre una rejilla.

3 Prepara la crema poniendo a cocer el azúcar con el agua hasta que tenga consistencia de almíbar. Aparte, bate las yemas de huevo con las varillas y luego muy despacio, echa sobre ellas este almíbar sin dejar de batir. Deja que se enfríe. Agrega luego la mantequilla blanda en trozos y por último el chocolate fundido.

4 Parte el pastel por la mitad y úntalo en el centro con crema de chocolate. Vuelve a reconstituirlo y unta la parte superior también con la crema de chocolate. Corta el pastel en rectángulos para formar los *brownies* y adorna cada uno con una nuez que hundirás ligeramente en la crema.

Crema catalana

Tiempo de preparación: menos de 1 hora

Para 4 personas

1 l de leche
8 huevos
250 g de azúcar

la cáscara de medio limón
½ rama de canela
50 g de maicena

1 Pon a hervir la leche con la cáscara del limón y la canela. Después aparta estos dos últimos ingredientes y separa las claras de las yemas de los huevos, mezclando éstas con el azúcar y la maicena.

2 Agrega esto a la leche y déjalo cocer a fuego lento durante unos cinco minutos hasta que espese.

3 El quemado lo realizarás una vez la crema se haya enfriado. Para ello espolvorea el azúcar por encima y con un hierro candente procede a quemarla.

Truco: Bate bien la maicena para que no tenga grumos y viértela lentamente sobre las yemas. Es siempre preferible hacer la crema con antelación para que esté fría cuando tengas que proceder al quemado final. Si no fuese así, se fundiría el azúcar antes de realizar esta operación y no conseguirías el color tostado, que es clave en la presentación y sabor.

Flan de coco

Tiempo de preparación: 1 hora

Para 4 personas

3 huevos enteros
1 bote de leche condensada (370 g)

la medida de 2 botes de leche natural
70 g de coco rallado

Para el caramelo de la flanera:
3 cucharadas soperas de azúcar

2 cucharadas soperas de agua

1 Carameliza la flanera con el azúcar y el agua, haciendo el caramelo en la misma flanera, y cuando esté de color dorado, cubre bien todas las paredes volcando la flanera por todos los lados. Deja que se enfríe.

2 Aparte, en una ensaladera, bate los tres huevos enteros como para tortilla, añade el contenido del bote de leche condensada removiéndolo con una cuchara de madera. Añade después la leche natural y el coco rallado. Vierte todo esto en la flanera.

3 Pon a calentar el horno cinco minutos antes de meter el flan y ten en él una cacerola amplia con agua hirviendo para meter dentro la flanera. Pon en el agua unas cáscaras de huevo para que no salte el agua al cocer e introduce la flanera al baño María. Déjalo haciéndose durante unos cuarenta y cinco minutos, aunque a los treinta minutos puedes probar, con ayuda de un alambre, si el flan está ya cuajado.

4 Sácalo del horno y del agua y déjalo enfriar. Desmóldalo en el momento de servir sobre una fuente redonda.

Cuidado: No debes meter este flan en el refrigerador.

Flanes de huevo con salsa

Tiempo de preparación: 50 minutos

Para 4 personas

3 cucharadas soperas copeteadas de
    harina
2 vasos (de los de agua) de leche
100 g de jamón serrano, picado
4 o 5 huevos
25 g de mantequilla o margarina
15 g más para la salsa
2 cucharadas soperas de aceite fino
2 cucharadas soperas de vino blanco

2 cucharadas (de las de café)
    copeteadas de fécula
el jugo de medio limón
½ cucharada (de las de moka) de
    extracto de carne
1 ½ vaso (de los de agua) de caldo o de
    agua con pastilla
sal

1 En un cuenco pon los huevos y bátelos ligeramente. Aparte, en un cazo, pon el aceite y algo más de la mitad de la mantequilla a calentar. Añádeles la harina y poco a poco la leche, para hacer una bechamel más bien espesa. Una vez cocida la bechamel durante unos diez minutos, añádele el jamón picado y ve agregándola con cuidado (para no cocer los huevos) a los huevos que están en el cuenco. Sala. Unta unos moldes pequeños con lo que ha quedado de mantequilla y vierte dentro la mezcla de huevos y bechamel con jamón. Ponlo al baño María y mételo en el horno, previamente calentado durante cinco minutos como mínimo.

2 A horno fuerte déjalos durante unos treinta minutos, más o menos (depende del horno). Sabrás cuándo están los flanecitos hechos porque empiezan a dorarse por arriba.

3 Mientras están en el horno, haz la salsa. Deslía la fécula con un poco de caldo frío. En un cazo pon el resto del caldo a calentar, añádele la fécula desleída, el vino, el jugo del medio limón y la sal. Deja cocer un par de minutos y retírala del fuego, pero guardándola al calor; añádele la mantequilla. Cuando estén listos los flanes, pásales un cuchillo por alrededor y vuélcalos en la fuente donde vayas a servirlos. Por último, cúbrelos con la salsa.

Truco: *Si pones las cáscaras de los huevos vacías en el agua del baño María no salpicará el agua al cocer.*

Gratén de mango

Tiempo de preparación: 1 hora

Para 4 personas

4 mangos
4 yemas de huevo
1 dl de vino blanco

2 cucharadas soperas de azúcar en polvo
2 dl de nata líquida
azúcar glas para espolvorear

1 Pela los mangos y, con un cuchillo bien afilado, córtalos en láminas gruesas. Pon la nata en el refrigerador, para que esté bien fría y, después, móntala como crema de chantilly con ayuda de las varillas, pero sin azucararla.

2 Pon las yemas de huevo en una cacerola y añádeles el vino blanco y el azúcar. Mete esta cacerola al baño María dentro de otra cacerola con agua, y remueve con las varillas con fuerza haciendo un movimiento en forma de ocho y después en forma circular, para así poder rascar bien el fondo y los laterales de la cacerola. Si la cocción fuese demasiado rápida, retira la cacerola del baño María y sigue batiendo. Debe quedar como un *sabayón* bien esponjoso. Déjalo enfriar y reserva.

3 En una ensaladera mezcla con cuidado el *sabayón* con la nata montada. Vierte un poco de *sabayón* en el fondo de los platos, y sobre estos pon en forma de pétalos los cuartos de mango.

4 Cúbrelos con el *sabayón*, espolvoréalos con azúcar glas y mete los platos bajo el grill hasta obtener un gratén con un bonito color dorado. Sírvelo inmediatamente.

Cuidado: *Los platos deben ser aptos para el horno porque si no pueden resquebrajarse.*

Helado de vainilla

Tiempo de preparación: 40 minutos + 4 horas de congelador

Para 4 personas

4 yemas de huevo
200 g de azúcar
½ l de leche

2 barritas de vainilla
1 cucharada (de las de postre) de maicena

1 Bate las yemas junto con el azúcar hasta que estén bien incorporadas.

2 En un cazo pon la leche a calentar con las barritas de vainilla hasta que cueza, toma entonces un cucharón de leche y ve echándolo poco a poco en el cuenco mezclándolo bien; luego echa lo del cuenco en el cazo, así como la maicena (que habrás disuelto antes en un poco de agua fría) y deja que espese sobre el fuego, removiendo sin cesar con una cuchara de madera.

3 Apártalo del fuego y deja que se enfríe, removiéndolo de vez en cuando para que no se forme una especie de piel encima.

4 Cuando esté frío, mételo en el congelador poniendo el termostato al máximo para que se endurezca. Al cabo de cuarenta y cinco minutos, muévelo y vuelve a meterlo en el congelador.

5 Sírvelo en forma de bolas.

Cuidado: *Es imprescindible moverlo y volver a meterlo en el congelador para evitar que se formen trocitos de hielo.*

Tarta de azúcar

Tiempo de preparación: 30 minutos

De 4 a 6 personas

125 g de mantequilla (deberá estar blanda)
50 g de mantequilla más
5 yemas de huevo

25 g de azúcar + 6 terrones
10 g de levadura de panadero
60 g de harina
una pizca de vainilla azucarada

1 En una ensaladera mezcla la mantequilla blanda con las yemas de huevo, la harina, la levadura, previamente desleída en un poco de agua, y el azúcar, hasta obtener una masa homogénea. Deja que levante durante una hora.

2 Pasado ese tiempo, pásala al molde en el que pienses hacerla y métela en el horno bastante caliente (a 200 grados o termostato 7). A los diez minutos, ponle por encima los 50 g de mantequilla repartidos en montoncitos y los terrones de azúcar, a los que habrás dado unos golpes para deshacerlos. Déjala otros diez minutos más o menos (depende un poco del horno), sácala y sírvela fría o templada.

Tiramisú *a mi estilo*

Tiempo de preparación: 10 minutos + 3 horas de nevera

De 4 a 6 personas

24 bizcochos de soletilla
300 g de queso Quark de Danone
3 huevos
4 cucharadas soperas de azúcar

una taza de café
1 chorrito de ron
cacao en polvo, mejor sin azúcar

1 Moja los bizcochos en el café y ve poniéndolos en el fondo de un recipiente de cristal.

2 Bate las yemas de huevo con el azúcar, con las varillas eléctricas hasta que la mezcla se vuelva blanquecina y doble de volumen. Añade entonces el queso y el ron y vuelve a batir.

3 Monta las claras a punto de nieve firme con una pizca de sal e incorpóralas a la mezcla con cuidado, mezclando de arriba abajo para que no se bajen. Echa todo ello sobre los bizcochos.

4 Métele en la nevera al menos tres horas. En el momento de servirlo, espolvorea la superficie con el cacao en polvo.

Cuidado: *El* tiramisú *clásico se hace con queso Mascarpone pero yo doy éste porque es más ligero.*

Tronco de café

Tiempo de preparación: 2 horas

Para 6 personas

Para el bizcocho:
2 cucharadas soperas de fécula de papa
4 cucharadas soperas de harina
5 cucharadas soperas de azúcar
3 huevos
1 clara

1 cucharada (de las de café) de levadura Royal
un pellizco de sal
mantequilla para untar la chapa
azúcar glas

Para la crema de relleno:
1 ½ cucharada sopera de harina
1 ½ cucharada sopera de maicena
½ l de leche
½ ramita de vainilla
120 g de azúcar

6 huevos
2 cucharadas soperas rasas de Nescafé
  o similar
250 g de mantequilla

Para el adorno:
Copos de chocolate, castañas, etc.

1 Prepara el bizcocho montando las cuatro claras a punto de nieve muy firme con un pellizquito de sal. Añádeles las yemas, después el azúcar y por último, cucharada a cucharada, la mezcla de harina, fécula y levadura.

2 Unta muy bien con mantequilla una chapa de horno bastante grande (37 x 26 centímetros más o menos) y poco alta. En el fondo coloca papel de horno también untado de mantequilla. Echa la masa sobre la chapa igualmente repartida y métela a horno suave unos treinta y cinco minutos; tiene que estar la masa cocida (al pincharla con un alambre deberá salir limpio), pero no muy dorada.

3 Mientras, ve preparando el relleno poniendo a hervir la leche con la ramita de vainilla y dejándola luego que se temple.

4 En una ensaladera trabaja las yemas con el azúcar batiéndolas con las varillas hasta obtener una crema esponjosa; luego añade la harina, mezcla y agrega la leche ya templada. Vuelve a meter esta crema en el cazo y deja que cueza removiéndola sin parar. Echa la crema en la batidora junto con el café y bátelo unos instantes hasta que la crema quede bien lisa. Añade la mantequilla y vuelve a batir.

5 Moja el paño en agua templada y retuércelo para que esté húmedo, pero sin agua. Extiéndelo en una mesa y vuelca enseguida el bizcocho. Quita el papel pegado y enrolla el bizcocho, que previamente habrás untado con la mitad de la crema antes preparada, ayudándote con el paño. Ponlo entonces en una fuente cubierto con un papel hasta que se enfríe. Corta los extremos al bies y recubre el bizcocho con el resto de la crema, y con un tenedor dibuja unas estrías para que parezca un tronco de árbol. Decóralo según tu fantasía.

Sugerencia: *Este bizcocho es el mismo que se utiliza para el brazo de gitano y se puede rellenar con las más diversas cremas según tu gusto: pastelera, pastelera con naranja, crema de chocolate, nata montada con frutos rojos mezclados, etc;*

Arroz con leche

Tiempo de preparación: 30 minutos

Para 4 personas

6 cucharadas soperas de arroz	8 cucharadas soperas de azúcar
1 cáscara entera de limón	canela en polvo
¾ l de leche	agua

1 Pon en un cazo agua abundante a hervir; cuando cueza a borbotones echa el arroz y déjalo cocer unos diez minutos más o menos. Mientras tanto pon en otro cazo la leche a cocer con la cáscara de limón.

2 Cuando haya cocido a medias el arroz en el agua, escurre éste en un colador grande y échalo a continuación en la leche cociendo. Déjalo otros doce minutos. Prueba si está blando, pero con los granos sueltos.

3 Retíralo del fuego, añade azúcar y revuelve. Dale unas vueltas en el fuego, quita la cáscara de limón y viértelo en donde vayas a servirlo. Ha de quedar muy caldoso, pues al enfriarse embebe leche y si no quedaría muy espeso.

4 Adórnalo con canela en polvo.

Sugerencia: *Puedes también quemarlo formando caramelo por encima, pero esto es menos clásico. (Pon azúcar molida en un embudo y forma unas rayas que se quemen con un hierro al rojo.)*

Truco: *En verano, puedes meter el arroz con leche, una vez frío, en el refrigerador antes de servirlo.*

Parte V
Los decálogos

—¿¡SE TRATA DE UNA INDIRECTA!?

En esta parte...

*V*as a encontrar una lista de palabras que significan cosas distintas a las que estamos acostumbrados. Es divertido conocerlas y, por cierto, son más de diez. También te propongo algunas recetas más para cada época del año. Y unos consejos finales sobre cómo llegar a ser un gran chef.

Capítulo 24

Diez palabras (más o menos) que no son lo que parecen

- -

En este capítulo

▶ Empieza a hablar como un cocinero experto

▶ Descubre los sorprendentes significados de algunas palabras

- -

Abotonar

No es coser botones ni meterlos en los ojales. Es, por ejemplo, como en el caso de nuestro segundo plato de hoy, acompañar el cordero con una guarnición.

Agresivo

No es alguien con fuerte carácter, sino que se refiere al vino cuando resulta muy ácido o astringente.

Alero

No tiene nada que ver con una parte del tejado. El alero en cocina es el ciervo joven.

Babá

No está relacionada con el momento en el que a tu hijo se le cae una saliva espesa y abundante porque le está saliendo un diente. Es un tipo de bizcocho borracho.

Belgas

No son los habitantes de uno de los países de la Unión Europea. Son unas pequeñas pastas de té.

Cabeza de fraile

No tiene nada que ver con los que moran en los monasterios. Se llama así a un tipo de seta comestible.

Cabezón

No se refiere a alguien muy testarudo, sino a un vino desequilibrado por exceso de alcohol.

Cancha

Aunque aproveches para jugar partidos en ella, si te preguntan si eres capaz de comerte una, di que sí, ya que es maíz tostado.

Cerecilla

No es, como pudieras pensar, una cereza pequeña, sino un pimiento pequeño y muy picante.

Escombro

Ya que hablamos de pimientos, no es que hayamos hecho una obra y que se haya llenado la cocina de escombros, sino que se llama así a la parte del pimiento que está junto al rabito.

Granuja

No es una persona pilla. Se llama así a las uvas desgranadas y sueltas de los racimos.

Mortificar

No tiene nada que ver con hacer un sacrificio, sino que, una vez muerto un bicho, especialmente las aves y carnes de caza, debe dejarse un tiempo para que se vuelva más tierno.

Navaja

Para comerlas no es necesario ser un tragasables, ya que es un molusco alargado que suele prepararse a la plancha, rociado con jugo de limón y que, además, está buenísimo.

Perico

No es un nombre propio o un diminutivo. En cocina se conoce con este nombre a los espárragos.

Pestiño

No tiene nada que ver con algo aburrido. Es un tipo de dulce hecho con masa frita que suele bañarse con miel.

Capítulo 25

Diez maneras para pensar como un chef

En este capítulo

▶ Distintos consejos que te ayudarán a mejorar tus platos

▶ El sentido común es un gran aliado del cocinero

Domina las técnicas básicas

Porque hasta que no las domines no te sentirás a gusto en tu cocina y para esto no hay truco que valga: tienes que ensayarlas una y otra vez hasta dominarlas.

Procura utilizar siempre ingredientes de temporada

De esta forma trabajarás con productos de buena calidad a su mejor precio. Es absurdo ponerte a preparar en invierno una tarta de albaricoques cuando no los hay o si los hay son importados y cuestan mucho más caros.

Inspírate en los productos de temporada a la hora de elaborar tus recetas.

Ten todo a mano

Si antes de empezar a elaborar una receta preparas el material que vas a necesitar y tienes a mano todos los ingredientes ahorrarás tiempo. Acostúmbrate a hacerlo y siempre te evitarás más de una situación incómoda como por ejemplo no tener los poros cortados en juliana cuando el aceite en el que los vas a rehogar está ya en su punto.

Cuida la presentación

El placer de una buena comida empieza por los ojos. Los platos mal presentados no apetecen. Ayúdate con hierbas frescas, verduras tamaño mini, papas cortadas en rejilla, arroz de colores...

Descubre las hierbas y las especias

Para ello hemos dedicado un apéndice. Y aparte de lo que nosotros te contamos sé valiente y haz tus propias mezclas: un toque de canela a unas albóndigas las puede transformar en deliciosas; el ajo, la guindilla, el tomate y el aceite de oliva no tienen rival a la hora de preparar cocina italiana.

Planifica tus menús

A la hora de preparar la comida te será de gran utilidad haber decidido previamente el menú, así no repetirás ingredientes. Por ejemplo, si haces un asado de cerdo con manzana no pongas manzanas asadas de postre. Combina los colores y así el plato resultará más atractivo a la vista.

Ahorra

Los tiempos no están para despilfarrar y aunque un día excepcionalmente puedas tirar la casa por la ventana, a diario procura ahorrar. No tires nada, los restos se pueden acomodar en ensaladas, gratinados, croquetas o de mil maneras.

Compra con cabeza; a veces hay trozos de carne de segunda que dan unos resultados fantásticos si se guisan con gracia.

Que las recetas no te agobien

Utiliza nuestras recetas cuando ya domines las técnicas como punto de partida, pero tampoco tiene por qué ser la Biblia. A lo mejor se te ocurre cambiar algún ingrediente bien porque no te guste o porque no lo tengas a mano y no pasa nada. Con la experiencia irás aprendiendo cómo combinan unos sabores con otros y podrás adaptar nuestras recetas a tus propios gustos.

Simplifica todo lo que puedas

Si cuentas con un buen ingrediente de base ya tendrás gran parte del éxito asegurado, con unos pequeños toques tuyos para personalizarlo será suficiente.

Pásatelo bien

Es lo más importante en cocina y en la vida en general. No merece la pena que te agobies si alguna vez el intento resulta fallido pues no pasa nada. De los errores también se aprende.

Capítulo 26

Diez recetas de verano

- -

En este capítulo

▶ Más recetas para una estación muy especial

▶ Cualquier momento puede ser el indicado para cocinar

- -

Durante el verano, en el mercado pueden encontrarse productos fantásticos que tienen la ventaja de poder cocinarse de forma relativamente sencilla. Basta con conocer las recetas adecuadas y para ello te proponemos aquí unos cuantos ejemplos.

Ensalada de ejotes verdes, pepino, pimiento verde y tomates

Tiempo de preparación: 30 minutos

Para 4 personas

2 cucharadas soperas de perejil
   o perifollo picado
350 g de ejotes verdes
1 pimiento verde
1 lechuga mediana
1 pepino mediano

1 lata pequeña de atún al natural (100 g)
1 huevo duro
4 o 5 cucharadas soperas de mayonesa
   bastante firme
sal

1 Cuece los ejotes verdes cortadas en trozos como de 3 centímetros de largas. Deja que escurran bien. Lava las hojas de lechuga sueltas (no importa, incluso viene bien, que tengan bastante verde) y escúrrelas muy bien, incluso secándolas con un trapo. Una vez bien secas córtalas en tiritas finas (juliana). Corta el pepino en dos a lo largo, una vez pelado, y después en rodajas muy finas. Ponlas en un plato y sálalas un poco, dejándolas así por lo menos media hora, para que suelten su agua. Corta los tomates en rodajas finas y puestas en otro plato sálalas como los pepinos y deja que suelten su agua. Resérvalas para el adorno. Pica menudo el pimiento verde quitándole las partes blancas.

2 Escurre muy bien el atún.

3 De media hora a una hora antes de servir esta ensalada, alíñala, mezclando todos los ingredientes ya preparados con la mayonesa, menos las rodajas de tomate. Ponla para ello en una ensaladera y déjala al fresco.

4 Al ir a servir espolvorea con el perifollo y el huevo duro picado no muy finamente, el pimiento picado y pon las rodajas de tomate todo alrededor de la ensaladera.

Tomates rellenos

Tiempo de preparación: 50 minutos

Para 4 personas

8 tomates maduros
6 cucharadas soperas de aceite
25 g de mantequilla
2 cucharadas soperas de harina
½ l de leche fría
100 g de gruyer rallado

2 huevos
100 g de pimiento verde
8 colas de langostinos
un chorrito de jugo de limón
sal

1 Quita con la punta de un cuchillo la tapa alrededor del rabo para dejar como unas cazoletitas. Sala el interior de los tomates y déjalos boca abajo una hora para que suelten el agua.

2 Ponlos después en una fuente de horno y echa en cada tomate un poco de aceite (cinco cucharadas para los doce tomates). Métalos a horno medio durante treinta minutos.

3 Mientras, pon en una sartén 25 gramos de mantequilla y el aceite a calentar y cuando esté derretida la mantequilla, añade la harina separando un instante la sartén del fuego; remueve bien con unas varillas y vuelve a ponerla sobre el fuego; añade la leche poco a poco y sin dejar de dar vueltas déjala cocer unos ocho minutos. A los cuatro minutos añade las colas de gambas peladas y en trocitos y los pimientos verdes, quitadas las simientes y las partes blancas cortadas en trocitos (guardando alguno para la decoración). Sálalo. Sepáralo del fuego y añádele la mitad del queso y las yemas cuando la bechamel se haya enfriado un poco. Monta las claras a punto de nieve con una pizca de sal e incorpóralas a la bechamel. Rellena con esto los tomates, espolvorea el resto de queso rallado y métalo a horno fuerte hasta que se doren.

Brochetas de verduras y salchichas

Tiempo de preparación: 15 minutos

Para 4 personas

1 paquete de salchichas tipo Frankfurt
unos tomatitos de esos muy pequeños
  (tipo cereza)
1 calabaza
1 berenjena

1 pimiento verde
un poco de aceite
un poco de salsa de soja
sal

1 En unos pinchos de acero para brochetas ve pinchando los ingredientes empezando por un tomate y a ser posible terminando con otro. Rocía las brochetas ya hechas con un chorrito de aceite y otro de salsa de soja y ásalas dándoles la vuelta de vez en cuando, unos ocho minutos.

2 Puedes acompañarlas con arroz amarillo.

Mejillones con tomate y albahaca

Tiempo de preparación: 20 minutos

Para 4 personas

2 docenas de mejillones
3 dientes de ajo
1 vaso de los de vino de vino blanco
*   seco*
8 tomates pequeños (tipo cereza)

4 cucharadas soperas de aceite de oliva
2 cucharadas de postre de vinagre de
*   Módena*
unas hojas de albahaca
pimienta negra recién molida

1 Limpia los mejillones quitándoles todas sus "barbas" (filamentos) y ponlos en una sartén honda junto con el vaso de vino a cocer hasta que se abran las conchas. Desecha los que queden cerrados. Cuela el líquido que quede en la sartén.

2 Lava y seca los tomates y córtalos en rodajas. Pica las hojas de albahaca conservando alguna para decorar.

3 Corta y pica los ajos y rehógalos en una cucharada de aceite hasta que estén crujientes.

4 Mezcla el resto del aceite con el vinagre y con un poco de líquido de cocer los mejillones y bate bien con un tenedor para hacer la vinagreta.

5 Quita a los mejillones la concha vacía y separa los bichos de la otra.

6 En el fondo de la concha pon unas rodajitas de tomate, sobre ellas pon el mejillón, espolvorea por encima el ajo picado y rocía cada mejillón con un poco de vinagreta. Espolvorea la albahaca y decora con una hoja.

Truco: *Puede servir como primer plato o como aperitivo.*

Pisto de verduras

Tiempo de preparación: 1 hora 15 minutos

Para 4 personas

½ kg de tomates maduros
4 calabazas medianos
2 berenjenas medianas
1 pimiento verde mediano
1 pimiento rojo mediano

1 cebolla
2 dientes de ajo
10 cucharadas soperas de aceite (mejor de oliva)
1 cucharada de tomillo

1 En una sartén grande pon el aceite a calentar y añade la cebolla pelada y muy picada dejándola hasta que esté transparente, añade entonces los pimientos cortados en tiritas como para juliana una vez quitadas las simientes y las partes blancas. Tapa la sartén y deja que se hagan durante cuatro o cinco minutos a fuego suave. Añade entonces los tomates pelados y cortados en cuadraditos, mezcla bien y deja que cuezan otros cinco minutos, remueve y añade los dientes de ajo pelados y dados un golpe. Añade las berenjenas cortadas en cuadraditos y déjalas otros cinco minutos a fuego muy lento. Por último, añade las calabazas peladas y cortadas en tiritas algo gruesas y la cucharada de tomillo. Tápalo y deja que se haga a fuego muy lento durante cuarenta minutos. Si ves que está demasiado caldoso, destápalo y deja que cueza los diez últimos minutos destapado.

2 Puedes preparar con antelación y tomarlo frío o luego recalentarlo o incluso tomarlo templado.

Truco: *También está muy rico añadiéndole un pellizquito de azafrán.*

Helado de yogur con sirope de frambuesa

Tiempo de preparación: 2 horas

Para 4 personas

3 huevos
2 limones
150 g de azúcar
300 g de yogur natural

150 g de leche evaporada Ideal
4 chorritos de sirope de frambuesa o de grosella

1 Prepara el helado separando las claras de las yemas y mezcla estas últimas con el azúcar hasta que la mezcla esté blanquecina. Exprime los limones, mezcla el jugo obtenido con el yogur y las yemas y mételo en la heladera o en el congelador hasta que la preparación espese y empiece a cuajar.

2 Remueve entonces para deshacer los cristales e incorpora las claras montadas a punto de nieve firme. Métalo de nuevo en el congelador.

3 Pon en el fondo del vaso un dedo de sirope de frambuesa (o de grosella), luego dos bolas de helado.

Duraznos con pistache

Tiempo de preparación: 40 minutos

Para 4 personas

4 duraznos   *30 g de miel*
30 g de mantequilla   *40 g de pistaches pelados*

Natillas
1 ½ l de leche   *la cáscara de 1 limón*
6 yemas de huevo   *1 cucharada sopera de maicena*
6 cucharadas soperas de azúcar

1 Prepara primero las natillas poniendo la leche en un cazo con cuatro cucharadas soperas de azúcar y la cáscara de limón al fuego hasta que empiece a cocer. Mientras, en un tazón bate las seis yemas con dos cucharadas de azúcar y la maicena. Cuando la leche haga burbujas todo alrededor del cazo, coge un cucharón y ve echándola poco a poco en el tazón moviéndolo muy bien y luego vierte el contenido del tazón en el cazo, baja el fuego y remueve sin cesar y sin dejar que la crema llegue a hervir. Cuando la crema esté lisa (desapareciendo una especie de espuma que se formaba sobre ella) las natillas están listas. Cuélalas por un colador de agujeros grandes y métalas en la nevera hasta el momento de ir a servirlas. Esta parte de la receta puedes incluso prepararla la víspera.

2 Pela los duraznos y córtalos en cuartos quitándoles el hueso. En una sartén antiadherente pon la mantequilla a calentar y saltea en ella los cuartos de duraznos. Añade la miel y retíralos del fuego. Cubre el fondo de los platos de servir con una capa de natillas y sobre esta coloca los cuartos de durazno formando una corona. Espolvorea sobre ellos los pistachos pelados y ligeramente picados.

Sopa de fresones y melón

Tiempo de preparación: 10 minutos

Para 4 personas

1 melón
250 g de fresón (o frambuesas)
1 cucharada sopera de azúcar glas

2 dl de cava brut
hojas de menta fresca

1 Saca la carne del melón con una cucharita especial para hacer bolas. Reserva la mitad y pasa el resto por la batidora con el cava y el azúcar.

2 Reparte la mezcla en unos platos soperos o en cuencos y mete en ellos unos fresones lavados, secados y cortados en láminas gruesas y las bolas de melón. Decora con unas hojas de menta.

3 Si quieres puedes también añadirle unos trocitos de bizcochos de soletillas, mejor del día anterior, o de los que venden ya duros para acompañar al cava.

Sorbete de melón

Tiempo de preparación: 15 minutos + 4 horas de nevera

De 4 a 6 personas

1 kg 200 g de melón
120 g de azúcar
4 yemas de huevo
2 cucharadas soperas de ron

2 cucharadas soperas de jugo de limón
100 g de nata montada
unas lenguas de gato para acompañar

1 Parte el melón por la mitad y quítale las pipas y las partes fibrosas. Saca la pulpa con cuidado de no estropear la cáscara, que luego te servirá para presentarlo. Corta la pulpa en trozos y ponla en una cacerola junto con el azúcar, haz que cueza a fuego suave hasta que el azúcar haya quedado bien derretido. Deja que se enfríe y pásalo por la batidora.

2 Bate las yemas y cuando estén cremosas, ponlas en la cacerola donde antes habrás vuelto a poner el melón. Mezcla bien con ayuda de una cuchara de madera y haz que cuezan muy despacio y removiendo sin parar. En cuanto espesen un poco retíralas del fuego y échalas en una ensaladera para dejar que se enfríen. Añade entonces el ron y el jugo de limón y con mucho cuidado la nata montada. Tapa la ensaladera con un plato y métela durante cuatro horas en la parte mas fría de la nevera.

3 Al momento de servir rellena con lo de la ensaladera las cáscaras del melón o sírvelo en copas de helado acompañado por las lenguas de gato.

Tarta hecha con nata y petit suisse

Tiempo de preparación: 40 minutos

De 4 a 6 personas

1 paquete de masa quebrada congelada
300 g de petit suisse *naturales*
3 cucharadas soperas de nata líquida
75 g de azúcar

2 yemas de huevo
la cáscara de 1 limón rallada
200 g de nata montada

1 Deja que se descongele la masa quebrada y cubre con ella un molde de tarta, pínchala con un tenedor, pero sin llegar hasta el fondo.

2 Métela en el horno a fuego medio y en cuanto empiece a tomar color, sácala.

3 Mientras, bate con ayuda de las varillas los *petit suisses* con la nata líquida, el azúcar, las yemas de huevo y la corteza de limón rallada.

4 Cuando esté bien mezclado, añádele con cuidado la nata, mezclando de arriba abajo para que no se baje.

5 Rellena con esta mezcla el fondo de una tarta y métela en el horno caliente (200 grados) durante treinta minutos más o menos. Sírvela templada o fría.

Capítulo 27

Diez recetas de otoño

En este capítulo

▶ Sabrosas recetas para cuando se anuncia el frío

▶ Todavía tenemos más trucos

Si Rupert de Nola levantara la cabeza y le dijéramos que vamos a preparar unos platos de cocina de temporada otoñal se sorprendería y preguntaría: ¿qué otra comida se puede hacer salvo la de la estación en la que estamos?

Y es que no sabría que ahora podemos encontrar fresas hasta en invierno. Pero nos parece mejor atenernos a los productos de temporada. Para ello te sugerimos unas cuantas recetas.

Sopa de cebolla gratinada

Tiempo de preparación: 20 minutos

Para 4 personas

4 cucharadas soperas de aceite
300 g de cebolla en rodajas finas
2 cucharadas soperas rasas de harina
2 cucharadas soperas de buen vino tinto

100 g de pan tostado cortado muy fino
100 g de queso gruyer rallado
1 l de agua
sal

1 En un cazo pon el aceite a calentar y cuando esté caliente pero sin echar humo, agrega las rodajas de cebolla y deja que se doren un poco a fuego suave. Espolvorea entonces la harina, dale un par de vueltas y rocía con el vino y el agua.

2 En una sopera, o en soperitas individuales de barro resistente al horno, pon una capa de rebanadas de pan, sobre ellas una capa de queso y luego vierte parte del líquido con parte de las cebollas, repite la operación hasta terminar cubriendo con una capa de queso.

3 Métela en el horno, que tendrá que estar previamente bien caliente, a gratinar hasta que se vea dorada por encima. Sírvela en seguida en la misma sopera.

Crema de champiñones y verduras

Tiempo de preparación: 35 minutos

Para 6 personas

½ kg de champiñones
2 calabazas medianas muy frescos
*   (½ kg)*
4 puerros medianos (½ kg)
2 cucharadas soperas de harina
6 cucharadas soperas de aceite
25 g de mantequilla o margarina

1 cucharada (de las de café) de
*   pimentón dulce*
5 vasos (de agua) de caldo (puede
*   hacerse con agua y una pastilla)*
el jugo de ½ limón
sal

1 Lava y limpia bien los champiñones. Corta la mitad (escogiendo las cabezas) en láminas no muy finas y ponlas en un cazo con el jugo de limón y la mantequilla a cocer a fuego suave unos ocho o diez minutos tapado. Resérvalos bien tapados.

2 En una cacerola pon el aceite a calentar y cuando esté, echa los poros (previamente lavados y quitadas las raíces y partes verdes) cortados en trozos. Estófalos durante diez minutos.

3 Añade entonces los champiñones restantes y rehógalos con los poros otros ocho minutos.

4 Añade por último las calabazas medio peladas (la piel puede amargar un poco si se deja toda). Mezcla bien todos los ingredientes con una cuchara de madera y espolvoréalos con la harina y después con el pimentón.

5 Revuelve todo y rocíalo con el caldo y sálalo (con cuidado porque la pastilla ya sala). Tapa la cacerola y déjalo cocer durante cinco minutos.

6 Sepáralo del fuego y deja que se temple un poco. Pásalo entonces por la batidora.

Truco: *Si la crema quedase muy espesa puedes aclararla con un poco de leche y añadirle el juguito de los champiñones que se hicieron aparte.*

Salteado de verduras al wok

Para 4 personas

2 cucharadas soperas de aceite
1 diente de ajo picado fino
2 cucharadas (de las de café) de
   jengibre fresco rallado
150 g de champiñones en láminas
200 g de ejotes verdes
1 pimiento rojo
200 g de brócoli

1 pimiento verde
2 cebolletas
100 g de gérmenes de soja
1 calabaza
50 g de almendras en láminas
2 cucharadas de salsa de soja
sal y pimienta negra recién molida

1 Pon el *wok* a calentar y vierte en él las dos cucharadas de aceite y cuando empiece a echar humo rehoga el ajo y el jengibre durante un minuto.

2 Añade el brócoli cortado en ramilletes y con los troncos cortados en tiras en diagonal y las judías verdes cortadas en diagonal y remueve durante un minuto. Añade el resto de las verduras con los pimientos, quitadas las simientes y cortadas en tiras, los champiñones en láminas, los gérmenes de soya, la calabaza cortado en tiras gruesecitas y la mitad de las láminas de almendra.

3 Rehoga todo hasta que las verduras se hayan hecho pero queden ligeramente crujientes.

4 Incorpora entonces la salsa de soja y remueve bien para que impregne todo durante un minuto.

5 Salpimienta a tu gusto y reparte por encima el resto de láminas de almendra.

Truco: *Puedes servirlo en cuencos chinos con palillos.*

Setas con almejas

Tiempo de preparación: 35 minutos

Para 4 personas

1 kg de setas	*1 ramita de azafrán*
½ kg de almejas	*1 vaso (de los de vino) de vino blanco*
1 cebolla	*½ guindilla*
1 diente de ajo	*una ramita de perejil*
2 pimientos rojos	

1 Limpia con ayuda de un cepillito las setas para quitarles las posibles partes terrosas y luego córtalas en trozos.

2 Pon una cazuela de barro resistente al fuego y calienta en ella una cucharada sopera de aceite, donde rehogarás la cebolla pelada y picada menuda, el ajo picado, los pimientos, quitadas las partes blancas y las simientes y cortados en trozos, y el perejil.

3 Déjalo hasta que la cebolla esté transparente; añade entonces la copa de vino blanco seco, la media guindilla y la ramita de azafrán; saltea las setas y sacude la cazuela y añade entonces las almejas, que habrás lavado previamente con agua y un buen pellizco de sal, moviéndolas bien con la mano y sacándolas en seguida para que no pierdan su agua interna; déjalas hasta que se abran.

Truco: *En el momento de añadir las almejas sube el fuego a vivo. Puedes quitarle la concha vacía antes de pasar a servir el plato.*

Fabes *con almejas*

Tiempo de preparación: 2 horas 30 minutos

Para 6 personas

¼ kg de ejotes blancas
400 g de almejas (o chirlas grandes
   o chochas)
1 diente de ajo
1 pizca de azafrán
1 hoja de laurel
unas ramitas de perejil

3 cucharadas soperas de aceite crudo
3 cucharadas soperas de pan rallado
   (colmadas)
unas gotas de vinagre
agua y sal

1 Cuando las vayas a guisar, ponlas en agua fría y déjalas justo hasta que rompan a hervir.

2 Mientras, prepara una cacerola con aceite, el diente de ajo pelado, la hoja de laurel, la cebolla pelada, pero entera, y las ramitas de perejil atadas con un hilo (para luego quitarlas cómodamente antes de servir). Pon un poco de agua fría sin sal.

3 Cuando los ejotes den un hervor, échalas en la cacerola preparada con los condimentos. Añade agua fría hasta que las cubra, y un poco más. Tápalas y déjalas a fuego muy lento durante una hora y media. Puedes añadirles agua, si hiciera falta, pero fría.

4 Machaca el azafrán en el mortero y deslíalo con un poco del caldo de ejotes. Viértelo en la cacerola revolviendo bien. Espolvorea entonces el pan rallado. Vuelve a tapar la cacerola y sigue cociendo muy despacio otra media hora más (el tiempo total de cocción depende de la clase de ejotes).

5 Mientras se están cociendo los ejotes, lava las almejas con agua fría, un poco de sal y unas gotas de vinagre. Ponlas en una sartén o cazo con agua (un vaso de los de vino, no lleno, basta para esas almejas). Tapa y saltea el cazo de vez en cuando. Cuando todas las almejas estén bien abiertas, quítales las medias conchas vacías y resérvalas en su caldo, el cual habrás pasado por un colador y por una gasa o trozo de tela fina para quitarles la arena.

6 A última hora (un cuarto de hora antes de servirlas) añádelas con su caldo a las judías. Sírvelo en plato hondo.

Truco: *Pon los ejotes en remojo la víspera por la noche.*

Guiso de ternera con aceitunas y anchoas

Tiempo de preparación: 2 horas

De 4 a 6 personas

1 kg de ternera en trozos
5 cucharadas soperas de aceite
1 ½ vaso (de los de agua) de vino blanco
1 cebolla grande (200 g) picada
1 diente de ajo picado
4 tomates medianos (500 g)
1 puñado de aceitunas negras, sin hueso

1 lata de anchoas de 50 g
1 pellizco de hierbas aromáticas
1 cucharada sopera de harina
sal y pimienta

1 En una cacerola de hierro fundido esmaltada pon el aceite a calentar y dora la carne. Una vez dorada resérvala en un plato.

2 En ese mismo aceite estofa la cebolla y el ajo juntos, hasta que la cebolla se ponga transparente (unos seis minutos).

3 Vuelve a poner la carne en la cacerola, espolvoreándola con la harina; dale unas vueltas y añade los tomates pelados, sin simiente, y en trozos más bien grandecitos (como una nuez) con su cáscara.

4 Salpimienta con cuidado pues vamos a añadir las anchoas después.

5 Rocía con el vino, echa el pellizco de hierbas aromáticas. Revuelve, tapa y deja cocer unas dos horas a fuego suave, revolviendo de vez en cuando el guiso.

6 Aparte, en un cazo pequeño, da un hervor de un par de minutos a las aceitunas y échalas pasadas las dos horas, así como las anchoas, bien escurridas y cortadas en trozos de un centímetro y medio.

7 Revuelve bien y cuece, todo junto, como una media hora más (este tiempo depende de lo tierna que esté la carne).

Pescadilla a la sidra

Tiempo de preparación: 35 minutos

Para 4 personas

4 rajas de pescadilla
2 chalotas (40 g)
1 cebolla pequeña (40 g)
1 botella de sidra (4 vasos)
25 g de mantequilla o margarina

3 cucharadas soperas de alcaparras
8 cucharadas soperas de nata líquida
un plato con harina
½ litro de aceite (sobrará)
sal y pimienta

1 Después de lavar y secar muy bien el pescado, sálalo. Pásalo por harina, sacudiéndolo para quitarle lo sobrante.

2 Fríelo hasta que se haya puesto dorado. Resérvalo.

3 En una sartén pequeña pon la mantequilla a derretir, añadiéndole la mezcla de las chalotas y cebolla, muy picadas. Deja que empiecen a dorarse y rocíalas entonces con algo menos de la mitad de la sidra. Deja cocer a fuego lento hasta que se consuma el líquido. Añade entonces el resto de la sidra, las alcaparras y la nata. Sazona con sal y pimienta.

4 En una besuguera o fuente de horno coloca el pescado reservado y cúbrelo con la salsa de la sartén.

5 Cubre la fuente con papel de aluminio y métela en el horno (previamente calentado) durante unos quince o veinte minutos. Quita el papel de plata y sirve en la misma fuente.

Truco: *Si no tienes chalotas, pon sólo cebollas, pero en mayor cantidad.*

Aflanado de manzanas

Tiempo de preparación: 45 minutos

De 4 a 6 personas

4 manzanas
10 g de mantequilla
¾ l de leche
3 huevos

150 g de azúcar
3 cucharadas soperas de harina
1 cucharada sopera de vainilla
   azucarada

1 Pela las manzanas y córtalas en láminas.

2 Unta un molde de tarta o un recipiente de horno con la mantequilla y espolvoréalo con un poco de azúcar.

3 Aparte, bate la leche con los huevos, el azúcar, la vainilla azucarada y la harina, y vierte esta mezcla sobre las manzanas.

4 Mételo en el horno a fuego medio (180 grados) unos veinticinco minutos. Sírvelo templado.

Carpaccio *de naranja con chocolate*

Tiempo de preparación: 10 minutos + 45 minutos de nevera

Para 4 personas

4 naranjas grandes o 5 más pequeñas
1 cucharada sopera de agua de azahar
1 cucharada sopera de miel
100 g de chocolate negro

50 g de láminas de almendra
1 cucharada sopera de licor de naranja
4 fresones (facultativo)

1 Pela las naranjas quitándoles ambas pieles y córtalas en rodajas finas. Ve poniéndolas en un plato hondo.

2 Mezcla la miel con el agua de azahar y con el jugo que hayan soltado las naranjas y vierte esto sobre las rodajas de naranja y mételas en la nevera por lo menos cuarenta y cinco minutos. Si es para mayores puedes añadir a esta mezcla el licor de naranja.

3 Derrite al baño María 75 g de chocolate, removiendo con una cuchara de madera hasta que la mezcla quede bien lisa.

4 Coloca las rodajas de naranja formando una rosácea en los platos, pon por encima los fresones cortados en láminas finas y reparte sobre todo ello las láminas de almendra. Ralla por encima el resto del chocolate, vierte la salsa de chocolate justo en el momento de ir a servir.

Truco: *Para un aliño menos tradicional puedes añadir un chorrito de aceite de oliva suprimiendo entonces el jugo y el licor.*

Leche frita con salsa de miel

Tiempo de preparación: 2 horas 30 minutos

Para 6 personas

¾ l de leche
la cáscara de un limón
5 cucharadas soperas de azúcar
25 g de mantequilla
2 o 3 huevos

un plato con pan rallado
1 l de aceite
5 cucharadas soperas copeteadas de maicena

Para la salsa:
6 cucharadas soperas de miel
½ vasito de los de vino de agua

1 ramita de tomillo

1 Prepara la salsa poniendo en un cazo la miel a calentar junto con medio vaso de agua y la ramita de tomillo hasta que quede el agua bien incorporada. Resérvala al calor retirando la ramita de tomillo.

2 Prepara la leche frita disolviendo en un tazón la maicena con un poco de leche fría.

3 Aparte pon el resto de la leche en un cazo con la cáscara de limón, el azúcar y la mantequilla. Cuando la leche esté a punto de cocer, añade lo del tazón y, sin dejar de remover con unas varillas, cuécelo a fuego suave unos siete minutos.

4 Vierte esta masa en una fuente algo honda y deja que se enfríe un par de horas.

5 Calienta entonces el aceite en una sartén. Corta la masa en cubos de unos 4 centímetros de costado, sácalos con ayuda de una pala de pastelería, pásalas por huevo batido y pan rallado y fríelos.

6 Retíralos del aceite cuando estén bien dorados y déjalos en una fuente en la boca del horno hasta el momento de servir.

Truco: *Esta receta se puede servir de forma más tradicional espolvoreándola únicamente con un poco de azúcar y canela.*

Otras maneras de servirla es acompañada de helado de vainilla o salsa de grosella negra.

Capítulo 28

Diez recetas de invierno

· ·

En este capítulo

▶ Mantenerse caliente y entonado con una buena cocina

▶ Más recetas: desde primeros platos a postres

· ·

Recetas de este capítulo

▶ Crema de endibias al queso
▶ Coliflor con gambas
▶ Papas a la importancia
▶ *Risotto* de champiñones
▶ Cinta de cerdo con manzanas y castañas
▶ Ejotes pintos con arroz
▶ Papas con chorizo
▶ Potaje de lentejas con setas y morcilla
▶ Salmón con vinagreta de naranja
▶ Flan de naranja y limón

*N*ada más apetecible que unos platos guisados con todo cariño que te quiten el frío que puedas sentir al salir a la calle. Ve al mercado y déjate tentar por los productos de temporada que veas expuestos; además de disfrutar de una experiencia culinaria, disfrutarás de un paseo de lo más agradable a la vista.

Crema de endibias al queso

Tiempo de preparación: 25 minutos

De 4 a 6 personas

700 g de endibias
50 g de mantequilla
½ l de caldo (agua con una pastilla de caldo de ave)
100 g de gruyer rallado

1 cucharada sopera de estragón picado
1 l de bechamel clarita (se hará con 1 l de leche, 80 g de harina, 60 g de mantequilla y 3 cucharadas soperas de aceite)
sal y pimienta

1 Lava al chorro de agua fría las endibias y sécalas con un paño. Córtalas en tiritas finas y ponlas en una cacerola con 50 g de mantequilla.

2 Tapa la cacerola y déjalas unos seis minutos. Al cabo de este tiempo echa el caldo, que deberá estar hirviendo, sobre las endibias. Déjalo a fuego muy bajo.

3 Haz la bechamel poniendo a calentar la mantequilla y el aceite, cuando esté derretida la mantequilla añade la harina separando un instante el cazo o sartén del fuego (para que no salgan grumos), dale un par de vueltas ya sobre el fuego y ve echando poco a poco la leche. Déjala cocer unos ocho minutos.

4 En cuanto haya espesado añade el queso rallado y remuévelo bien. Salpimienta muy ligeramente.

5 Añade a la bechamel las endibias con el caldo y mézclalo bien. Rectifica de sal y pimienta si fuese necesario (ya que la pastilla sala) y deja cocer muy suavemente unos quince minutos.

6 Pásalo por la batidora. Sírvelo añadiéndole en el último momento la nata líquida y espolvoreando con el estragón picado.

Coliflor con gambas

Tiempo de preparación: 45 minutos

Para 6 personas

1 coliflor de buen tamaño	*1 cucharada (de las de café) de*
¼ kg de gambas crudas	*concentrado de tomate*
1 cucharada sopera copeteada de harina	*25 g de margarina*
1 vaso grande y otro pequeño de leche	*sal*

1 Pon agua con sal y un vaso (de los de vino) de leche (para que la coliflor quede bien blanca). Cuando empieza a hervir, pon la coliflor entera destapada a cocer durante unos treinta minutos. Quítales las cáscaras a las gambas y pon la mitad de ellas en el mortero y machácalas con un poco de leche (un par de cucharadas bastan), hasta que formen una pasta.

2 En un cazo pon la margarina a derretir, luego añádele la harina, dale unas vueltas y poco a poco ve añadiendo la leche fría; echa entonces lo del mortero y deja todo junto cociendo durante unos ocho minutos. Añade entonces las otras gambas que habías reservado y el tomate. Cuece todo otros cinco minutos más, sala y reserva.

3 Una vez cocida y escurrida la coliflor, colócala en una fuente algo honda, donde vayas a servirla, y échale unas cuantas cucharadas de salsa por encima, sirviendo la que sobra en una salsera aparte.

Papas a la importancia

Tiempo de preparación: 45 minutos

Para 6 personas

1 kg de papas
1 plato sopero con harina
4 huevos
¾ de l de aceite (sobrará)
1 cebolla (70 g)
1 diente de ajo

1 cucharada sopera de perejil picado
1 cucharada sopera de harina
1 l de agua
unas hebras de azafrán
sal

1 Lava muy bien las papas, pélalas y córtalas en rodajas más bien gruesas (como medio centímetro). Échales sal. Envuélvelas en harina y luego en huevo batido.

2 En una sartén pon a calentar el aceite y fríe de cuatro en cuatro las rodajas de papas.

3 Ve colocándolas en una besuguera (de barro o porcelana) en varias capas pero que queden holgadas.

4 Machaca en el mortero el diente de ajo pelado con un poco de sal, añade después el azafrán y mezcla bien todo, después de machacado con un poco de agua.

5 En una sartén pon tres cucharadas soperas de aceite a calentar (del que ha sobrado de freír las papas), dora la cebolla pelada y muy picada, añade una cucharada sopera de harina, dale unas vueltas, añade lo del mortero, el resto del agua y sala. Vierte esto sobre las papas colándolo por el colador grande. Espolvorea con perejil picado. Deja que cuezan sobre el fuego, despacio, una media hora.

Truco: *Termina metiéndolas al horno, previamente calentado, durante diez minutos antes de servirlas.*

Risotto *de champiñones*

Tiempo de preparación: 50 minutos

Para 4 personas

400 g de arroz italiano de Arborio (o en
   su defecto de arroz de grano redondo)
70 g de mantequilla
80 g de queso parmesano rallado

100 g de cebolla picada muy menuda
10 g de champiñones en láminas
1 ¼ l de caldo (o agua con una pastilla)

1 En una cacerola pon un tercio de la mantequilla a calentar y cuando esté derretida, echa la cebolla y déjala hasta que esté transparente, añade entonces el arroz y dale unas vueltas con una cuchara de madera.

2 Añade entonces el caldo (tres veces el volumen del arroz) y deja que cueza suavemente removiendo de vez en cuando.

3 Cuando el caldo esté a medio absorber añade las láminas de champiñón.

4 Una vez absorbido casi todo el caldo, retíralo del fuego y deja que el arroz repose cinco minutos más.

5 Añade entonces con cuidado el resto de la mantequilla y el queso. Sirve inmediatamente.

Cinta de cerdo con manzanas y castañas

Tiempo de preparación: 50 minutos

Para 6 personas

1 kg de cinta de cerdo
5 manzanas reineta no muy grandes
1 bote de castañas peladas y cocidas
50 g de mantequilla
3 cucharadas soperas de jerez
50 g de manteca de cerdo

3 cucharadas soperas de agua
1 cucharada (de café) de fécula de papa
3 cucharadas (de café) de azúcar
agua
sal

1 Ata la carne como para cualquier asado y sálala un par de horas antes de ir a hacerla.

2 Enciende el horno diez minutos antes de empezar a hacerla.

3 Unta la carne con la manteca, métela en el horno y deja que se vaya dorando y haciendo durante cuarenta y cinco minutos, dándole la vuelta varias veces y rociándola con las tres cucharadas soperas de agua.

4 Mientras se va haciendo, pela las manzanas y quítales el centro y las simientes, pero sin traspasar el fondo. Pon en el hueco media cucharada de azúcar y un poquito de mantequilla. Rocíalas con jerez. Mételas en el horno cuando falte media hora y baja un poco la temperatura (tendrán que quedar enteras pero blandas).

5 Cuando hayan pasado los cuarenta y cinco minutos totales, saca la carne y pártela en rodajas mas bien finas, colócalas en la fuente de servir, rodeadas por las manzanas y las castañas previamente calentadas en un cazo con un poco de leche o al microondas.

6 Mezcla la fécula de papa con un par de cucharadas de agua fría y cuando esté bien disuelta, añádela a la salsa, mézclala bien y échala sobre la carne. Sírvelo enseguida.

Consejos: *Si no encuentras fécula de papa puedes sustituirla por maicena.*

Ejotes pintos con arroz

Tiempo de preparación: 2 o 3 horas

Para 6 personas

400 g de arroz (que no sea de Calasparra)
agua hirviendo
40 g de mantequilla
400 g de ejotes pintos
2 dientes de ajo
1 hoja de laurel

1 cebolla mediana (100 g)
1 cucharada sopera de harina
4 cucharadas soperas de aceite
1 cucharadita (de las de moka) de pimentón
agua y sal

1 Pon los ejotes en una cacerola con agua fría que las cubra pero sin sal. Cubre con su tapadera. Cuando den el primer hervor, quítales el agua, echando otra también fría y de forma que queden bien cubiertas.

2 Incorpórales media cebolla pelada y cortada en dos, la hoja de laurel y un diente de ajo. Córtales el hervor por tres veces durante las dos o tres horas que cuezan (según sean de duras), con un chorrito de agua fría.

3 Mientras tanto, prepara el arroz blanco de la forma tradicional poniendo el doble de agua que de arroz a cocer y cuando esté, echa el arroz y déjalo el tiempo indicado en el paquete (pues depende del tipo de arroz); pásalo después por el chorro de agua fría y resérvalo una vez lavado.

4 En una sartén pon el aceite a calentar. Cuando esté caliente echa la media cebolla muy picada y el diente de ajo (dando un golpe con el mango de un cuchillo, con el fin de aplastarlo un poco y que suelte más aroma).

5 Una vez dorada la cebolla, añade la harina, que también dejarás tostar (unos diez minutos). Incorpora entonces el pimentón y seguidamente unas tres o cuatro cucharadas del caldo donde se cuecen los ejotes. Esta salsa se vierte en los ejotes y se les agrega la sal.

6 Rehoga el arroz con la mantequilla o con aceite y sálalo. Ponlo en un molde en forma de corona. Vuélcalo en una fuente redonda y más bien honda. Vierte en el centro los ejotes con su caldo.

Cuidado: *Estas judías deben quedar muy caldosas.*

Papas con chorizo

Tiempo de preparación: 1 hora 10 minutos

Para 6 personas

1 ½ kg de papas
2 cucharadas soperas de aceite
3 dientes de ajo
2 cucharadas (de las de café) de pimentón
1 hoja de laurel

6 trozos (de unos 4 cm de largo) de chorizo de guisar
1 cebolla pequeña (100 g)
6 granos de pimienta
agua y sal

1 En una sartén pequeña pon el aceite a calentar, cuando esté caliente, fríe los dientes de ajo, pelados y golpeados (para desarrollar bien todo su aroma). Cuando empiezan a dorarse, aparta la sartén del fuego y espolvorea el pimentón. Lo de la sartén viértelo en un puchero (a poder ser de barro) y echa agua fría (como un litro y medio). En el agua echa la cebolla pelada y entera, el laurel, los granos de pimienta y el chorizo, que será estrecho y largo, del que se usa para el cocido y que no debe estar muy seco. Los trozos, uno por comensal, serán de unos 4 centímetros de largo.

2 Todo esto ponlo a cocer. Cuando rompa el hervor, baja el fuego dejando cocer muy despacio durante una hora y tapado.

3 Pela y lava las papas y tres cuartos de hora antes de ir a comerlas "cachéalas", es decir, mete un poco el cuchillo y luego parte la papa según sale dando un tirón. Échalas en el puchero, mira a ver si hay bastante líquido para que las cubra lo justo; si no, añade algo más de agua. Sala, con cuidado, pues el chorizo ya aporta sal al guiso, y cuécelas durante tres cuartos de hora, tapadas y despacio. Aunque se deshagan un poco, no importa mucho.

4 Deja reposar fuera del fuego durante unos cinco minutos y sírvelas en plato hondo.

Potaje de lentejas con setas y morcilla

Tiempo de preparación: 1 hora 40 minutos

Para 4 personas

½ kg de lentejas, preferible las pequeñas
   y oscuras
200 g de setas
2 tomates grandes (300 g)
1 cebolla mediana (100 g)
2 poros medianos
1 hueso de codillo de jamón

1 morcilla de cebolla
1 cucharada sopera de anís (licor)
2 l de agua (más o menos, según se
   quiera de caldoso)
5 cucharadas soperas de aceite
sal

1 La víspera, pon las lentejas en remojo en agua fría.

2 Saca las lentejas de su agua de remojo y ponlas en un cazo más bien hondo con el hueso de jamón. Cubre con los dos litros de agua y cuécelas más o menos durante una hora y media (en la olla exprés se cuecen muy bien treinta minutos).

3 Aparte, y mientras se hacen las lentejas, pon el aceite a calentar en una sartén amplia. Cuando esté en su punto rehoga la cebolla y los poros muy picados. Una vez se hayan puesto transparentes (unos cinco minutos), añade el tomate pelado, quitadas las simientes y cortado en cuadraditos pequeños, dale unas vueltas y añade las setas también picadas y la morcilla sin su piel y muy deshecha. Sala con moderación. Rehoga todo muy bien durante unos quince minutos.

4 Cuando las lentejas estén cocidas, añádeles el refrito y cuece todo junto durante diez minutos más a fuego lento. Prueba de sal y rectifica si hace falta y entonces, añade el anís, revolviendo todo muy bien.

Salmón con vinagreta de naranja

Tiempo de preparación: 30 minutos

Para 4 personas

4 rodajas o lomos de salmón	sal
1 vaso (de los de agua) de aceite	

Para la vinagreta:

10 tiras de cebollino	1 naranja
2 cucharadas soperas de vinagre balsámico	2 cucharadas soperas de aceite de oliva una pizca de sal

1 Lava y seca el pescado. Pon el aceite en una fuente y encima las rodajas de pescado. Dales la vuelta de vez en cuando para que maceren en el aceite durante veinte minutos

2 Pasado este tiempo sálalas por las dos caras. Unta con algo del aceite de la maceración una parrilla y mete ésta al horno con una besuguera debajo para recoger lo que gotee, pon sobre ella las rodajas de salmón y vuélvelas un par de veces con cuidado para que no se peguen.

3 Sírvelo en una fuente o plato previamente calentado.

4 Mientras se asa prepara la vinagreta cortando el cebollino en trozos, lava la naranja, sécala y corta tres tiras. Extrae el jugo de media naranja y viértelo en un cuenco, añade el vinagre balsámico, el aceite y sal, mezcla bien y sírvela acompañando las rodajas de salmón.

Truco: *Sabrás si el salmón está en su punto cuando al tratar de sacar la espina central de la rodaja ésta pueda salir fácilmente.*

Flan de naranja y limón

Tiempo de preparación: 1 hora 15 minutos

De 4 a 6 personas

2 huevos enteros
3 yemas
200 g de azúcar
el jugo de 1 naranja mediana
el jugo de 1 limón
Para el caramelo:
3 cucharadas soperas de azúcar

1 cucharada sopera de Cointreau
leche para completar lo líquido hasta ½ l
1 corteza rallada de naranja
1 corteza rallada de limón

2 cucharadas soperas de agua

1 En un cazo pon el agua con el azúcar a calentar hasta que obtengas un caramelo con un bonito color dorado.

2 En un cuenco pon los huevos y las yemas, mézclalos bien con el azúcar y las cáscaras de limón y naranjas ralladas. Añade poco a poco el líquido (los jugos, el licor y completar con leche hasta el medio litro). Viértelo en la flanera.

3 Cuécelo al baño María en el horno, poniendo el agua ya caliente y el horno encendido unos cinco minutos antes.

4 Tapa la flanera con un papel aluminio y deja cocer en el horno a calor medio más o menos una hora o algo más. Sácalo del horno y del baño María y deja que se enfríe. Mételo entonces en la nevera.

5 Desmóldalo justo en el momento de servir.

Capítulo 29

Diez recetas de Navidad

Y cómo no, teníamos que acabar esta selección de recetas con algunas seleccionadas especialmente para la Navidad. Después de haber practicado a lo largo de todo el año, es el momento de preparar una buena cena de Nochebuena o una excelente comida de Navidad para los tuyos. Recuerda que cocinar en compañía también puede ser divertido.

Calabazas, tomates, cebollas y jamón de York

Tiempo de preparación: 50 minutos

Para 6 personas

4 calabazas medianas (1 ½ kg)
3 tomates grandes (600 g)
2 cebollas medianas (300 g)
1 punta de jamón de York de 100 g

1 pastilla de caldo de pollo
40 g de mantequilla o margarina
3 cucharadas soperas de queso rallado
sal

1 Pela y corta en rodajas más bien finas las calabazas. Ponlos en un plato sopero con algo de sal por encima y tenlos así durante media hora, para que
suelten su agua, revolviéndolos de vez en cuando.

2 Con algo más de la mitad de la mantequilla, unta una fuente de horno, que
sea de bordes altos.

3 Pon una capa de calabazas (la mitad de estos) en el fondo de la fuente,
cúbrela con los tomates pelados y cortados también en rodajas de medio
centímetro de grosor. Cubre con las cebollas, peladas y cortadas muy finas.
Machaca en el mortero la pastilla de caldo y una vez deshecha, espolvoréala
por encima de las cebollas. Entre capa y capa de verduras sala un poquito.

4 Pica bastante menudo el jamón y espárcelo por toda la fuente. Cubre con lo que
queda de calabazas. Tapa bien la fuente con papel de plata. Enciende el horno
cinco minutos antes de meter la fuente. Tenla en el horno durante unos treinta
y cinco minutos. Destapa entonces, y si están las verduras cocidas, espolvoréalas con el queso rallado. Pon el resto de la mantequilla en varias motitas y pon
a gratinar hasta que el queso esté dorado (unos diez minutos). Saca y sirve.

Crema de carabineros, gambas o cangrejos

De 6 a 8 personas

½ kg de carabineros o cangrejos de río
½ kg de gambas grandes
100 g de mantequilla
100 g de crema de arroz

1 dl de crema líquida (1 vaso de los de
   vino)
2 cucharadas soperas de coñac
sal y pimienta negra

Caldo corto:
2 l de agua fría
2 dl de vino blanco (1 vaso de los de
   agua)
2 zanahorias medianas cortadas en
   rodajas

1 cebolla mediana (150 g) cortada en
   cuatro
1 ramita de perejil
1 hojita de laurel
sal

1 En una cacerola pon todos los ingredientes del caldo corto y, cuando rompa
a hervir, déjalo a fuego lento que cueza durante treinta minutos. Retíralo del
fuego y déjalo enfriar totalmente. (Puedes prepararlo varias horas antes
y conservarlo en el refrigerador.)

2 Cuando vayas a hacer la sopa lava muy bien los carabineros o los cangrejos y las gambas y ponlos enteros en el caldo corto frío. Cuando rompa a hervir baja el fuego y deja cocer unos cinco minutos, según tamaño. Después retira los bichos del caldo. Separa las colas de algunas gambas y resérvalas cortadas en dos en un tazón tapado con un plato para que no se sequen.

3 Tira las cabezas de los carabineros, que son muy fuertes de sabor.

4 Con los demás bichos y todos los caparazones y cabezas prepara una mantequilla, es decir, machácalas en el mortero, por tandas y con la mantequilla.

5 Ve echando este puré en un cazo, y, cuando esté todo bien machacado, pon el cazo en el horno a temperatura muy suave durante veinticinco minutos. Mide el caldo corto, pues debe haber un litro y medio, de lo contrario añade un poco de agua hasta alcanzar esta cantidad.

6 Después pon un trapo limpio en un colador y vierte este puré y un poco de caldo corto de cocer los carabineros. Exprime bien el trapo con la mano, recogiendo todo lo que suelta el puré. Esto únelo al resto del caldo corto.

7 En un tazón deslía los 100 g de crema de arroz con un poco de caldo corto (frío, o, si no, con un poco de agua fría). Pon el caldo a calentar añadiéndole las dos cucharadas de coñac; cuando esté caliente añade la crema de arroz desleída. Déjala cocer removiendo continuamente con una cuchara de madera durante unos cinco o diez minutos. Rectifica de sal y pimienta si hace falta.

8 En la sopera donde vayas a servir la crema pon la nata líquida. Deslíala con muy poca sopa, primero, para que no se corte la nata. Incorpora poco a poco toda la sopa y las colas reservadas, y sírvela inmediatamente en sopera o en tazas de consomé (repartiendo antes las colas).

Truco: Esta misma crema la puedes hacer sólo con cangrejos de río o sólo con gambas y sale igualmente una crema muy rica.

Cardo en salsa

1 cardo bien blanco y mediano
2 cucharadas soperas de harina
1 cucharadas soperas de perejil picado
3 dientes de ajo
3 cucharadas soperas de aceite

1 limón
½ cucharada (de las de moka) de extracto de carne (Bovril, etc.)
agua y sal

1 Prepara el cardo y resérvalo en el agua de cocerlo.

2 En una sartén pon el aceite a calentar, pela los ajos y échalos para que se refrían bien dorados. Muévelos con una cuchara de madera. Retíralos una vez dorados y añade una cucharada sopera de harina, dale vueltas para que no se dore. Agrega el caldo de cocer los cardos para que resulte una salsa más bien clarita.

3 Pon el cardo en una cacerola y cúbrelo con la salsa. Deja que dé un hervor y añade entonces media cucharada de extracto de carne, revuelve todo bien y espolvorea con el perejil picado.

Vieiras guisadas

Para 4 personas

8 hermosas vieiras
4 cucharadas soperas de aceite
1 cebolla mediana (150 g) picada
1 diente de ajo picado

1 cucharada (de las de moka) de
    pimentón
2 cucharadas soperas de pan rallado
sal

1 Quítales la concha de arriba y las partes oscuras. Lávalas bien bajo el agua y déjalas después media hora en agua con sal (o mejor en agua de mar).

2 Mientras tanto, en una sartén calienta el aceite y cuando esté en su punto añádele la cebolla y el ajo, picadas ambas cosas. Deja que se rehoguen despacio durante unos ocho minutos. Añade entonces, apartando la sartén del fuego, para que no se queme, el pimentón y después el perejil. Dale unas vueltas y reparte este refrito por encima de las vieiras bien escurridas. Espolvorea con un poco de pan rallado y mételo un rato en el horno, hasta que estén ligeramente doradas, pero sin que se resequen.

3 Sírvelas en sus mismas conchas.

Capón relleno

Tiempo de preparación: 1 hora 45 minutos

De 6 a 8 personas

1 capón de unos 2 a 3 kg
unas tiras de beicon

30 g de grasa de oca (o manteca de
cerdo)

Para el relleno:
el hígado de la capón
½ kg de salchichas frescas
30 g de mantequilla
¼ de kg de uvas moscatel

1 vaso de Oporto
1 rebanada de pan (mejor del día anterior)
1 huevo
una pizca de hierbas aromáticas

Para el adorno:
unas tiras de beicon
unos dátiles

unas ciruelas pasas

1 Mete las uvas a macerar en el Oporto.

2 En una cazuela pon la mantequilla a derretir y cuando esté, echa el hígado del capón y deja que se dore por todos sus lados. Una vez doradito retíralo y resérvalo. En la misma grasa pon la carne de las salchichas y déjala hasta que esté hecha; retira la cazuela del fuego.

3 Pica el hígado y añádele la carne de salchicha. Echa todo esto en una ensaladera y deja que se temple. Añádele entonces la rebanada de pan desmigajada, las uvas previamente bien escurridas, el pellizco de hierbas y sal y pimienta. Mezcla bien. Agrega el huevo y vuelve a mezclar.

4 Rellena el capón con esta mezcla y cose la apertura. Pon las tiras de beicon sobre la pechuga y átala; ponlo en una fuente de horno y ponle por encima, en montoncitos, la grasa de oca. Sazónalo por fuera.

5 Mételo en el horno y rocíalo de vez en cuando con el jugo que suelte, al que, si fuese necesario, puedes añadir un poco de agua caliente.

6 Mientras, cuece las ciruelas como te indiquen en el paquete y luego déjalas enfriar. Raja los dátiles por la mitad y sácales el hueso. Enrolla estas dos cosas en las tiras de beicon partidas por la mitad.

7 Cuando el capón lleve una hora, quítale las tiras de beicon para que se dore de forma uniforme y sigue rociándolo con frecuencia. Deja que se siga haciendo veinticinco minutos más y luego pínchale unos palillos con las ciruelas y los dátiles enrollados.

8 Baja un poco la temperatura del horno y déjalo otros quince minutos. Colócalo en la fuente de servir adornada.

9 Añade al jugo de la cocción el Oporto y deja que cueza un par de minutos la salsa. Échala en una salsera. Puedes acompañar el capón con compota de manzana o de castañas.

Pierna de cordero rellena

Tiempo de preparación: 1 hora 40 minutos

Para 6 personas

1 pierna o una paletilla de cordero deshuesada de 1 ½ kg
250 g de carne de salchichas
250 g de hígado de cerdo
10 dientes de ajo
1 cucharada de coñac

3 cucharadas soperas de manteca de cerdo o mejor grasa de oca
750 g de papas para guisar
3 cucharadas soperas de perejil picado
1 cucharada sopera de romero
sal y pimienta

1 Enciende el horno a 220 grados (termostato 7).

2 Pica el hígado de cerdo. Pela tres dientes de ajo y aplástalos. Pon todo esto en una ensaladera. Añade la carne de salchicha, la mitad del perejil picado y el coñac. Salpimienta.

3 Rellena con esto la pierna o la paletilla, enróllala y átala. Frótala con el romero.

4 En una cacerola pon agua a hervir. Pela el resto de los dientes de ajo y échalos en el agua hirviendo, déjalos cocer un minuto y escúrrelos.

5 Pela las papas y córtalas en trozos.

6 Pon la grasa de oca o la manteca a derretir y rehoga en ella la pierna rellena durante unos cinco minutos a fuego suave por todos sus lados.

7 Agrega los dientes de ajo y las papas alrededor de la pierna (puedes añadir unos champiñones también), mézclalos con cuidado con la grasa de la cocción; salpimiéntalos.

8 Tapa la cacerola, métela en el horno y deja que cueza alrededor de hora y cuarto.

9 Cuando la pierna esté hecha, escúrrela, córtala y pásala a la fuente de servir. Escurre las papas y los dientes de ajo (y eventualmente los champiñones) y ponlos alrededor de la carne. Espolvorea el perejil picado y sirve.

Pollo con langostinos

Tiempo de preparación: 45 minutos

Para 4 personas

1 pollo de 1 ½ kg o 4 cuartos de pollo grandecitos
8 langostinos
5 cucharadas soperas de aceite
1 chalota grandecita
1 cucharada sopera copeteada de harina
2 vasos (de los de agua) de caldo o agua con pastilla

1 vaso de buen vino blanco
1 cebolla pequeña (50 g)
30 g de mantequilla
1 vaso (de los de vino) de nata líquida
½ cucharada (de las de moka) de cayena
sal y pimienta

1 En una cacerola algo honda (o mejor una *cocotte*) pon el aceite a calentar. Cuando esté en su punto, dora el pollo o los cuartos, bien dorados por todos lados. Saca y reserva en un plato.

2 En este mismo aceite dora la cebolla picada junto con la chalota. Cuando esté bien dorada, espolvoréala con la harina y añádele un vaso de caldo. En la batidora pon la mantequilla, que deberá estar blanda (sacada de la nevera con tiempo), y las partes interiores de las cabezas. Tritura todo muy bien y cuélalo por un chino (añadiendo un poco de caldo). Echa esta pasta (mantequilla de langostinos) a la cacerola.

3 Pon de nuevo el pollo en la cacerola y echa entonces el vino blanco y completa con el caldo que sobra, pero echando sólo el que haga falta para que quede el pollo medio cubierto (si son cuartos de pollo, habría que poner algo menos de caldo). Sala, con moderación, y añade bastante pimienta y la cayena. Revuelve bien la salsa, tapa y deja cocer a fuego medio, una vez que haya arrancado a hervir, durante más o menos media hora.

4 Deja que se temple fuera del fuego el guiso, con el fin de partir mejor el pollo si es entero.

5 Un poco antes de ir a servir añade los langostinos al pollo. No les quitarás las cáscaras de las colas, para que guarden su bonita forma. No dejes ya que cueza fuerte, pero sí durante diez minutos más y agrega entonces la nata. Calienta. Sirve en fuente algo honda con los langostinos puestos encima de cada cuarto de pollo y con la salsa por encima.

Mazapanes

Tiempo de preparación: 30 minutos

550 g de almendras ralladas muy finas
200 g de azúcar glas

2 claras de huevo
la cáscara rallada de ½ limón

1 Bate las claras a punto de nieve muy flojo, añádeles el azúcar, moviendo con una cuchara de madera, agrega la cáscara de limón y al final las almendras.

2 Cuando esté todo bien unido, extiende la masa con el rodillo pastelero, déjala de 1 centímetro de grosor.

3 Córtala formando figuritas o empanadillas, según te guste.

4 Cuécelas a horno moderado durante unos veinte minutos.

5 Una vez sacadas del horno puedes abrillantarlas con un almíbar pasado con una brocha, o una vez fríos los mazapanes pásales un huevo batido como para tortilla y mételos unos minutos en el horno a dorar.

Rosca de Reyes

Tiempo de preparación: 6 horas

600 g de harina
3 huevos (uno para dorar la masa)
100 g de mantequilla blanda (y algo más
    para la chapa)
3 cucharadas soperas de agua de
    azahar

1 ½ vaso (de los de agua) de leche
25 g de levadura de panadero
1 pellizco de sal
75 g de azúcar
frutas confitadas, láminas de almendras,
    una sorpresa

1 Templa medio vaso de leche y derrite en él la levadura.

2 En un cuenco pon ocho cucharadas soperas de harina (de los 600 g), y añádele la leche con la levadura. Amasa bien y déjalo en un sitio templado (esto es muy importante), cubierto con un trapo espeso hasta que aumente al doble de su volumen (más o menos una hora y media).

3 En otro cuenco amplio, pon el resto de la harina, hazle un hueco en el centro y echa: la leche, los dos huevos batidos como para tortilla, el azúcar, la sal y el agua de azahar. Amasa y pásalo a una mesa ligeramente espolvoreada con harina, continúa amasando y ve añadiendo, en varias veces, la mantequilla blanda.

4 Cuando la primera masa esté levada, únela con esta segunda masa. Déjala en reposo, tapada con un paño grueso unas cuatro horas en sitio templado.

5 Unta entonces la chapa del horno con mantequilla muy extendida. Haz una o dos bolas con la masa. Mójate ligeramente las manos y con el puño forma un hueco en el centro para formar la O de la rosca.

6 Bate el tercer huevo como para tortilla y con una brocha pinta todo el roscón. Adórnalo entonces con las frutas y las láminas de almendra e introduce por la parte de abajo la sorpresa.

7 Calienta el horno a calor medio-flojo (200 grados) y sólo por abajo, y mete la chapa con la rosca a media altura del horno, durante cuarenta y cinco minutos más o menos.

8 Si ves que no se dora por arriba, ponlo a gratinar cinco minutos hasta que coja un bonito color.

9 Saca la chapa del horno y, cuando la rosca esté templada, despégalo con un cuchillo redondo.

Tarta Alaska al turrón

Tiempo de preparación: 1 hora 10 minutos

Para 6 personas

2 yemas de huevo	*125 g de azúcar*
3 claras de huevo	*1 vaso (de licor) de Cointreau o Grand*
3 cucharadas soperas de azúcar	*Marnier*
6 cucharadas soperas de harina	*1 barra de helado de turrón*
1 cucharada sopera de levadura Royal	*4 claras de huevo*
un poco de mantequilla para untar el	*1 pellizco de sal*
molde	*75 g de azúcar glas*
¼ l de agua	*1 cucharada sopera de fécula de papa*

1 Bate las tres claras de huevo muy firmes con un pellizquito de sal y, cuando estén batidas, añádeles las tres cucharadas soperas de azúcar, después las yemas y, cucharada a cucharada, tres de harina, la de levadura y las tres últimas de harina.

2 Unta con mantequilla un molde de forma rectangular, no muy alto, y vierte la masa dentro. Métalo en el horno a temperatura media hasta que esté hecho (unos treinta y cinco minutos, pínchalo para saberlo).

3 Mientras se hace el bizcocho, ve preparando el almíbar. Para ello pon a cocer el agua con el azúcar y el licor, y deja que cueza unos cinco minutos. Apártalo entonces del fuego pero no dejes que se enfríe. Cuando esté el bizcocho a punto, sácalo del horno y antes de desmoldarlo vierte sobre él el almíbar. Desmóldalo después volcándolo directamente en la fuente donde vayas a servirlo y que deberá poder meterse al horno.

4 Bate las cuatro claras de huevo con una pizca de sal y luego ve añadiéndole, sin dejar de batir, la fécula y el azúcar hasta que esté bien firme.

5 Parte el bizcocho por la mitad, si fuese muy ancho, y corta sus extremos para darle una forma ovalada. Sobre el bizcocho pon la barra de helado y cubre totalmente ambas cosas con el merengue, alísalo con una espátula y guarda algo para decorar. Mete la tarta unos instantes en el horno a gratinar hasta que se dore un poquito, sácala y sírvela en seguida.

Truco: Puedes hacer el bizcocho el día anterior y guardarlo envuelto en papel de aluminio y no echarle el almíbar hasta el momento de ir a preparar la tarta.

Parte VI
Los apéndices

—¡ALGO FALLA! SIGO LAS INSTRUCCIONES AL PIE DE LA LETRA
PERO ¡NO LOGRO DESCONGELAR LA MERLUZA!

En esta parte...

Varios apéndices para consultar y resolver dudas: desde trucos de conservación a una lista muy exhaustiva de hierbas, especias y otros aditamentos empleados en la cocina. Finalmente, he redactado un glosario con los términos más utilizados en cocina.

Apéndice A

De la A a la Z, cómo conservar bien el material

En general cuando uno debuta en la cocina tiene tendencia a no cuidar demasiado el material y a pensar que si compra una cacerola da igual una cualquiera, que lo importante es lo que se cueza dentro. Pero no es tan sencillo…

A

Abrelatas: Para mantener este utensilio, debes limpiar con una bayeta la parte de la cuchilla cada vez que lo uses y, para evitar que se oxide, secar perfectamente.

B

Bandejas: Las de madera se limpian con un paño embebido en esencia de trementina.

Si la madera es lacada, límpiala con una mezcla hecha con una cucharada de harina disuelta en esencia de trementina y aceite de linaza a partes iguales. Retira la pasta después de frotar con ella las zonas sucias y abrillanta con un paño seco.

Las de plástico deberás lavarlas con agua jabonosa y un chorrito de amoníaco.

Trapos de cocina: Las bayetas para fregar, normalmente, son de algodón o bien de una tela gruesa que se empapa de agua y seca el suelo perfectamente. En el caso de que sea de tela, debes evitar que se trate de una tela que suelte pelusas.

Para mantenerlas limpias después de su uso, debes sumergirlas en agua caliente con amoníaco y detergente, dejarlas un par de horas, y posteriormente lavarlas en la lavadora.

Para sacar brillo, se utilizan trapos de lana sin dobladillo, ya que éste puede rayar. Además de dar brillo a los suelos encerados, se emplean para quitar el polvo de suelos de mayólica.

Las bayetas de materiales esponjosos se limpian con detergente y agua, y se aclaran con sal.

Botellas: Para limpiarlas bien debes llenarlas con agua caliente, un chorro de jabón líquido y un chorro de cloro, dejando que la suciedad se ablande. También puedes limpiarlas con agua y arena o piedrecillas pequeñas, formando un fluido fangoso, y agitar la botella de forma circular para evitar que se rompa.

Limpia las botellas que han contenido grasa con agua caliente y posos de café.

Si en la botella se ha formado una película opaca, límpiala con gran cantidad de sal gruesa disuelta en agua.

En el caso de estar grasienta, también puedes limpiarla introduciendo en su interior granos de arroz o una cáscara de papa y agitando fuertemente.

C

Cacerolas: Debes tener en cuenta el material de la cacerola a la hora de proceder a su limpieza.

Cacerolas de aluminio: Antes de utilizarlas por primera vez, y para evitar que se ennegrezcan, debes cocer en su interior agua con leche. También puedes añadir un poco de leche cada vez que cuezas verduras.

Debes secar muy bien los recipientes de aluminio antes de guardarlos, para evitar la humedad. Y es conveniente almacenarlos sin tapar en un lugar bien ventilado.

Si se da el caso de que la comida está muy incrustada o que desees pulir ligeramente el metal, debes usar un estropajo jabonoso, frotar primero sin humedecer y luego humedecerlo ligeramente.

Cacerolas esmaltadas: Para que el esmalte blanco del interior esté como nuevo, tienes que cocer agua con cloro, al 25 por ciento, durante unos minutos. Cuando realices esta operación, la habitación debe estar muy bien ventilada, para evitar inhalar los gases tóxicos que se desprenden.

No utilices nunca en su limpieza accesorios o cubiertos metálicos que puedan rayar el interior, ni abrasivos o estropajos metálicos.

Cacerolas de acero inoxidable: Debes evitar cubiertos, instrumentos, abrasivos o estropajos que puedan rayarlas. Si el metal se ennegrece (en especial al cocinar alguna verdura), recuperará su brillo y color si se cuece en su interior agua con un chorro de jugo de limón.

Cacerolas y fuentes de vidrio resistentes al fuego: Aunque son termorresistentes no es conveniente someterlas a cambios bruscos de temperatura. Las rejillas difusoras resultan muy útiles para evitar el contacto brusco con el fuego. Para prevenir que estallen o se rajen, no debes meterlas directamente en la nevera ni enfriarlas con agua.

Limpia las marcas negruzcas que se forman en los recovecos y en las asas frotando con un detergente para vajillas.

Cafetera: Si la utilizas con poca frecuencia, o si quieres evitar que al guardarla durante un largo tiempo adquiera un olor desagradable, mete un terrón de azúcar en su interior, que actuará como desodorante.

Campanas extractoras de humos: Debes limpiarlas a menudo, para evitar así que se forme una capa de grasa en su interior, que podría ser muy peligrosa si se prende.

Los modelos sencillos (es decir, los que constan de una campana hueca y un ventilador extractor) tienes que limpiarlos con una esponja mojada en agua y un detergente con amoníaco.

Los modelos con filtro o rejilla, debes limpiarlos siguiendo las instrucciones del fabricante. Tendrás que cambiar con frecuencia los filtros desechables, ya que son fácilmente inflamables.

Cocina: Ten en cuenta que si la cocina es de gas butano o de gas ciudad, debe tener una rejilla de ventilación, que puede estar en la pared o en la puerta (si es de madera); esta rejilla de ventilación nunca debe taparse con muebles o electrodomésticos.

Es conveniente limpiar el techo cada quince días, para evitar que se ponga amarillento por la grasa acumulada. No es necesario mojarlo, es suficiente pasar una escoba con un trapo.

Una vez al mes, o cuando se acumule más grasa, dependiendo del uso, pasa un paño humedecido en agua y amoníaco. Puedes tener a mano una mezcla a partes iguales de alcohol de quemar y amoníaco, que es muy eficaz para eliminar de cualquier superficie las manchas de grasa rebeldes.

Para evitar que proliferen las bacterias, es especialmente importante tener las cocinas bien limpias. Tenemos tendencia a limpiar los armarios de las cocinas por encima y por fuera, que es por donde cogen polvo. Pero hay que recordar que en su interior se almacenan alimentos, perecederos o no, que pueden estar en la base de deficiencias higiénicas importantes. Incluso las latas de café, los garbanzos, el arroz, etc., también deben guardarse en un lugar bien aséptico.

Aunque queda bonito, no es conveniente forrar los interiores de los armarios, para evitar que se acumulen restos de alimentos que puedan atraer a las hormigas o a las cucarachas. Te sugerimos –si piensas montar tu cocina ahora– que recurras a las baldas de cristal. Pero si las superficies interiores son de madera, lo mejor es recubrirlas con pintura acrílica blanca, que permite ser fregada.

Si se ha desprendido algún borde del mueble, lija por dentro la tira y el aglomerado, elimina el polvo y pega con pegamento de contacto.

Si has procedido a limpiar algún armario por dentro, no lo cierres nunca hasta que esté bien seco, ya que, de lo contrario, puede acumular moho y mal olor.

Cuando hayas terminado de guisar, pulveriza la superficie manchada con una mezcla a partes iguales de amoníaco y alcohol de quemar, y luego frota con un trapo limpio.

Si has dejado grasa y se ha endurecido, frótala con polvos abrasivos. Si, aun así, no se ablanda, pásale una brocha fina mojada en aguarrás, deja reposar diez minutos y luego frota la superficie con un estropajo de aluminio y agua caliente.

Recuerda que este tipo de limpieza sólo vale para madera, formica, etc., pero no para superficies metálicas.

Los cajones o armarios donde guardas las sartenes pueden llegar a ponerse negros; para quitar esta suciedad, pulveriza la superficie con un limpiahornos, deja que pasen cinco minutos y frota con un estropajo de esparto, agua y detergente. No olvides ponerte guantes, o tus manos se resentirán.

Para el lugar donde almacenes la harina, azúcar, sal, etc., mezcla un cuarto de litro de agua con dos cucharadas de bicarbonato, empapa una bayeta, frota y aclara luego con agua. Esta mezcla conviene prepararla justo antes de usarla.

El horno suele acumular grasa y malos olores. Cada vez que lo utilices límpialo a fondo. Hay productos en el mercado destinados a este fin. Después, quita bien los restos de grasa con una bayeta húmeda y deja secar.

Si tienes la suerte de haber heredado algún mueble de madera antiguo que no esté barnizado, puedes limpiarlo con cloro y un cepillo de raíces. Aclara bien y deja que se seque al aire, pero sin que le dé el sol.

Copas de cristal: Para evitar los restos blancuzcos de cal en las copas, acláralas en agua tibia con un chorrito de jugo limón o vinagre.

Si las copas son de cristal tallado o muy delicadas, acláralas siempre con agua tibia, ya que un cambio brusco de temperatura podría romperlas.

Cuando las copas han estado guardadas mucho tiempo, la suciedad que acumulan es difícil de eliminar, por lo que debes añadir al agua del lavado un poco de amoníaco.

Si quieres evitar que las copas se golpeen contra la pila mientras las lavas, cubre el fondo de ésta con una bayeta esponjosa que amortigüe los golpes.

Cubiertos: Cuando son de alpaca y se han formado en ellos manchas oscuras, sumérgelos media hora en leche fría y después acláraralos bien con abundante agua fría.

Si son de plata, guárdalos en un cajón forrado con fieltro y pon un trozo de tiza para que absorba la humedad.

Cuando los cuchillos estén roñosos, frótalos enérgicamente con media cebolla previamente mojada en sal, para que actúe de pulidor.

Puedes conseguir el mismo resultado dejándolos en remojo en un refresco de cola durante veinticuatro horas.

Si las manchas que han quedado son de fruta, frota el cuchillo con un puñado de ceniza, ayudándote con un corcho.

Para que los de acero inoxidable recuperen el brillo, frótalos con una mezcla clara de agua y cal de Viena.

D

Delantal: Debes seguir un tratamiento específico para cada tipo de mancha en función de su naturaleza. Si abundan las manchas de grasa, sumérgelo en agua y amoníaco, y después lávalo normalmente.

F

Filtro de la campana: Suele ser de rejilla, y la grasa se pega con fuerza en él y resulta bastante pesado de limpiar. Utiliza amoníaco y agua a partes iguales, o bien un detergente líquido.

Si se hubiera quemado algún alimento y después de la limpieza persiste el olor, te conviene cambiar el filtro para eliminarlo.

Fregadero: Para evitar atascos, pon durante la noche, una vez a la semana, un puñado de sal fina, y a la mañana siguiente deja correr en abundancia agua hirviendo.

Si es de acero inoxidable, quítale los restos de grasa y déjalo brillante, una vez limpio y seco, con un paño mojado en alcohol de quemar.

Si está esmaltado en blanco, puedes quitar el amarilleo que produce el uso, limpiándolo con un poco de cloro. Si está muy sucio, déjalo lleno de agua caliente con cloro durante veinticuatro horas.

Si es de material sintético, su mantenimiento es mucho más sencillo: una esponja, agua con un chorrito de detergente y un aclarado bastan para mantenerlo en forma. Pero si tiene algún material brillante, este tratamiento resulta incompleto. Para ese caso, existen preparados que crean una capa protectora contra las manchas de cal, por dar un ejemplo.

Si el sumidero produce mal olor, échale jugo de limón y espera una hora antes de usarlo. Para evitar que este olor vuelva a producirse, tira por él los posos de café: actuarán como desodorante.

Fibras: Son muy útiles en la limpieza de los suelos de tu casa. Conviene tener dos, una para la casa en general y otra para la cocina, ya que ésta se engrasa más. Una vez usadas debes limpiarlas bien con agua y cloro, y guardarlas perfectamente.

G

Grifería: La limpieza diaria de los grifos se limita a pasar un paño humedecido con detergente. Si estuvieran muy sucios o quisieras limpiar los recovecos, frota, después de espolvorear harina o ceniza de cigarrillo en las zonas que hay que limpiar, con un paño mojado en petróleo.

Para dejar la grifería brillante y evitar que queden en ella restos calcáreos del agua, frótala con un paño levemente impregnado en glicerina.

H

Horno: Si lo usas con frecuencia, conviene hacer una limpieza semanal. Frótalo con detergente, amoníaco y agua. Si está muy sucio, debes aplicar cualquiera de los quitagrasas que ofrece el mercado.

Nunca rasques el horno con un objeto punzante, sólo conseguirás rayarlo y quitar el esmalte.

Si está muy engrasado, puedes aplicar disolvente de pinturas (si lo haces, protégete muy bien las manos), déjalo diez minutos y retíralo con un estropajo de aluminio; después, aclara a fondo con detergente y agua. Finalmente, seca muy bien el horno.

L

Vajilla: Para la limpieza normal emplea agua caliente con detergente (los que contienen limón son muy adecuados). Si ha estado mucho tiempo guardada, añade un poco de amoníaco al agua.

Si la loza es blanca, añade un poco de bicarbonato al agua caliente del aclarado.

Si la pieza está agrietada, la suciedad y el moho se acumulan en las pequeñas ranuras, haciéndolas más visibles. Para evitarlo, introdúcela durante unos minutos en agua caliente con cloro o, si no se trata de una pieza muy antigua o ya restaurada, déjala durante diez minutos en leche muy caliente.

Para que la loza recupere su brillo y colorido, pasa un paño mojado en alcohol metílico y una vez evaporado éste, pasa un paño limpio y seco.

Si utilizas agua calcárea añade un chorro de vinagre al agua del aclarado.

M

Manchas: Si las manchas son de óxido elimínalas con ácido oxálico o un producto comercial que lo contenga. Si son de grasa, límpialas con un algodón impregnado en amoníaco. Los restos de cal desaparecen con vinagre. Las manchas que deja la fruta o la nicotina se limpian dejando la pieza en remojo en un recipiente con agua caliente y lejía, o aplicando sobre la zona manchada un algodón con cloro. De todas formas, sea cual sea el origen de la mancha, conviene acabar la limpieza frotando la pieza con un paño humedecido en alcohol metílico, que le hará recuperar todo su brillo.

N

Nevera: Para su limpieza, utiliza agua caliente con bicarbonato. Si también quieres eliminar los olores, añade una cucharadita de vinagre.

Para limpiar el congelador, debes retirar todos los alimentos que guardas en él. Para evitar que se descongelen mientras haces la limpieza, envuélvelos en una bolsa de plástico bien cerrada. Cúbrela con otra bolsa algo mayor, y métela entre cubitos de hielo, a los que antes debes añadir un puñado de sal. Por último, envuélvelo todo con varios periódicos. De esta manera los alimentos podrán aguantar hasta que el congelador alcance de nuevo la temperatura adecuada.

Para eliminar el hielo del congelador y la escarcha que se han acumulado en sus paredes, no utilices nunca un objeto punzante, ya que rayarías el recubrimiento de este electrodoméstico. Si tienes prisa, utiliza el secador de pelo, que descongelará rápidamente los restos helados. Recoge el agua en un recipiente y no la tires, ya que es agua procedente de evaporación y tiene una gran pureza, por lo que será ideal para regar las plantas cuando alcance la temperatura ambiente. Además está descalcificada, por lo que puedes utilizarla para la plancha o la batería del coche.

Limpia periódicamente la rejilla posterior del aparato, donde se acumula una gran cantidad de polvo. Utiliza para ello el aspirador, al que tendrás que colocar un cepillo suave como accesorio.

Si el esmalte exterior de la nevera está sucio, añade un chorro de cloro al agua jabonosa. Extiéndelo con una esponja y déjalo secar sin aclarar. Al cabo de unas horas, lo aclaras bien, y pasa un paño humedecido en alcohol de quemar, para que recupere su brillo.

O

Ollas: Si el agua es muy calcárea observarás que la cal se va acumulando en el borde de los recipientes. Para eliminarla, basta con cocer unas cáscaras de papa en ese mismo recipiente.

Otros alimentos dejan restos negruzcos; para eliminarlos añade unas cáscaras de limón al agua hirviendo.

Si se te ha pegado la comida, rellena la olla con agua caliente y sal, y déjala reposar unas horas. De esta manera se ablandará y será más fácil de eliminar. Si aun así quedan restos, llena la olla de agua, añade un puñado de ceniza y deja que cueza un rato.

Si el interior de la olla está esmaltado, puedes recuperar su color y eliminar las manchas cociendo en su interior agua con un poco de lejía. En este caso ten la precaución de abrir bien las ventanas, para evitar inhalar los vapores tóxicos que se producen durante la cocción.

Para que la olla quede brillante y limpia, pásale un algodón empapado en alcohol metílico después de lavarla.

Para conseguir que brille, añade unas gotas de aceite al paño y frótala con él.

p

Planchas de madera para cortar la carne o el pan: ¿La madera ha perdido su brillo? Frótala con jugo de limón para blanquearla. ¿Algún trozo minúsculo de alimento ha quedado pegado? Frótala con sal gorda y, luego, aclárala con cuidado.

Utiliza ambos lados de la plancha; reserva una de sus caras para la carne y la otra para las verduras, frutas, etc. Ten en cuenta que el ajo, la cebolla y algunas hierbas impregnan en profundidad la madera. Emplea una plancha pequeña para estos otros alimentos, es una buena solución para evitar este problema.

S

Saleros: Para evitar que la sal que contienen los saleros se humedezca, pon unos granitos de arroz. Si son de cristal, límpialos con vinagre caliente o sal, agitando con fuerza. Si la tapa es de metal, límpiala con polvos abrasivos en seco y con un trapo suave.

Sartenes: Si tienen óxido, límpialas con vinagre, aceite de oliva o sal. Las sartenes grasientas se limpian por fuera con estropajo y detergente, y con sal común y vinagre caliente por dentro. Nunca uses estropajos abrasivos para las sartenes antiadherentes. Si la parte de afuera está muy sucia, aplica un producto para limpiar hornos.

Si ha quedado olor en la sartén al cocinar cebolla, sardinas, etc., elimínalo poniéndola al fuego con agua clara.

U

Utensilios de acero inoxidable: Hoy día encontramos en nuestras casas numerosos objetos elaborados con este material: cubiertos, ollas, baterías de cocina, fregadero, etc. Su limpieza es fácil, pero debes evitar rayarlos. Es suficiente limpiarlos con un detergente suave y así se mantienen como nuevos durante años. Sin embargo, algunas piezas que se utilizan a menudo pueden pulirse de vez en cuando, y así recuperarán su brillo y desaparecerán los arañazos provocados en los múltiples lavados. Para pulirlos, fabrica una pasta mezclando ceniza (de la chimenea o de cigarrillos) con aceite, y frota con ella la zona rayada. Luego, para dar brillo, pasa un trapo mojado en agua con alcohol.

Si las cacerolas de este material tienen manchas blancas en su interior, producidas por la cal o las sales minerales de los productos que hayas cocinado en ellas, elimínalas cociendo durante unos minutos cáscaras de papa, o déjalas llenas con agua caliente y cloro.

Utensilios de aluminio: Se limpian con detergente y una esponja. Si la suciedad está muy incrustada, límpialos con un polvo abrasivo (del tipo de los que utilizas para limpiar el cuarto de baño), o con un estropajo de aluminio suave y jabonoso. Una vez limpios, debes secarlos muy bien y pasarles un paño con un poco de alcohol de quemar.

Si quieres que queden muy brillantes, frótalos con un paño con unas gotas de aceite.

Si fuera necesario puedes utilizar un estropajo de nailon para desincrustar la suciedad, pero nunca uses estropajos metálicos, cloro o derivados de la sosa cáustica, ya que deteriorarías el aluminio.

Utensilios de plata: Para que recuperen su brillo usa un algodón impregnado en alcohol de quemar, frótalo después con una piel de gamuza.

Para su limpieza, el agua de cocer las papas es un excelente limpiaplatas. Deja los objetos en remojo durante unas horas en el agua en que has cocido unas cáscaras de papas. Conseguirás el mismo resultado aprovechando el agua de cocer espinacas.

Evita que los objetos de plata estén en contacto con los huevos, o con alimentos que elabores con ellos, ya que producen unas manchas negras. Si esto ocurre, puedes quitar estas manchas frotando con un limón partido por la mitad, y aclarando luego muy bien. Obtendrás el mismo resultado frotando con una papa cocida.

Para conservar los objetos de plata que usas muy poco y que tienes guardados, y evitar que se manchen, envuélvelos en papel de seda, para que no estén en contacto con el aire o la luz, que son el origen de las manchas.

A veces, en los objetos de plata que no utilizas mucho, surgen unas antiestéticas manchas negras que desaparecerán si introduces el objeto en vinagre caliente durante media hora. Luego lo aclaras y secas bien, sacando brillo con una gamuza.

V

Vinajeras: Puedes limpiarlas agitando fuertemente con posos de café. También puedes poner una mezcla de cloro y detergente, y dejarla en reposo para que se desengrase.

Vitrocerámica: Resulta maravillosa a la vista y muy tentadora. En teoría son fáciles de mantener, pero a veces la bayeta húmeda no resulta suficiente. Si han quedado pegados alimentos, desliza con mucho cuidado por su superficie una cuchilla de afeitar para quitar lo que no alcances a hacerlo de otro modo.

Apéndice B

Hierbas, especias y otras sustancias empleadas en cocina

• •

*L*as hierbas pueden dar un toque muy especial a tus platos, incluso a los más corrientes. Por eso conviene tenerlas siempre a mano. Incluso en invierno has de tener a tu disposición una selección de ellas, tanto para cocinar como para adornar tus platos y mejorar así su presentación.

A

Acedera: Hay diversas variedades de esta planta de hojas gruesas y redondeadas. Se emplea como condimento en algunos platos. Procede de Asia y Europa.

Grenetina: Sustancia gelatinosa que se extrae de las algas marinas; es insípida y se usa en pastelería, para baño de chocolate y jaleas.

Ajedrea: Planta de hojas estrechas, verde oscuro. Es aromática y su sabor recuerda un poco al del tomillo. Sus aplicaciones son prácticamente las mismas.

Ajo: Planta que produce un bulbo compuesto por numerosos dientes, y de sabor fuerte y picante; se usa como condimento: tierno (sus tallos verdes fritos y en tortillas), crudo, entero, picado machacado dependiendo de la receta, pues según se prepara, su sabor es distinto. El sabor se acentúa si para pelarlo le propinas un fuerte golpe con el puño a través de hoja de un cuchillo.

Albahaca: Planta labiada de hojas pequeñas, muy olorosa. Se usa algunas veces como adobo.

Alcaparra: Son los capullos de las flores de estas plantas los que se usan para hacer encurtidos en vinagre. Sus frutos tiernos son los alcaparrones. Los dos se utilizan como condimento y adorno, preferentemente en platos fríos. Son muy aromáticos.

Anís: Planta aromática; sus semillas se usan mucho en confitería, enteras, machacadas o en la esencia que se extrae de ellas. Con ellas también se prepara un licor. Es muy empleada en la repostería popular.

Arruruz: Fécula que se extrae de la raíz del ñame, utilizada en cocina y repostería.

Azafrán: Estambres de la flor del mismo nombre. Es oriundo de Asia Menor. En España se cultiva principalmente en la Mancha. Su color rojo anaranjado tiñe los alimentos y su característico sabor se transmite a los mismos. Es muy perfumado. Se usa en guisos, salsas, platos de pescado y especialmente en la paella y otros platos de arroz. Alcanza precios elevadísimos. Debes usarlo tostado.

B

Bergamota: Es una especie de naranja ácida, muy perfumada. Se usa en confitería, pero solamente la cáscara para perfumar dulces. De ella se obtiene la esencia del mismo nombre.

Bicarbonato sódico: Tiene varios usos en cocina, sirve como levadura instantánea, para ablandar las legumbres durante su cocción, aviva el color de las verduras al cocerlas, etc. Cuando está mojado, se pone encima de las quemaduras de poca importancia.

Es imprescindible tener en la cocina, y muy a mano, alguna pomada específica para las quemaduras.

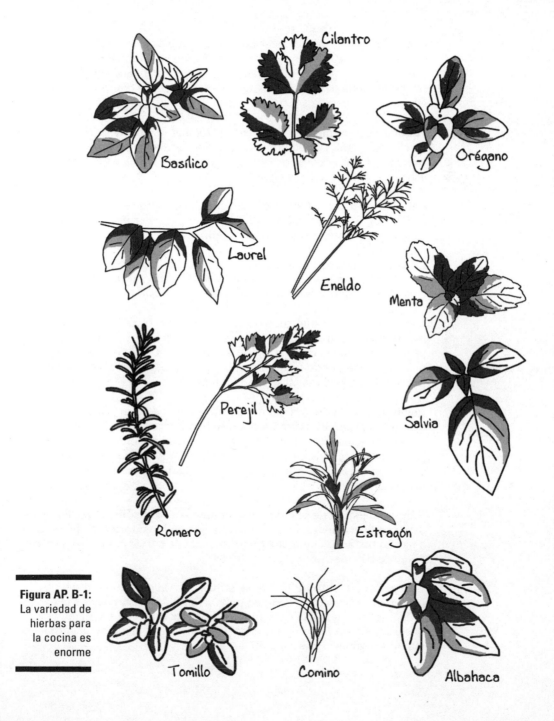

Figura AP. B-1: La variedad de hierbas para la cocina es enorme

C

Cacao: Se usa su semilla descascarada y molida. Es un árbol originario de América. Las semillas se tuestan y se muelen y sirven principalmente para la elaboración del chocolate; también se utilizan como bebida, disuelto en agua o leche y como componente de infinidad de postres.

Canela: Corteza aromática del árbol tropical de la canela; se usa mucho en confitería, en polvo o en rama, para aromatizar líquidos y cremas. Es muy usual en la cocina marroquí y en la española se usa principalmente para embutidos.

Chile: En México se llama así a las guindillas y pimientos picantes de Cayena. Se usan también molidos para preparar las salsas mexicanas tan picantes y las famosas enchiladas.

Cilantro (cilandro o culantro): Planta de clima mediterráneo, de semillas redondas y oscuras. Sabor ligeramente ácido. Se usa en escabeches, adobos, chucrut y embutidos.

Clavo de olor: Capullo seco de la flor del clavero, árbol tropical. Se usa para aromatizar platos de caza, aves, fiambres, carnes y algunos postres, manzanas de guarnición y clavados en una cebolla en algunos guisos. Se puede usar en grano o en polvo; debes utilizarlo con prudencia, pues da un sabor muy intenso.

Comino: Semilla de una planta mediterránea de color pardo claro, de olor suavemente aromático, pero de sabor acre, es utilizada para aromatizar ensaladas, pescados, para chucrut e incluso en licor y algunos dulces (la forma de la semilla es muy similar, aun en el color, a la del anís, por lo que es muy fácil confundirse al usarlo, pruébalo antes).

Cúrcuma: Planta de la India de la cual se usa su rizoma amarillo, su sabor es ligeramente ácido y amargo. Se vende en forma de polvo amarillo tostado. Tiene mucho aroma, puede servir como colorante que, además, perfuma algunas salsas.

Curry: Condimento indio que se utiliza para la preparación de numerosos platos. Se vende en polvo. También se llama así a una preparación originaria de la India y bastante utilizada en Inglaterra, que es una mezcla de varias especias, entre ellas el cilantro, cardamomo y algunas otras aromáticas.

E

Estragón: Es una planta herbácea aromática. Se usa fresco, en rama, hojas secas o en polvo. Es un condimento casi imprescindible en algunas sopas, carnes y caza, para aromatizar el vinagre y conservas de pepinillos. Amasado con mantequilla, como adorno de algunos entremeses fríos y en la preparación de ciertas salsas blancas para acompañar carnes o pescados a la parrilla, huevos y aves, así como para aromatizar mostazas y consomés. Se puede conservar en un tarro de cristal cubierto con vinagre.

F

Fécula: Almidón extraído de la papa, del arroz o del maíz, sirve para ligar salsas, jugos, en pastelería, etc.

G

Gelatina: La encontrarás en polvo o en hojas incoloras. Yo prefiero estas últimas. Si no son frescas, adquieren un color acaramelado: recházalas. Para emplear las hojas, es necesario remojarlas en agua fría durante media hora antes de usarlas. Se usan indistintamente para cocina y repostería y es necesario derretirlas en caliente.

Ginebra-enebro: La baya de este arbusto se usa para perfumar las marinadas de caza tanto de pluma como de pelo. Esta baya se llama enebrina y con ella se elabora la ginebra.

Glutamato monosódico (GMS): Esta sustancia blanca y cristalina, hecha a partir de la caña de azúcar, tiene la propiedad de aumentar el sabor natural de los alimentos.

Guindilla: Pimiento pequeño, alargado y rojo y generalmente muy picante; y los hay también dulces. Interviene en infinidad de platos típicos de la cocina española.

H

Hierbabuena o menta: Planta herbácea vivaz y olorosa. Hay muchas variedades de ella. Se emplea para hacer licores, caramelos, helados y algunos platos y salsas, como la famosa salsa inglesa de menta, imprescindible en el Reino Unido para acompañar el cordero asado. De ella se extrae la esencia de menta.

L

Laurel: En cocina se usan sus hojas frescas, secas o en polvo. Es muy aromático y da muy buen sabor a los guisos y caldos de carne, pescados y a los patés. Forma parte del tan usado "ramo de hierbas".

Levadura en polvo: Para hacer fermentar masas en el momento de la cocción o fritura. La levadura se puede sustituir con dos cucharadas de crémor tártaro, una cucharadita de bicarbonato y media de sal por cada taza de harina que pida la receta.

Para saber si la levadura en polvo está pasada, pon una cucharadita en una taza de agua caliente, si hace burbujas está en perfectas condiciones.

Limón: Fruto del limonero ácido y perfumado. Existen muchas clases de variedades, siendo las mejores las cultivadas en España, Malta y Sicilia. Se cultivan también en los países mediterráneos, Portugal, California y Antillas. El jugo del limón es rico en vitamina C, hasta tal punto que un sólo limón es suficiente para abastecer la necesidad diaria de esta vitamina para un adulto. Se usa, como jugo, en la preparación de refrescos y licores, para sustituir el vinagre en ensaladas, aromatizar verduras, hacer salsas, principalmente la mayonesa... es muy utilizado en repostería, sobre todo su cáscara rallada; debes lavarla y secarla antes de usarla.

M

Macis: Corteza aromática que cubre la nuez moscada en forma de red. Se usa para los jugos de pescados. Antonin Carême la incorpora en muchas de sus recetas de adobos, caldos y potajes.

Mejorana: Esta planta cultivada en países meridionales se emplea para aromatizar algunos preparados culinarios.

Mostaza: La semilla de esta planta molida y aderezada forma la mostaza, usada como condimento y que, consumida en pequeñas cantidades con la carne, tiene ciertas virtudes aperitivas; hay muchas variedades, las más famosas son las francesas de Dijon, fuertes y dulces, vendidas en pasta. También los ingleses la consumen en pasta, pero preparada al momento, pues se compran en forma de polvo fino. Se aromatizan con estragón, hierbas finas, etc. No deben tomarse en gran cantidad pues son muy irritantes para las mucosas.

N

Nuez: Es el fruto del nogal. La nuez se usa de muchas maneras; en crudo, en repostería, en la confección de aperitivos y ensaladas, en relleno de aves y además de ella se extrae un aceite (la nuez tiene la tercera parte de su peso en aceite); se dice que su uso hace que descienda la colesterina.

Nuez moscada: Semilla de la mirística, árbol que se encuentra en países tropicales. Es dura, de forma ovoide y color marrón claro. Intensamente perfumada, es un condimento muy empleado en cocina. Se usa rallada, en salsas, purés y fiambres, y tiene virtudes aperitivas. En las Antillas se usa también como infusión.

O

Orégano: Es una hierba vivaz. Se vende en hojas secas o en polvo. Perfuma de una manera agradable salsas, sopas, carnes, ensaladas, pizzas, macarrones, adobos, etc.

P

Páprika: Es una especie de pimiento rojo y dulce de Hungría. Tiene sabor agrio y molido y se emplea en la preparación de muchos platos, salsas, etc. Es imprescindible en el famoso *goulash*, aunque puedes sustituirlo por pimentón.

Pepinillos: Es una especie de pepino; se recogen verdes y muy pequeños; cubiertos de vinagre se conservan como encurtido y sirven como adorno y guarnición de platos fríos, aperitivos y como condimento.

Perejil: Originario del norte de Grecia, es una planta herbácea y aromática que se utiliza profusamente en la cocina (tanto que ha dado lugar al célebre refrán "Es el perejil de todas las salsas" refiriéndose a personas que son imprescindibles en cualquier reunión); es rico en vitamina C. Existen diversas clases de perejil y se emplea de múltiples maneras: crudo, picado o triturado; formando parte del "ramo de hierbas" junto al laurel, el tomillo y el apio. Cocido y en hilos, deshojado, crudo como adorno, blanqueado en agua hirviendo, frito o en el conjunto de finas hierbas... En ramillete crudo se emplea también como hisopo para regar asados.

Perifollo: El perifollo, como el perejil, tiene mucha vitamina C. Es una planta herbácea que da un sabor característico a los preparados.

Perrin's: También llamada salsa inglesa, se compone de anchoas, cebolla, soja, especias y vinagre, se emplea para sazonar jugos de tomate, sopas y pescados.

Pimentón: Pimiento encarnado, seco y molido. Se usa para muchos guisos populares españoles, sobre todo en las matanzas para hacer chorizos, etc.

Pimienta: Planta originaria de la India, fue una de las primeras especias traídas a Europa y en la Edad Media su uso se consideraba un lujo. Hay dos clases, negra y blanca, pero las dos se venden en grano o molidas. La blanca es menos aromática pero más picante que la negra, y es más utilizada, porque por su color pasa más inadvertida en salsas, guisos y trufados. Se aconseja comprarlas en grano y molerlas con molinillos especiales en el momento de usarlas, pues su perfume es más intenso recién molidas. La pimienta verde no es otra cosa que la pimienta fresca o cogida y seca en verde. Se utiliza en algunos preparados como el *steak* y en otros platos cuya denominación lleva el añadido "a la pimienta verde".

Pistache: Fruto del pistacho, llamado también alfóncigo. Es como una almendra de color verde. De sabor dulce y agradable, se utiliza mucho en repostería, confitería, cocina y también como aperitivo, al igual que las almendras y avellanas.

R

Romero: Planta aromática que crece en las regiones meridionales, sus hojas en forma de agujas de color verde oscuro son muy olorosas. Aromatizan preparaciones culinarias como parrilladas, carnes y salsas.

S

Sal de Nitro: También llamada "salitre" se emplea para la salazón y conservación de piezas de carne como el jamón y muy especialmente en la de la lengua a la escarlata; ésta debe su color característico a la propiedad que tiene dicha sal de enrojecer la carne.

Serpol: Es una variedad de tomillo silvestre. Suele utilizarse para aromatizar salsas, adobos, pescados y carnes.

Sésamo o ajonjolí: Esta planta proviene de la India y sus semillas se emplean mucho en la cocina. (El segundo nombre es árabe.) Es usado en Andalucía en diversos dulces, principalmente en la confección de polvorones. En algunos países se le añade a la bollería y diversos tipos de pan. El aceite de sésamo es uno de los principales condimentos de la cocina de Oriente Medio.

Soya: Es una planta leguminosa de origen chino. Se consumen sus brotes crudos o cocidos, en ensalada o aderezados con mantequilla, etc. La harina de soya es utilizada en China y Japón para hacer tortas, papillas y algunos otros artículos alimenticios. La salsa de soya es muy alimenticia y sabrosa y se vende ya preparada y lista, para enriquecer sopas y caldos.

T

Tapioca: Es una fécula blanca y granulada que se extrae de la raíz de una planta tropical llamada "mandioca". Suele cocerse en leche o caldo para preparar sopas, cremas o budines. Al cocer aumenta considerablemente su tamaño.

Tomillo: Planta aromática de hojitas grisáceas y flores blancas, generalmente se usa en rama. Junto con el perejil y el laurel, forma el ramillete con el que se aderezan numerosos platos. Fresco, seco o en polvo aromatiza las carnes, adobos, salsas, etc.

V

Vainilla: Fruto en vaina de forma fina y alargada de una planta trepadora y tropical de la familia de las orquídeas. Su cultivo se ha extendido mucho. Se vende en polvo (casi siempre sintética) y en vaina. Ésta es de color marrón oscuro, no debe partirse, pues se disgrega al cocer y se desprenden unos desagradables puntos negros. Se usa entera para aromatizar.

Apéndice C

Glosario

• •

En este apartado te ofrecemos una relación de los términos más habituales utilizados en cocina y que tal vez un principiante como tú no conozca.

Abrillantar: Pintar un alimento, como toque final, con huevo, mantequilla líquida, jalea o gelatina. Se utiliza para dar mayor vistosidad al plato y presentarlo de forma más sugerente.

Acaramelar: Cubrir un molde de postre o una flanera con azúcar que, previamente diluida en un poco de agua, se ha derretido y tostado al fuego, reduciendo así el azúcar a caramelo.

Achuras: Término genérico que abarca todos los despojos de animales, como los intestinos, las mollejas, los riñones y las criadillas, de origen tanto vacuno como ovino y cabrío.

Acidular: Dar un toque ligeramente ácido a un alimento, agregándole limón, vinagre o cualquier otro producto acídulo.

Aclarar: Reducir el espesor de una salsa, puré o masa mediante el añadido de un líquido.

Aderezar: Condimentar, sazonar y adobar los platos culinarios, o colocar los ingredientes de modo que el plato tenga una bonita presentación final. En un sentido amplio, también significa guisar.

Aditivo: Sustancia que se añade a ciertos productos alimentarios con diversos fines, entre otros, darles color, conservarlos, emulsionarlos, estabilizarlos o enriquecerlos. Es conveniente utilizar sólo los aditivos que han sido previamente autorizados por las autoridades sanitarias.

Adobar: Bañar carnes y pescados crudos con una mezcla líquida, el adobo, compuesta generalmente de aceite, vinagre, ajo, pimentón y hierbas aromáticas, con el fin de conservarlos o sazonarlos antes de cocerlos. También se utiliza para ablandar ciertas carnes.

Aguja: Varilla cónica muy fina por un lado y ancha y ahuecada por otro, que sirve para mechar carnes.

Agujas: Se denominan así las costillas del cuarto delantero de la res, cuya carne se asa o brasea.

Ahumado: Nombre que se da a las carnes, pescados y embutidos sometidos al procedimiento de conservación y aromatización, así como al procedimiento en sí. El ahumado consiste en exponer los productos a la acción del humo del fuego de leña durante un tiempo prolongado. En el caso de ciertas carnes también se las conoce por el nombre de "cecina".

Ajada: Salsa que se hace con pan, ajos machacados y sal.

Albardar: Rebozar con huevos, harina, pan rallado u otros ingredientes lo que se ha de freír. Este procedimiento suele aplicarse, sobre todo, a las carnes y pescados.

También consiste en poner unas tiras finas de beicon sobre la carne o aves, atándolas con una cuerda fina, para que resulten más jugosas al prepararlas.

Aliñar: Condimentar algunos alimentos con la combinación de diversos ingredientes, como hierbas aromáticas, sal, pimienta, especias, aceites y vinagres, para realzar con ello sus sabores. La combinación de estos ingredientes es lo que se conoce con el nombre de "aliño".

Almíbar: Azúcar disuelta en agua y cocida al fuego hasta lograr el punto deseado.

Amalgamar: En el arte culinario, unir o mezclar de forma homogénea ingredientes heterogéneos.

Amasar: Sobar y amalgamar con las manos una masa en la que domina siempre la harina, hasta lograr que los ingredientes liguen de un modo homogéneo y formen una masa fina.

Aplanar: Método para conseguir que un trozo delgado de carne o de pescado quede más tierno mediante golpes de maza, con los que se rompen algunas de sus fibras musculares.

Armar: Sujetar las alas y los muslos de las aves con un hilo fuerte o bramante, de manera que sobresalga la pechuga y conserve una forma más bonita.

Aroma: Olor o sabor peculiar agradable de un producto.

Arropar: Tapar con un paño durante un tiempo determinado, que difiere según el tipo de masa, un preparado de levadura para facilitar con ello la fermentación del mismo.

Asadura: Conjunto de entrañas de los animales, en especial de los vacunos, ovinos y bovinos.

Asar: Cocer un alimento exponiéndolo al calor del fuego directo, o bien al calor irradiado de un horno o de un asador. Se considera que la mejor cocción es la que se realiza en un asador, aunque ésta es también la que entraña mayor dificultad.

Aspic: Plato cocido, servido frío, compuesto de carne, caza, ave o pescado que, en combinación con guarniciones o trufas, se cuaja con una gelatina moldeada o decorada.

Asustar o espantar: Añadir un líquido frío a un preparado en ebullición para que deje de cocer.

Azucarillo: Producto azucarado, acidulado y esponjoso que se usaba para endulzar el agua de las meriendas; en la actualidad raramente se utiliza.

Balotina: Preparación de varias carnes, de ave, de caza o de pescado, que se cuecen envueltas en un paño y se sirven con gelatina. La carne se deshuesa, después se rellena y, una vez atada, se brasea o se escalfa.

Bañar: Cubrir con salsa, gelatina o líquido, grasa o huevo, bien con cuchara o pincel.

Baño María: Nombre que se da a la manera de calentar, fundir, cocer u hornear lentamente un manjar que, puesto en un recipiente, se coloca en otro de mayor tamaño que contiene agua en ebullición.

El término tiene su origen en el vocabulario alquímico en el que, al parecer, se aludía a la hermana de Moisés, María, conocida popularmente como alquimista.

Barbacoa: Término de origen discutido con el que se designa una parrilla que se usa para asar alimentos a las brasas. También se denomina así el modo de asar los manjares –a la barbacoa– y las reuniones al aire libre en las que la barbacoa es el elemento principal.

Batería de cocina: Nombre que se da al conjunto de ollas, sartenes y utensilios que se emplean para cocer alimentos.

Batir: Mezclar enérgicamente un alimento, o más de uno, para modificar su consistencia, su aspecto o su color. El batido se realiza con un tenedor o con un batidor de alambre o eléctrico.

Batir a punto de nieve: Agitar con varillas, tenedor o batidora claras de huevo hasta obtener un producto duro, blanco y esponjoso que no debe caer del plato donde se baten, al inclinar éste.

Bicarbonato de sodio: Sal sódica del ácido carbónico, producto básico para la fabricación de los polvos leudantes. En la cocina sirve para suavizar el agua de cocción de las legumbres secas, así como para reforzar la levadura.

Bisque: Sopa espesa hecha con el jugo de cangrejos, bogavantes o langostinos, una *mirepoix*, coñac para flambear, vino blanco y nata fresca. La carne de los crustáceos se pica y se sirve como guarnición de la sopa.

Blanco: Se llama así a un líquido formado por agua, harina y limón o vinagre, con el que se cuecen algunas verduras (cardo, alcachofas...), las manitas de cordero o la cabeza de ternera, que, de otra forma, podrían adquirir un color negruzco.

Blanco, al: Nombre que se da a la cocción de alimentos, en especial aves de corral y ternera, en un caldo corto de agua y harina o en un fondo blanco.

Blanquear: Sumergir durante unos minutos en agua hirviendo carnes, verduras y pescados, con diversos fines, tales como ablandar, eliminar ciertos sabores muy fuertes, depurar o facilitar su mondado. Por lo general, el blanqueado se lleva a cabo antes de la cocción propiamente dicha. En pastelería, este término quiere decir batir vigorosamente las yemas de huevo con el azúcar hasta que la mezcla resulte espumosa y quede de un color más pálido. No debe confundirse con hervir verduras o despojos para que se vuelvan más tiernos o para suavizar su sabor.

Bramante: Cordel delgado, hecho de cáñamo, que se utiliza en la cocina para bridar.

Brasear: Cocer alimentos en poco líquido, a fuego lento durante mucho tiempo y en un recipiente hermético, a fin de extraerles su propio jugo.

Bridar: Sujetar con la aguja de bridar, especialmente larga, y con bramante, las patas y alas de las aves de corral o las piezas de caza de pluma, a fin de que no se separen del cuerpo durante la cocción.

Brocheta: Aguja o varilla de metal para ensartar pequeños trozos de carnes, pescados o verduras para asarlos en la parrilla.

Budín: Pastel cuajado en un molde, con una farsa compuesta de huevos y pescados o verduras variadas. Suele servirse salseado con bechamel, salsa rosa o mayonesa.

Bufet: Término derivado del francés *buffet*, que se aplica a los manjares salados y dulces que, dispuestos sobre una gran mesa, se ofrecen a un grupo numeroso de personas para que ellas mismas elijan y se sirvan a su voluntad. En los restaurantes, nombre con que se designa a la mesa sobre la que se disponen diversos platos de los que los comensales se sirven a su antojo.

Buñuelo: Combinación de pasta y de un alimento dulce o salado, que se fríe en pequeñas porciones en aceite bien caliente. Según su composición se sirve como entremés, entrante o postre.

Buqué: Dícese del aroma y olor complejo que procede de la madurez de un buen vino.

Cake: Palabra inglesa que significa "torta" o "pastelillo", según se refiera a un bizcocho grande o a uno de porción individual. Puede prepararse a partir únicamente de los ingredientes básicos –mantequilla, huevos, harina, azúcar y levadura– o bien mezclarse con frutos secos, uvas pasas y frutas confitadas.

Caldo: Líquido resultante de la cocción de carnes y verduras. Se aprovecha principalmente para confeccionar sopas y salsas o para cocer ciertas preparaciones.

Caldo corto: Preparado de vinagre o vino, al que se añade sal, laurel, especias y finas hierbas, en el que se cuecen pescados y crustáceos a fin de que adquieran el sabor y aroma de dichos ingredientes.

Camisa, en: Expresión que se aplica a la cocción de un ingrediente principal que mantiene su propia envoltura o al que se envuelve con otro elemento.

Cande o candi: Azúcar depurada y cristalizada, que se utiliza en la preparación del champán, y también en la de aguardientes y licores caseros. Existe tanto en la variedad blanca como en la morena.

Caramelizar: Se denomina así la fabricación de caramelo a partir de la mezcla de azúcar y agua, cocidos a fuego lento, así como a la cobertura con caramelo líquido de un recipiente en el que se cocerán flanes o budines.

Caramelo: Azúcar, a la que se añaden unas gotas de agua, que se deja cocer a fuego lento, hasta que se funde y toma un color tostado. También se llama así al confite blanco o duro confeccionado a base de azúcar y jarabe de glucosa.

Conviene reservar un cazo de acero inoxidable o aluminio espeso sólo para ello (que no tenga ningún rastro de grasa) y azúcar muy refinada, preferentemente en trozos, que mojarás ligeramente con agua y unas gotas de jugo de limón. Una vez puesto el cazo sobre el fuego, remueve para que el calor se reparta por igual. Si quieres conservar el caramelo líquido, añádele un poco de jugo de limón y agua, pero lejos del fuego (cuidado con las salpicaduras).

Carpaccio: Carne o pescado que se mete unos minutos en el congelador y luego se corta en lonchas casi transparentes y se adereza con limón, aceite y pimienta, u otros ingredientes, como hierbas, etc.

Cazuela: Se denominan así tanto la vasija circular, generalmente de barro, en la que cuecen lentamente ciertos alimentos, como el plato producido de esta forma.

Chalota: Planta perenne de la familia de las liliáceas, con tallo de 3 a 5 decímetros de altura, hojas finas, aleznadas y tan largas como el tallo; flores moradas y muchos bulbos agregados, como en el ajo común, blancos por dentro y rojizos por fuera. Es planta originaria de Asia, se cultiva en las huertas y se emplea como condimento. Existen de dos tipos: una de piel más rosa y otra más grisácea. Esta última es más picante. Según quieras realzar más su sabor en un plato, elige una u otra variedad.

Chambres: Término francés con el que se define la acción por la cual se logra que el vino alcance la temperatura ideal a la que debe ser consumido (entre 5 y 10 grados los blancos y rosados, y entre 15 y 18 grados los tintos).

Chamuscar: Quemar ligeramente un ave o un cochinillo, pasándolo por una llama, para quitarle posibles restos de plumas o pelos.

Chantilly: Nombre que recibe la nata montada en cualquiera de sus variedades: fría, con la adición de azúcar glas, en el caso de los postres, o sin azúcar, en el caso de combinarla con salsas, como la mayonesa; caliente, para confeccionar las salsas denominadas muselina, como la holandesa.

Charlotte **o carlota:** Nombre dado a los pasteles de cremas o purés que se cuajan en moldes cuyo interior se circunda con rebanadas de pan, bizcochos u otros alimentos. Las dulces, que son más frecuentes y que por lo general se sirven frías o heladas, suelen realizarse a base de cremas de frutas, en el primer caso, y de helados en el segundo. Las saladas, que se presentan tibias o calientes, se elaboran con purés de verduras o legumbres, y se encamisan con pescados o con la piel cocida del elemento principal.

*Chaud-froid***:** Término francés (literalmente "caliente-frío") que se aplica a los platos que preparados en caliente, se sirven fríos. Clásicos en un bufet frío, suelen consistir en carnes napadas con salsas oscuras o blancas y recubiertas por una fina lámina de gelatina.

Chino: Nombre genérico con el que se conoce el colador de forma cónica, provisto de mango. Existen diversos modelos, los más corrientes son el de hojalata perforada, que sirve para colar salsas espesas, y el de malla metálica, utilizado sobre todo para colar líquidos, salsas finas y jarabes.

Cinco especias: Mezcla de polvos de badiana, clavo, hinojo, canela y pimienta, que se usa para aderezar carnes y aves crudas que entran en la preparación de ciertos platos chinos.

Clafoutis: Postre originario del Limosín francés, aunque ya difundido en otros lugares y consistente en su origen en un pastel relleno de cerezas negras. También suele rellenarse con otras frutas, generalmente del bosque (arándanos, grosellas, moras...). Se sirve a temperatura ambiente y puede espolvorearse con azúcar glas.

Clarificar: Dejar un caldo transparente y sin impurezas. También se dice de la mantequilla cuando, al calentarla, se quita la espuma de la superficie.

Cocer en blanco: Es cocer una masa vacía en el horno (durante quince minutos más o menos). Para que la masa no se hinche, se coloca sobre ella algo de peso, como legumbres secas; una vez cocida se retiran y se rellena como se haya pensado.

Cola: Gelatina que, disuelta en agua, se añade a ciertas preparaciones para darles consistencia. La gelatina es albúmina natural, prácticamente sin grasas ni hidratos de carbono.

Cola de pescado: Gelatina que se obtiene del esturión, hojas transparentes que, previamente mojadas en agua fría algún tiempo, se disuelven en agua, caldo o leche caliente y se agregan a ciertos platos fríos.

Colorear: Dar color a un caldo o salsa con caramelo quemado o colorantes vegetales especiales para la cocina.

Compota: Dulce de fruta cocida en un almíbar poco denso al que también suele añadirse vino y canela o vainilla a fin de aromatizarla.

Concentrar: Reducir un líquido, un jugo o un puré por evaporación.

Condimentar: Sazonar, añadir a un preparado la sal y especias que necesita.

Condimento: Dícese del producto con que se aderezaun plato culinario.

Confitar: Cubrir con un baño de azúcar. Referido a la carne, significa cocerla en su propia materia grasa para poder conservarla cubierta con ella.

Consomé: Caldo generalmente claro, de carnes de buey o ave, o de pescado, que se sirve frío o caliente a modo de entrante de una comida.

Cortada o cortado: Se dice de una salsa cuando se estropea disgregándose sus componentes.

Cotrones: Trozos de pan moldeados o cortados, que se fríen y se usan como adorno y guarnición.

Coulis: Nombre que recibe el puré líquido que se prepara con hortalizas o pescados cocidos, si se pretende destinarlo a realzar una salsa o a espesar una sopa, o bien a base de frutas crudas, si se va a emplear en repostería.

Cuajar: Hacer que se solidifique o espese un líquido o una preparación.

Cuerpo: Se dice de una masa o pasta que se ha amasado mucho y se ha vuelto elástica teniendo que tirar con fuerza para romperla (deben adquirirlo la masa empleada para bollos de leche, brioches, pan, etc.). No deben tenerlo la masa quebrada o el hojaldre.

Curry: Nombre con el que se designa tanto la mezcla de especias de origen indio como el plato elaborado a base de esta especia. Aunque las preparaciones con curry varían mucho en Oriente, la versión más extendida en Occidente es la inglesa, que consiste en un guiso realizado con trozos de carne al que se añade harina, curry y caldo.

Darne: Hermosa y gruesa loncha de pescado.

Dauphine: Nombre que reciben las papas cuando, tras ser convertidas en puré, se mezclan con *choux*, se les da forma redonda y se fríen en abundante aceite. Suelen servirse como guarnición en platos de carne. También se conocen con este término las hortalizas tratadas de igual modo.

Denominación de origen: Se concede esta denominación, que se abrevia con las iniciales D. O., a los productos originarios de una región, comarca o localidad cuyas características o cualidades son exclusivas del lugar. A efectos de otorgar la denominación, cada país establece las normas a que debe ceñirse el producto para merecer tal calificación, así como los controles a que deben someterse para mantenerla. Los productos que se exportan deben satisfacer, además, las exigencias de los países a los que van destinados.

Dente, al: Se entiende por "al dente", traducción literal de la expresión italiana, el grado preciso de firmeza que deben tener las pastas italianas, así como ciertas hortalizas y verduras tras ser cocidas.

Desalar: Quitar la sal de un bacalao, jamón, etc., sumergiéndolo en agua o leche fría.

Desangrar: Sumergir un pescado o carne en agua o leche fría para que suelte la sangre.

Desbarbar: Cortar con unas tijeras las aletas de un pescado crudo o las barbas de ciertos moluscos, como el mejillón y la ostra. El desbarbado se aplica a todos los pescados, excepto a los pequeños.

Desbridar: Quitar los atados, o las brochetas que antes sujetaban las viandas una vez hechas.

Desengrasar: Quitar la grasa a caldos o salsas.

Desglasar: Disolver los residuos que contenga una placa o cazuela donde se hayan frito o asado carnes, con objeto de emplearlos para salsas o jugos.

Desgrasar: Eliminar la grasa excesiva de un alimento por medio de diversos procedimientos. Para desgrasar la carne cruda, se cortan los trozos más grasos. En el caso de un caldo cocido, se enfría para que la grasa se condense en la superficie y así pueda eliminarse con facilidad.

Deshidratar: Privar a un producto del líquido que contiene, mediante distintos procedimientos –como el secado y al atomización–, con diversos fines, como puede ser el aligerar el peso o el volumen y agilizar su utilización.

Deshilar: Retirar los hilos de las legumbres, como las judías verdes, o cortar un alimento a lo largo en finas capas, como las pechugas de ave. También se usa, como expresión sinónima, el término "deshilachar".

Deshuesador: Utensilio diseñado especialmente para extraer los huesos de determinados frutos, sobre todo de las olivas, sin alterar su pulpa.

Desleír: Añadir cuidadosamente un líquido, a las yemas de huevo, harina o fécula, evitando que forme grumos; es conveniente hacer esta operación en frío.

Desmoldar: Es sacar de su molde un preparado cuajado y cocido previamente. Normalmente suele esperarse a que estén templados o fríos, sobre todo en el caso de masas de bizcocho, ya que al enfriarse se contraerán y resultará más fácil realizar la operación.

Para las cremas a base de huevos o postres de nevera puedes pasar el molde quince segundos por agua caliente (no en exceso), sacar el molde y darle la vuelta sobre la fuente de servir.

Desnervar: Quitar las membranas o tendones de las carnes con ayuda de un pequeño cuchillo de carnicero. El desnervado facilita la cocción y mejora sobre todo la presentación de las carnes salteadas o asadas.

Desollar: Despojar a un animal de su piel.

Despojar: Dejar completamente limpio de piel, nervios o gordos un trozo de carne, de pescado o de ave.

Despojos: Dícese de los residuos comestibles que quedan de un animal después de despojado de sus carnes. Son despojos el hígado, los riñones, el corazón y la lengua.

Destripar: Quitar a las aves o pescados las tripas y todos los órganos interiores (corazón, pulmones, etc.).

Dorar: Rehogar en aceite o mantequilla un alimento para que adquiera un bonito color dorado. Si se hace en el horno, debes pintar la pieza con huevo.

Embeber: Empapar una masa cocida, generalmente dulce, en alcohol, licor o almíbar, para aromatizarla y humedecerla. Ejemplo típico de este procedimiento es el babá.

Emborrachar: Empapar con almíbar y licor o vino un postre.

Embridar o bridar: Atar o coser un ave o trozo de carne.

Embuchar: Término que, dentro de la jerga culinaria, tiene dos significados: introducir carne picada en una tripa de animal, como en el caso de los embutidos; o introducir alimentos en el buche de un ave con la intención de engordarla, método que se aplica a los patos y a las ocas para aumentar el tamaño de su hígado, y a los pavos y a los gansos. En algunos países es típico embuchar al animal, pocos días antes de sacrificarlo, a base de nueces enteras, con el fin de aromatizar sus carnes.

Empanar: Pasar los filetes de carne, ave o pescado primero por huevo batido y después por pan rallado antes de freírlos.

Emulsión: Líquido en el que intervienen dos sustancias no miscibles, una de las cuales se vierte sobre la otra en pequeñas gotas. Así se confeccionan salsas frías o calientes; por ejemplo, mayonesas. La yema de huevo es el emulsionante por excelencia en la cocina.

Encamisar: Formar el interior de un molde de manera que, una vez terminada la cocción o el cuajado con su relleno, pueda desmoldarse con facilidad. También se habla de encamisar en el caso de envolver con una pasta un ingrediente principal para cocerlo al horno, como es el caso del *beef* Wellington (solomillo envuelto en hojaldre).

Engramar o gramar: Untar grasa con los dedos a una masa a la vez que se dobla.

Enharinar: Espolvorear con harina un alimento, habitualmente antes de freírlo; una salsa, con el fin de espesarla; una placa o molde, una vez untado con mantequilla y antes de ponerle una preparación que se cocerá en el horno; y un mármol o mesa donde se amasará.

Entrada: El primer plato que se sirve después de la sopa.

Entreverado: Carne veteada con grasa.

Escaldar: Sumergir en agua hirviendo algún alimento.

Estirar: Es extender con un rodillo pastelero una pasta o masa hasta darle el grosor deseado. Para realizar esta operación con facilidad, lo mejor es enharinar ligeramente la mesa de trabajo. El grosor habitual suele ser de tres milímetros aproximadamente.

Envasar: Introducir productos alimenticios en envases con el objeto de conservarlos, transportarlos o venderlos. El envasado de la mayor parte de los productos es de factura industrial, envasándose ciertos productos al vacío, como el café, o en aerosoles, como la nata batida. Los materiales más corrientes empleados para envasar son el vidrio, la hojalata, el cartón, el aluminio, los plásticos rígidos y flexibles y el papel.

Escabechar: Conservar una vianda haciéndole un guiso, escabeche, a base de verduras, pimienta, aceite y vinagre cocidos.

Escabeche: Preparación típicamente española compuesta de aceite, vinagre, vino, plantas aromáticas y especias. En él se maceran carnes y pescados, previamente cocidos, con el fin de conservarlos.

Escaldar: Sumergir brevemente un alimento en agua hirviendo con diversos fines, como, por ejemplo, para quitar la piel de los tomates con mayor facilidad, para desalar el tocino de cerdo y para endurecer la superficie de las mollejas de ternera.

Escalfar: Cocer un alimento en un líquido abundante y en el punto más bajo y sostenido de ebullición. Es una cocción que se aplica a numerosos alimentos y a diferentes preparaciones.

Escanciar: Echar o verter vino en las copas o vasos.

Escarchar: Nombre con que se designa la operación consistente en opacar las paredes de una copa, enfriándola con cubitos de hielo. También se refiere al proceso de confitar frutas en azúcar de modo que ésta cristalice en superficie.

Espolvorear: Cubrir ligeramente una cosa con perejil picado, pan rallado, harina, azúcar, etc.

Espumar: Retirar, una o más veces, la espuma que se va formando en la superficie de un líquido o preparación, sometido a una cocción prolongada. Las cucharas diseñadas especialmente para esto se llaman "espumaderas".

Estofado: Se dice del guiso cocido a fuego lento y, esencialmente, en un recipiente de tapa hermética con objeto de que los alimentos absorban al máximo el aroma de los condimentos añadidos.

Estofar: Guisar carne o pescado con cebolla, verduras y algo de líquido o grasa en una cacerola de cierre hermético y a fuego lento.

Extracto: En el arte culinario, se denomina así al producto concentrado que se obtiene por la evaporación del líquido de una cocción de carne, de pescado o de hortalizas, y se utiliza para reforzar el sabor y el aroma de ciertas preparaciones, como guisos y salsas. Asimismo hay extractos de venta comercial, como el de vainilla, que se emplean como aromatizantes en confitería y en pastelería.

Farsa: Término derivado del francés, muy utilizado en el plano culinario para referirse al "relleno", con el que se embuten aves, piezas de caza, pescado, huevos, hortalizas y pastas.

Fécula: Harina que se extrae de las papas o del arroz y sirve normalmente para espesar salsas y cremas.

Fiambre: Carnes, pescados, patés, etc., que se sirven fríos.

Filetear: Cortar en láminas almendras, pistachos, etc.

Finas hierbas: Conjunto de plantas aromáticas, normalmente verdes, que se utilizan frescas para aromatizar manjares. Se trata, en general, de perejil, perifollo, estragón, cebollino y cebolleta.

Flambear o flamear: Pasar un ave desplumada sobre la llama para terminar de quitarle las últimas plumillas. También indica el acto de añadir alcohol a una comida y prenderle fuego para darle más sabor. Éste se habrá colocado en un cucharón de metal y calentado en llama de alcohol o gas hasta que arda. Debe servirse en llamas.

Flor de harina: Considerada superior, esta harina se extrae de la parte más dura del grano de trigo. Se usa mucho en pastelería.

Fondant: Masa dulce, espesa y de color blanco opaco, que se usa en pastelería para glasear tortas y pasteles y, en confitería, para elaborar deliciosos caramelos y chocolates.

Fondo: Caldo aromatizado que se emplea en la elaboración de salsas y de platos cocinados. Según el grado de cocción, los fondos pueden ser blancos u oscuros, así como claros o ligados. También se denomina así a la masa moldeada en forma de tarta para rellenar.

Fondear: Forrar con una pasta un molde determinado para rellenarlo luego.

Frapar: Colocar un molde, de manera que queda enterrado entre hielo picado y sal.

Freír: Cocer un alimento en abundante grasa muy caliente.

Fricasé: Plato compuesto de trozos de carne cocidos en un fondo blanco al que, por lo general, se añade nata, pequeñas cebollas enteras y champiñones.

Fritura: Procedimiento de cocer viandas troceadas en aceite muy caliente, y nombre que recibe el plato resultante. Algunos alimentos se fríen al natural, como las papas, mientras que otros, como los pescados, se rebozan antes para que no se desintegren.

Fumet: Palabra francesa que recibe el fondo preparado con pescado o champiñones y que sirve para reforzar el sabor de salsas y de ciertas preparaciones.

Fundir: Reducir a estado líquido un producto sólido, como azúcar, queso o chocolate, exponiéndolo al calor. Para evitar que el producto a fundir se queme, suele realizarse al baño María.

Galantina: Plato preparado a base de una mezcla de trozos de carne magra, huevos, especias y diversos ingredientes –aceitunas, trufas, nueces– que se cuece en un *fumet* y se moldea en terrina. Se sirve fría y revestida de gelatina.

Gelatina: Sustancia incolora, inodora e insípida que se obtiene tanto de la cocción de huesos de animales como de determinadas algas. Se utiliza en ciertos platos para dar cohesión a los ingredientes o lustre a la superficie. También se vende como preparado industrial con distintos sabores, habitualmente de frutas, que pueden tomarse solos como postre.

Glas (azúcar): Azúcar molida con un poco de fécula de arroz (tres partes de azúcar por una de fécula de arroz); también se obtiene poniendo en el molinillo azúcar corriente con la parte proporcional de arroz.

Glasa de carne o de pescado: Es un fondo concentrado o reducido que adquiere una consistencia de almíbar.

Glasear: Dar a la carne braseada un aspecto brillante sometiéndola a un fuego vivo y rociándola de vez en cuando con su jugo un poco graso. En repostería significa cubrir un pastel, bizcocho u otro producto con azúcar fundente, cobertura de chocolate, mermelada, gelatina, etc., a fin de darle brillo.

Gratén: Especie de lámina crocante y dorada, de diverso espesor, que se obtiene en la superficie de un plato cocido enteramente al horno o que, tras ser cocido al fuego, se somete al calor del horno. Los ingredientes más utilizados para gratinar son la mantequilla, la bechamel y el queso.

Gratinar: Poner en el horno un plato ya hecho para que se dore formando una corteza; es necesario ponerlo en el punto que el horno especifique para ello y siempre en la parte superior.

Grumos: Bolas que se forman al diluir harinas en sopas, papillas o salsas, porque no se incorporan en frío o son mal trabajadas. Desaparecen, si se bate el conjunto con batidora eléctrica.

Guarnición: Todo lo que sirve para acompañar un plato: verduras cocidas o fritas, puré de papa, frutas asadas, etc.

Hervir: Movimiento y estado de un líquido que sometido al calor del fuego alcanza la temperatura de ebullición, 100 grados.

Hojaldre: Una masa confeccionada con harina y mantequilla que, al hornearse, crece verticalmente en forma de superposición de hojas, de ahí su nombre.

El hojaldre interviene en numerosos productos de pastelería, por ejemplo cucuruchos, milhojas, tarteletas y también en ciertos clásicos de la cocina, como los volovanes.

Huevo hilado: A manera de fideos finos amarillos, confeccionados con yemas de huevo batidas y coladas con un embudo especial sobre almíbar hirviendo y que se usa para acompañar y adornar los fiambres.

Incisión: Corte superficial que se hace a las viandas para que no se abran al cocerlas o para ayudar a cocerlas por ser demasiado gruesas.

Infusión: Bebida que se obtiene echando agua hirviendo a una sustancia aromática, como el té o la manzanilla.

Isla flotante: Es un postre muy ligero, hecho con merengue o claras montadas, cuajado con un *bavarois* o con bizcocho de soletilla, que suelen flotar sobre una crema inglesa.

Jarabe: Concentrado de azúcar y agua, preparado en frío o en caliente, que se emplea en la confección de pasteles, de helados y de confituras, sólo o aromatizado con esencias.

Jugo: Jugo de frutas, vegetales o carnes, etc. Salsa hecha con un caldo, fécula, agua o vino (un minuto de cocción).

Juliana: Se llama así la preparación de las hortalizas o legumbres cortadas en tiras delgadas o en filamentos. Se emplea como guarnición, sobre todo de consomés y de sopas.

Kebab: Nombre que recibe en Turquía la brocheta de carne asada. Se prepara con diversas carnes y suele servirse acompañada de limón o de nata agria, o bien desmontada de la brocheta y dispuesta sobre una base de arroz.

Catsup: Salsa elaborada a base de un concentrado de tomate, de sabor agridulce, cuyo consumo es muy habitual en Estados Unidos y en Gran Bretaña.

Kokotxas **o cocochas:** Segmentos carnosos que se hallan entre las dos partes óseas de la quijada inferior de la merluza. Algo gelatinosas, las cocochas se preparan fritas, rebozadas o cocidas en salsa verde.

Laminar: Aparte de cortar en lonchas finas, en pastelería es estirar una masa.

Lardear: Quitar a las hojas de tocino toda la carne que se pueda, envolver con lonchas de tocino un ave o carne para asar.

Lasaña: Especie de pastel de horno que se elabora con capas de anchas cintas de pasta italiana cocidas, entre las que se intercalan capas de relleno de diversa índole. Algunas versiones llevan bechamel, otras, salsa de tomate y otras, queso.

Levadura: Sustancia que se añade a las pastas y a las masas para fermentarlas. Hay una levadura natural y una levadura artificial. La primera, llamada levadura de cerveza o levadura de panadero, requiere que la masa se deje leudar antes de cocerse; la segunda, producto químico que se comercializa en polvo, actúa de forma inmediata ante el calor.

Levar: Dejar fermentar.

Libra: Antigua medida. Equivale a 480 gramos.

Ligar o trabar: Espesar un líquido, sea jugo o salsa, a base de fécula disuelta en agua o vino. También se liga con yema de huevo.

Ligazón: Espesamiento que se realiza en un preparado, dándole cohesión. Existen diversas clases de ligazones, pero las que se usan con más frecuencia son las que se realizan con harina, fécula, mantequilla, huevo, nata y *roux*.

Macear: Dar golpes a una carne, lengua, pulpo, etc., con una maza para ablandarlo.

Macedonia: Conjunto de varias clases de hortalizas o frutas cortadas tradicionalmente en dados.

Macerar: Dejar remojar en un líquido, vinos, licores, jarabes o preparados con especias y hierbas aromáticas, carnes o pescados, teniéndolas sumergidas el tiempo que se crea conveniente para que absorban el sabor y el aroma de aquellos y, de este modo, resulte más sabroso.

Majar: Machacar un alimento en un mortero hasta convertirlo en pasta o pomada.

Manga: Similar a un cucurucho de tela o papel a la cual se acopla una boquilla lisa o rizada para rellenar o adornar

Manteca: Gordura de los animales. Sustancia grasa de algunos frutos.

Manteca de cerdo: Grasa obtenida de derretir al fuego la gordura de la riñonada.

Mantecada: Una especie de bizcocho hecho de harina, manteca o mantequilla y otros ingredientes.

Mantecado: Bollo arenoso hecho a base de manteca.

Mantecoso: Que tiene mucha grasa o manteca.

Mantequilla: Grasa obtenida de la leche.

Marinar: Dejar durante unas horas la carne o el pescado en remojo, en una especie de caldo frío compuesto, en general, por agua salada, vino, vinagre, aceite, hierbas y especias. Tiene como finalidad aromatizar los alimentos y reforzar su sabor, así como ablandar la carne. Si el líquido es dulce, por ejemplo un jarabe, se usa el término *macerar*.

Marinera, a la: Nombre que reciben los platos de pescado o de marisco que se cuecen en vino blanco, habitualmente con cebolla, ajo y perejil, además de su propio líquido.

Marmita: Nombre que recibe la olla de gran tamaño, con tapa y asas, en la que suelen cocerse piezas enteras de animales, así como sopas y guisados de verduras, carnes o pescados. Las más bajas se denominan cazuelas, mientras que las de bordes altos se llaman pucheros, nombre que también se da a los alimentos cocidos en ellas. La marmita más famosa de las españolas es la vasca –*marmitako*– que, sobre la base de la popular y original combinación de bonito y papa, ha dado pie a innumerables variedades.

Mechar: Introducir en una vianda tiras de tocino con la ayuda de una aguja especial, llamada mechadora. Con esta operación se consigue que el alimento gane en sabor y en jugosidad.

Menudillos: Dícese del conjunto de las alas, patas, cuello, cabeza, hígado, mollejas, etc., de las aves.

Mirepoix: Mezcla magra de hortalizas –zanahorias, cebollas, apio– cortadas en dados, plantas aromáticas y, cuando es grasa, jamón crudo. Se usa para cocer carnes, caza y pescado, así como para preparar varias salsas.

Moldear: Usar un molde para dar forma a algún alimento.

Mondar: Quitar las pieles de las almendras después de escaldarlas. Limpiar los alimentos despojándolos de cáscara o piel.

Montar: Batir enérgicamente las claras de los huevos o nata. Para montar la nata líquida es importante que ésta esté bien fría, así como el cacharro donde se vaya a montar. Se pueden meter ambos en la nevera treinta minutos antes de realizar la operación. Vigile el punto, porque, si la bate en exceso, puede transformarla en mantequilla.

Mortificar: Dejar reposar o envejecer aquellas piezas de caza, carne o aves que no conviene consumir frescas.

Mousse: Preparación salada o dulce que, como indica su nombre francés –espuma–, es espumosa, para lo cual es indispensable el batido. Una vez fundidos los ingredientes que han de darle el sabor principal, se incorpora con cuidado nata montada bien firme o claras de huevo batidas a punto de nieve, y se refrigera para que consolide bien. En algunos casos se añade gelatina. Entre las *mousses* saladas, las más corrientes son la de ave y la de pescado; entre las dulces, son típicas la de chocolate y la de limón.

Napar: Recubrir totalmente un preparado, o el fondo de un plato donde se servirá un manjar, con una salsa, una crema o un coulis.

Nieve, punto de: Firmeza parecida a la de la nieve, que adquieren las claras de huevo batidas con firmeza. Las claras a punto de nieve se emplean para confeccionar numerosos postres y pasteles.

Onza: Antigua medida de peso que equivale a la 16 parte de la libra (480 gramos). Aproximadamente 30 gramos.

Orly: Pasta confeccionada con harina, líquidos y claras montadas o levadura de cualquier especie, que se usa para envolver trocitos de un alimento, friéndolos después.

Pan rallado: Resultado de rallar pan seco; se usa para empanar, añadir a farsas o espolvorear platos que se han de gratinar.

Papillote: Hoja de papel de estraza o de aluminio en que se envuelven alimentos para asarlos.

Pasar-colar: Despojar un preparado de sustancias innecesarias por medio de un colador o estameña.

Paté: Denominación para diferenciar el pastel de cocina ("paté") del de repostería.

Pellizco: De sal, pimienta, etc. La cantidad de ello que se tome entre los dedos pulgar e índice.

Pilaf: Arroz hervido en caldo especiado, se emplea como guarnición de carnes, pescados o aves. En el caso de servirse como plato principal, se moldea en corona y su centro se rellena con mariscos, carne o pescados troceados, riñones o mollejas de ternera, todo ello bien aderezado con distintas salsas.

Pochar: Cocer los alimentos en un líquido muy suavemente, sin burbujas.

Pomada: Trabajar la mantequilla en pomada es reblandecerla con ayuda de unas varillas o un tenedor hasta darle la consistencia de una pomada. Esta operación resulta muy útil para untar con pincel los moldes de pastelería o para incorporar la mantequilla a una crema pastelera.

Praliné: Guirlache o almendras garapiñadas molidas.

Prensar: Poner un preparado en una prensa para que quede compacto, a falta de ella utiliza una tabla de madera, sobre la que se pondrán unas pesas o una cazuela llena de agua.

Pulpa: Carne de la fruta.

Punto: Cocción y sazón perfecta de los alimentos cocinados.

Puré: Sopa cremosa, obtenida pasando papas, legumbres o verduras (o todas ellas en conjunto), por una batidora o colador.

Purgar: Sumergir en agua por un tiempo determinado un alimento con el objeto de eliminar todas sus adherencias, como en el caso de los sesos y de las mollejas de ternera. También se aplica el término a los caracoles que, previamente a ser cocidos, se mantienen vivos entre hojas de lechuga u otros elementos hasta que sueltan toda su baba.

Quiche: Tarta originaria de Lorena, que se rellena con huevos batidos, torreznos, nata, sal, pimienta y nuez moscada, y se cuece al horno. Pese a que la receta original no llevaba queso, muchos cocineros lo añaden. A partir de la receta de la *quiche* de Lorena y manteniendo siempre los huevos batidos y la nata, se preparan *quiches* con diversos productos, como fondos de alcachofas, cebollas, espárragos, jamón, dos o tres tipos de quesos, puerros y pescado.

Rebozar: Bañar un alimento en harina, huevo batido y pan rallado para someterlo luego a la fritura.

Reducir: Dejar cocer una salsa o caldo para que se espese o se concentre.

Rehogar: Dar vueltas a la materia elegida en una grasa, como margarina, mantequilla, etc.

Roux: Una mezcla de harina y de mantequilla, en proporciones iguales, que se cuece el tiempo necesario según se desee que quede blanca, rubia u oscura, en función del empleo que vaya a dársele.

Se emplea profusamente en la cocina para ligar salsas y para dar consistencia a los guisos.

Sabayón: Nombre dado a una preparación muy dulce y espumosa, de origen italiano –*zabaione* o *zabaglione*–, que se consigue batiendo yemas de huevo con azúcar en polvo, vainilla y marsala –al que a veces sustituyen otros vinos, licores o aguardientes–, primero en frío, luego al baño María y después nuevamente en frío, fase en la que se le añade nata montada. Se mantiene en el refrigerador hasta que se sirve, generalmente en copas y acompañado de bizcochos secos. También se utiliza para napar y rellenar tortas.

Salazón: Método que se aplica corrientemente al cerdo –jamones, beicon– y algunos pescados –anchoa, arenque, salmón, bacalao– con el fin de conservarlos para su posterior consumo. También es un procedimiento importante en la elaboración de quesos, tanto para acelerar el escurrido de las pastas blandas como para inducir la formación de las cortezas así como para salar los quesos frescos.

Salmuera: Agua salada en la que se sumergen hortalizas, carnes o pescados con el objeto de conservarlos.

Salpicón: Combinación de alimentos –hortalizas, carnes, pescados, huevos– cortados en pequeños dados y cocidos ligados con una salsa tipo mayonesa. Se sirve frío, como entrante. Cuando la combinación está sobre todo compuesta por frutas ligadas con jugos y jarabes se llama macedonia.

Saltear: Sofreír un alimento en sartén o cazuela, con grasa y al fuego vivo, removiendo enérgicamente para evitar que se tueste demasiado o se endurezca.

Sashimi: Plato japonés que consiste en delgadas láminas de jengibre y de pescados, crustáceos y moluscos crudos, muy frescos, acompañados de algas –o envueltos en ellas– y salsa de soya sazonada con diversos ingredientes.

Sazonar: Salpimentar o a veces echar también especias para condimentar un alimento.

Sofrito: Rehogo, generalmente hecho con cebolla, tomate y otras verduras fritas ligeramente, que sirven para condimentar un guiso.

Sucedáneo: En gastronomía, se denominan así los productos alimentarios que sustituyen a otros genuinos. Es el caso, por ejemplo, de las huevas de *lumpfish*, pescado de la familia del bacalao que se pesca en el Atlántico norte, que se presenta como sustituto del caviar, o de los diversos edulcorantes que reemplazan al azúcar.

Suflé: Término derivado del francés suflé, que literalmente significa "inflado", que es lo que caracteriza esta preparación ya que, cocida en el horno, se expande hasta superar los bordes del cilindro que lo contiene. Los suflés son salados o dulces. Los salados consisten, básicamente, en una bechamel, o puré espeso, a la que se añaden yemas de huevo y sus respectivas claras batidas a punto de nieve, además de un ingrediente principal, como queso, jamón, espinacas, sesos o carne de ave, de caza y de pescado. En los dulces, la bechamel se sustituye por una crema pastelera, un puré de frutas y jarabe de azúcar o una crema firme de yemas de huevo batidas con azúcar; se aromatizan frecuentemente con un licor, como Grand Marnier o Curaçao. También se llama suflé helado a un postre que, por su forma, parece un suflé, pero cuya preparación es completamente distinta.

Tamizar: Filtrar un alimento.

Timbal: Molde cilíndrico y alto en el que se cuecen, directamente, preparaciones saladas a base de carnes, de aves y de arroz, o elaboraciones dulces con frutas o cremas. En ocasiones, su interior se reviste con una masa delgada que, a su vez, se rellena con una variedad de ingredientes. También hay moldes pequeños para porciones individuales. Las preparaciones así cocidas toman el mismo nombre.

Tornear: Dar una forma bonita, generalmente redonda o dentada, con un aparato adecuado.

Trabar: Conseguir que espese o engorde una salsa dándole vueltas sobre el fuego o añadiendo harina, yemas de huevo, etc.

Vapor, al: Método para cocer un alimento que consiste en colocarlo en un recipiente horadado y tapado, que se introduce dentro de otro más grande en el que se ha vertido agua. El vapor que se forma con la ebullición del agua, al pasar por los agujeros, cocinará la preparación.

Velouté: Salsa blanca que figura entre las llamadas salsas madres porque de ella derivan otras varias. También reciben el nombre de *velouté* las sopas cremosas.

Zarzuela: Plato a base de pescado o marisco con salsa.

Zumo: Jugo que se extrae de vegetales, de hortalizas y de frutas mediante el exprimido o el centrifugado. Los jugos más comunes son los de frutas, que se toman solos o bien se añaden para dar sabor, en distintas preparaciones culinarias.

Índice

• •

• A •